ro
ro
ro

26 Länder, 26 Menschen – auf der Suche nach ungewöhnlichen Lebensgeschichten ist Oliver Lück mit seiner Hündin Locke durch halb Europa gefahren. 50 000 Kilometer, 600 Tage, drei Blechschäden, eine Reifenpanne. Er hat gelernt, dass die Wodkagläser in Richtung Osten immer größer werden, bis man ihm kurz vor Russland ganze Flaschen vorsetzte. Er weiß jetzt, was *Älä sää rääkää sitä kissaa* heißt: Quäle diese Katze nicht. Und er hat verstanden, was die Länder Europas wirklich eint: benutzte Kondome an romantischen Plätzen. «Neues vom Nachbarn» ist ein überraschender Blick auf Europa und seine Bewohner. Eine Reise voller skurriler Erlebnisse und besonderer Begegnungen. Denn das Abenteuer sind nicht die Länder, sondern ihre Menschen.

Oliver Lück, geboren 1973, lebt in Schleswig-Holstein. Er arbeitet als Journalist und Fotograf. Locke, geboren 2007, ist ein schwarz-brauner Hovawart und im Bus aufgewachsen. Sie mag das Meer.

www.lueckundlocke.de

Oliver Lück

NEUES VOM NACHBARN

26 Länder, 26 Menschen

Rowohlt Taschenbuch Verlag

Originalausgabe
Veröffentlicht im Rowohlt Taschenbuch Verlag,
Reinbek bei Hamburg, Mai 2012

Karten Peter Palm, Berlin
Umschlaggestaltung ZERO Werbeagentur, München
(Abbildung: © Oliver Lück)
Fotos im Innenteil © Oliver Lück
Satz Arno PostScript, InDesign,
bei Pinkuin Satz und Datentechnik, Berlin
Druck und Bindung Druckerei C. H. Beck, Nördlingen
Printed in Germany
ISBN 978 3 499 62841 2

Inhalt

Abfahrt

«Ein Buch braucht immer einen starken ersten Satz!» Das wird Marek in knapp 5000 Kilometern sagen. Und er wird es nicht bloß sagen, er wird es brüllen – in den Lärm seiner vollbesetzten Kneipe hinein. Marek ist Wirt in der Danziger Altstadt. Er ist ein kleiner, kompakter Mann, doch vieles an ihm ist auch riesig. Sein Kopf, seine Oberarme, sein Bauch. Vor allem aber seine Hände, die fest zupacken können und die so manchen seiner Sätze dadurch betonen, dass sie mit großer Wucht auf den glattgewischten Tresen klatschen. Es sind viele gute Sätze dabei. Man könnte glauben, Marek ist eine Art Kneipenphilosoph. Er sagt zum Beispiel: «Es muss nicht immer Indien sein, auch bei uns polnischen Nachbarn ist es schön.» Oder: «Wer zu Hause nicht zufrieden ist, wird auch auf Reisen nicht glücklich.» Oder eben auch: «Ein Buch braucht immer einen starken ersten Satz.» Klatsch. Danke, Marek, für diesen Ratschlag. Und danke für diesen ersten Satz.

1996 war das Jahr, in dem Rio Reiser starb. Ein Schaf namens Dolly kam zur Welt. Und ich kaufte mir mein erstes Auto, einen postgelben Bulli, Baujahr 1973. Ein Freund hatte mir schwarze Posthörner auf die Türen gemalt und auf die eine Seite *Pest* und auf die andere *Rost* gepinselt. Nach 85 Tagen endete die erste Tour durch Europa mit Kolbenfresser am Offenbacher Kreuz. Doch die Art und Weise, wie ich reisen wollte, die hatte ich gefunden. Viele Jahre und zwei VW-Busse später springt Locke in unseren blauen Bulli, Jahrgang 1991. Sie ist ein schwarz-brauner Hovawart und noch ein Welpe, als wir losfahren. Sie wird ausgewachsen sein, wenn wir wieder im Süden Schleswig-Holsteins ankommen werden.

Zwanzig Monate durch Europa: 50 000 Kilometer, drei Blechschäden, eine Reifenpanne. Und wir werden ohne Hilfe aus dem Weltraum auskommen müssen: Wir haben kein Navi, dafür aber einen zweieinhalb Kilo schweren Straßenatlas. Der *ADAC*-Präsident Peter Meyer schreibt im Vorwort des über 1400 Seiten starken Werkes, dass mehr als sieben Millionen Menschen diesen «idealen Partner» und «unverzichtbaren Begleiter für unterwegs», den man sicher auch zur Selbstverteidigung oder als Wegfahrsperre einsetzen könnte, gekauft haben. «Ich wünsche Ihnen allzeit gute Fahrt!» Herzlichen Dank, Herr Meyer!

Unsere Ziele stehen ohnehin auf keiner Karte. Es soll eine Reise zu Menschen und ihren Geschichten werden – 26 Länder, 26 Menschen, 26 Geschichten. Darunter eine Lettin, die am Strand vor ihrer Haustür über 30 Flaschenpostbriefe gefunden hat, der beste Freund von Arnold Schwarzenegger und eine schwedische Biologin, die eine umweltfreundliche Alternative der Bestattung entwickelt hat. Wir besuchen den besten Fußballer der Welt, Lionel Messi, und eine mutige Sizilianerin, die seit Jahren gegen die Mafia kämpft. Wir treffen einen finnischen Goldsucher, den einzigen schwarzen Flößer Deutschlands und einen englischen Fußballfan, der einst im Affenkostüm als Maskottchen durch das Stadion hüpfte und heute Bürgermeister seiner Heimatstadt ist.

Und zwischendurch wird es immer wieder flüchtige Begegnungen mit nicht weniger interessanten Menschen geben, wie Marek aus Danzig oder Maria aus Logroño. Die bald 80-jährige Spanierin wohnt in einem kleinen Haus am Jakobsweg und sitzt täglich vor ihrer Tür unter einem knorrigen Feigenbaum. Dort stempelt sie die Pässe der vorbeiziehenden Pilger. Es sind Leute aus der ganzen Welt, die sich zu der Rentnerin in den Schatten setzen und ihr von großen Reisen und großen Träumen erzählen. Maria hört ihnen zu. Sie selbst hat ihre Heimat nie verlassen. Ob das nie langweilig wird, ist sie einmal gefragt worden. «Manchmal schon», hat sie geantwortet, «aber es liegt ja an mir, aus meiner Zeit etwas zu machen.» Ein einfacher und schöner Satz: Zeit ist das, was man aus ihr macht. Egal, wo man gerade ist. Und hier fängt die Reise an.

Europäisches Nordmeer
Norwegen
Schweden
Finnland
Estland
Lettland
Litauen
Nordsee
Dänemark
Ostsee
Irland
Großbritannien
Nieder-
lande
Belgien
Deutsch-
land
Polen
Tschechien
Slowakei
Österreich
Schweiz
Frankreich
Atlantischer Ozean
Portugal
Spanien
Italien
Adria
Mittelmeer
auf die
Kanarischen Inseln
1
2
3
4
5
6
7
8
9
10
11
12
13
14
15
16
17
18
19
20
21
22
23
24
25
26

IM OSTEN

1

TSCHECHIEN «Jede Fahrt verändert mich»

Aleš Kubíček hat sich durchs Leben getüftelt: Einst baute er den ersten Heißluftballon der damaligen ČSSR. Heute besitzt er die drittgrößte Ballonfabrik der Welt. Die Geschichte eines Mannes, der auf der Erde wohnt und am Himmel lebt.

Ein Heißluftballon sieht aus wie eine gigantische Glühbirne, als schwebte ein besonders guter Einfall am Himmel. Und die Menschen, die mit ihm fahren, sind immer winzig. Oben der prall gefüllte Luftball, darunter hängen die Zwerge in einem Körbchen und winken. Jeder kennt das Gefühl, wenn man so einen Ballon sieht. Für einen Moment lassen Menschen alles stehen und liegen. Dann haben sie den sehnsüchtigen Blick, den auch staunende Kinder haben, wenn sie alles um sich herum vergessen. Sie kippen ihre Köpfe in den Nacken und winken zurück. Und sie träumen. In Gedanken stehen auch sie nun in diesem Korb. Denn wer mit einem Ballon unterwegs ist, der hat es nicht eilig, der reist wie in der Vergangenheit. Wer mit einem Ballon fährt, der hat kein Ziel, da man nie weiß, wo der Wind einen hintragen wird. Viel Zeit und kein Ziel ist eine gute Mischung.

Aleš Kubíček steht auf der weitläufigen Wiese vor seinem Schloss. Die grauen, schwarz melierten Haare hat der Wind zerzaust. Den Vollbart hat er seit Tagen nicht gestutzt. Vielleicht hat er keine Zeit gehabt, vielleicht auch keine Lust. Der über 700 Jahre alte Renaissancebau ist in einem schlimmen Zustand. Die Fassade hat viele Löcher. Der Putz blättert großflächig von den Wänden.

Das Mauerwerk ist feucht. Fast zwanzig Jahre hatte das wuchtige Herrenhaus leer gestanden. 2005 kaufte Aleš das verwahrloste Anwesen für wenig Geld. Nun muss es von Grund auf saniert werden. Seine Frau, sein Sohn, seine beiden Töchter und viele Freunde helfen dabei. Jedes Wochenende. Gerade klopfen sie mit Hämmern und Meißeln eine Wand heraus. Mit Schubkarren werden Schutt und Erde weggebracht. Ein Ende der Arbeit ist lange nicht in Sicht. «Noch ist alles ein schöner Traum», sagt Aleš, «eines Tages aber wird es ein Ballonschloss sein.» Ein Treffpunkt für Menschen, die seine Leidenschaft für das Reisen am Himmel teilen, wo Ballons gemietet und Piloten ausgebildet werden. Eine Art Luftschloss – nur wirklich.

Aleš, geboren 1955, ist ein angenehm ruhiger Mann. Er spricht leise. Er lacht leise. Seine Gesten sind unaufgeregt. Manchmal zeichnet er mit dem Zeigefinger Pläne in die Luft, wenn er etwas erklärt. Man glaubt, sehen zu können, dass er viel nachgedacht hat in seinem Leben. Seine Stirn zieren konzentrierte Falten – Denkfalten. Es gibt Leute, die sagen, dass Aleš ein Pionier der Luftfahrt ist, ein Erfinder. Er selber würde sich nie so nennen. «Ich habe ja nichts erfunden», sagt er, «sondern nur ein bisschen herumgetüftelt und unter schwierigen Bedingungen etwas konstruiert, was es bei uns noch nicht gab.» Aleš hat den ersten Heißluftballon der damaligen Tschechoslowakei gebaut.

Zwei Autobahnstunden sind es von Prag in Richtung Südosten, durch einen Landstrich mit Wäldern und sanften Hügeln, wo es viele Dörfer, viel Landwirtschaft und keine Städte gibt. Radešin hat 100 Einwohner, eine Kirche, das halbverfallene Schloss der Kubíčeks und sonst nicht viel. Klein und übersichtlich ist das Dorf im Osten Tschechiens. Manchmal sieht man stundenlang niemanden auf der Straße. Keine Kinder, die spielen. Keine Autos, die fahren. Die Gegend, sagt Aleš, sei ideal für das Ballonfahren. Man könne in jede Richtung starten und problemlos überall landen. An diesem Morgen aber blickt er skeptisch. Er wiegt den Kopf hin und her und zeigt auf einige Verwirbelungen am Himmel. Er beobachtet die Wolken und wie der Wind ihre Form verändert. Gerade wirken sie wie frisch toupiert. Sie hängen tief und haben es eilig. «Zu tief und zu eilig», sagt Aleš, «wir müssen bis zum Abend warten.» Das hatte er schon gestern gesagt. In all den Jahren hat er gelernt, geduldig zu sein. Es würde auch nichts bringen, nervös zu werden. Und so bleibt Zeit, etwas mehr über Aleš zu erfahren und darüber, wie das damals anfing mit der Ballonfahrt in der ČSSR.

Es war das Jahr 1979. Und es begann mit einer Frage: «Kannst du uns einen Heißluftballon bauen?» Aleš saß mit Freunden in einer Kneipe. «Nein, kann ich nicht», antwortete er damals, «aber ich kann es ja mal versuchen.» Er war Segelflieger, er wusste alles über die Gesetze der Thermik und über Aerodynamik, über Flügelprofile und Aufwindtheorien. Das alles hatte aber nicht viel mit Ballonfahren zu tun. Und es gab auch keine Baupläne oder Literatur darüber. Es gab noch nicht mal einen Ballon. Aleš war aber schon damals ein Bastler, ein Technikfreak. Er studierte Maschinenbau an der Militärakademie von Brno, der zweitgrößten Stadt des Landes. Er wollte Ingenieur werden. «Ich dachte, wenn es Roboter gibt, brauchen die Menschen nicht mehr zu arbeiten und werden zufriedener.» Er lacht und schlägt die Hände vors Gesicht. «Was für ein jugendlicher Irrtum.»

Die Idee mit dem Ballon schaffte es immerhin aus der Kneipe hinaus und war auch am nächsten Morgen nicht vergessen. Aleš und seine Freunde begannen mit den Planungen. Sie überlegten und rechneten. Erste Entwürfe wurden gezeichnet. Doch sie hatten Pech. Nur wenige Wochen später flohen zwei ostdeutsche Familien mit einem selbstgebauten Ballon über die Grenze nach Bayern. Acht Menschen in einem kleinen Korb – eine halbe Stunde durch die Nacht in ein neues Leben. Es war eine der spektakulärsten

Republikfluchten aller Zeiten. Und auch das kommunistische Regime der ČSSR wurde jetzt nervös. Das wird uns nicht passieren, beschloss man. Die Bürger sollten kontrollierbar bleiben. Da der Wind aber nicht mal Kommunisten gehorcht, wurden Heißluftballone kurzerhand verboten, bevor es sie überhaupt gegeben hatte.

Mehr als vier Jahre musste Aleš warten. Erst 1983 bekam er eine Sondergenehmigung und durfte unter Aufsicht des Militärs mit dem Bau beginnen. Was keiner wusste: Im Verborgenen hatte er heimlich weiter konstruiert. Als Vorlage dienten Schwarzweißaufnahmen aus einem amerikanischen Magazin, in dem ein Ballon abgebildet war. «Es war nicht ganz ungefährlich», erzählt er, «wäre ich entdeckt worden, wäre ich im Gefängnis gelandet.» Mit 17 Zentimetern fing alles an. Der Miniballon sollte die physikalischen Eigenschaften testen. Das Propan wurde mit einem Bunsenbrenner entflammt. Das zweite Modell brachte es schon auf sechs Meter. Als Gondel diente ein Obstkorb. Flammenwerfer und Ventilatoren kamen zum Einsatz. Nach nicht wenigen Abstürzen und einigen weiteren Modellen, die der Wind davontrug, gab es die ersten erfolgreichen Flugversuche. Mit großem Interesse verfolgten jetzt auch tschechoslowakische Offiziere das Treiben der Ballonbauer. Und auch die Sowjets bekamen Wind von den Fortschritten in Brno. Doch nicht nur das: Irgendwann versorgte man die kleine Gruppe um Aleš mit Bauplänen und Zeichnungen von Heißluftballons aus Deutschland und den USA. Dokumente, die auf nicht ganz legalem Wege beschafft worden waren. «Spionagematerial», erinnert sich Aleš, «das war natürlich interessant für uns, wobei die Unterlagen auch nur das bestätigten, was wir schon herausgefunden hatten.»

Im Frühjahr 1983 bauten sie den ersten Prototyp. Die Ballonhülle nähten sie aus Fallschirmseide. Wochenlang saßen sie an den Nähmaschinen und fügten die Stoffbahnen zusammen. Viele Kilometer Garn wurden verbraucht. Nach drei Monaten waren sie so weit: Der erste Heißluftballon, fast dreißig Meter groß, war startklar. Das Einzige, was fehlte, war eine Starterlaubnis. Und wieder mussten sie warten. Nach ein paar Wochen aber war ihre Geduld am Ende. «Wir wollten nun endlich starten», erzählt Aleš. Mit dem Auto fuhren sie fast 500 Kilometer über die Grenze nach Ungarn, wo sie den Ballon heimlich testen wollten. Im Nachbarland waren die Auflagen nicht ganz so streng. Es war der 4. Juni 1983. Ein historisches Datum: Auf den Tag genau 200 Jahre zuvor hatten die Brüder Joseph und Jacques Montgolfier in der Nähe von Lyon den ersten Heißluftballon schweben lassen. «Diesen Tag konnten wir uns nicht entgehen lassen.» Aleš sagt, er habe damals keine Angst gehabt, dass etwas schiefgehen könnte. Er war sich sicher, alles durchdacht zu haben. «Ein bisschen Mut gehörte dazu», sagt er, «vor allem aber Neugier.» Startplatz war eine kleine Lichtung in einem Waldstück in der Nähe eines Dorfes. Zu zweit kletterten sie in die kleine Gondel. Dann kappten sie die Seile und hoben ab. Vielleicht ein paar hundert Meter hoch. Aleš kann nicht sagen, wie hoch sie damals kamen. Einen Höhenmesser hatten sie nicht. Als sie eine Stunde später landeten und mit vor Aufregung zitternden Knien aus dem Korb wankten, stand für Aleš längst fest, was er von nun an tun wollte. Für ihn hatte eine neue Geschichte begonnen: Er wollte Heißluftballons bauen.

Aleš war zum Geburtshelfer der tschechoslowakischen Ballonfahrt geworden. Bis zur Novemberrevolution und zur politischen Wende im Jahr 1989 fertigte er im Auftrag der Regierung dreißig weitere Ballons für den osteuropäischen Markt. Als der Kommunismus zusammenbrach, gründete er seine eigene Firma. Im ersten Jahr schaffte er fünf Stück, zu Hause in seiner Wohnung. Heute hat er eine Fabrik mit 27 Angestellten, die mehr als 100 Ballons im Jahr bauen. Was sich wenig anhört, ist viel – es gibt nur zwei Firmen auf der Welt, die mehr produzieren. Der aus Bambus geflochtene Korb, der Brenner, die hitzebeständige Hülle aus besonders elastischem, reißfestem Polyester – alles entsteht in Handarbeit. Jedes Modell ist ein Original. Und das dauert seine Zeit. Ein Ballon aus Brno kostet ab 20 000 Euro aufwärts. Doch das Geschäft läuft gut. *Kubíček Balloons* exportiert in über dreißig Länder.

Am Abend haben sich die Wolken zu gemütlichen Sofakissen zusammengeschoben. Der Wind hat sich entspannt. Der Start wird vorbereitet. Knatternd bläst ein Ventilator kalte Luft in die Ballonhülle, die zu einem unruhig wabernden Luftsack wird. Gemächlich richtet er sich auf und wächst zu einer Halbkugel. Dreitausend Kubikmeter passen hinein. Gasbrenner spucken meterlange Flammen in die Öffnung. Der Druck in der Hülle ist bald so groß, dass man auf ihr stehen könnte. Die dreißig Meter hohe Kunststoffbirne zerrt an den straff gespannten Halteleinen. Sie will jetzt nach oben. Wir klettern in die Gondel. Noch zwei, drei kräftige Brennstöße, dann löst Aleš die Seile. Sanft heben wir ab. Der Blick wird weit, als würde man das Zoomobjektiv einer Kamera aufziehen. Die Menschen, das Schloss und das Dorf schrumpfen zu einer Landschaft, wie es sie in der Welt von Modelleisenbahnen gibt. Die gleichmäßigen Spurrinnen der Traktoren werden filigran gezeichnete Muster. Die Seen werden schwarzblaue Tintenkleckse. Die Autobahn, die Prag und Brno verbindet, wird zu einem dunkelgrauen Asphaltfluss.

Aleš lehnt am Korbrand und schaut hinunter. Manchmal zieht er an einem kleinen Hebel über seinem Kopf. Dann zerreißt das Fauchen der Gasbrenner die große Stille, und die Feuerzungen klingen wie wilde Tiere. Aleš ist kein Mann, der viel redet. Wenn er aber etwas sagt, sollte man auf jedes Wort achten. «Eigentlich», sagt er jetzt, «ist so ein Ballon nicht viel mehr als ein Haufen Stoff. Doch dann füllen wir ihn mit Luft, und das Feuer verändert die Luft. Es ist ein Spiel der Elemente. Denn die erhitzte Luft trägt uns, und wir verlassen eine Zeitlang die Erde. Der Ballon ist die Verbindung von Himmel und Erde, von oben und unten.» Er klingt jetzt weniger wie ein Ingenieur, sondern mehr wie ein Philosoph. «Jede

Fahrt verändert den Blick», erzählt er weiter, «hier oben wird mir jedes Mal wieder bewusst, dass es etwas sehr viel Mächtigeres gibt, das ich nicht beeinflussen kann. Ich kann nur regeln, wie hoch ich fahre, und das auch nur, solange die Gasflaschen gefüllt sind. Alles andere bestimmt der Wind. Und dann komme ich zurück zur Erde, zurück in den Alltag. Doch nun bin ich an einer anderen Stelle, an einem Ort, an dem ich nie gewesen bin. Und ich treffe Menschen, denen ich nie begegnet bin. Jede Fahrt verändert mich.»

Der Höhenmesser zeigt 3200 Fuß. Aus fast tausend Metern ist die Gegend um Radešin ein kleinteiliges Mosaik aus hellgelben Rechtecken, dunkelgrünen Kuppen und grauen Bändern, aus schwarzen Löchern, silbrigen Fäden und roten Tupfern. Mehr als tausend Mal hat Aleš die Erde von oben gesehen. Er ist in Japan, China und den USA geflogen. Er ist über der Wüste von Katar, dem russischen Baikalsee und dem Amazonas in die Luft gegangen. Und überall kamen Menschen, manchmal ganze Dörfer gelaufen, um zu gucken, was da vom Himmel fällt. Einmal musste er in der Nähe von Brno in einer Schrebergartenkolonie landen. Es ging nicht anders, das Gas war alle. Und wie überall auf der Welt waren es auch dort sehr stolze Kleingärtner. Der Korb wurde noch mindestens 100 Meter über den Boden gezogen. Zäune wurden niedergerissen. Garten für Garten wurde verwüstet. Aleš hinterließ eine Schneise der Zerstörung. Als er endlich zum Stehen kam, rechnete er mit dem Schlimmsten. Doch die Gartenfreunde waren alle sehr gut gelaunt und freuten sich über den unerwarteten Besuch: «Wie schön, dass du da bist! Das wird uns niemand glauben: Ein Ballon ist in unseren Gärten gelandet!»

Ein anderes Mal, in Georgien, waren die Bewohner eines Dorfes so begeistert über sein plötzliches Auftauchen, dass sie ihn zum Essen einluden. «Es gibt ein Festmahl», versprachen sie und legten eine Tischdecke unter einen Apfelbaum. Dann schüttelten sie einmal kräftig an den Ästen – fertig war das Essen. «Selten haben mir Äpfel so gut geschmeckt», sagt Aleš. Und überhaupt hatte er die interessantesten Begegnungen in Ländern und Regionen, wo die Leute sehr arm waren. Oft war es das erste Mal, dass diese Menschen einen Ballon sahen. «Man schwebt vom Himmel hinab und wird angestarrt, als wäre man ein Zauberer.»

So war es auch im Winter 1987. Im Auftrag des sowjetischen Staatsfernsehens sollte Aleš mitten in Tiflis landen, der heutigen georgischen Hauptstadt. Es war Heiligabend, er hatte einen Weihnachtsmann und ein Kamerateam an Bord. Sie sollten Geschenke verteilen. So war der Plan. Der Wind trug sie aber ganz woandershin, weit auf das Land hinaus, in die Berge. In einem winzigen Dorf gingen sie runter. «Wir landeten direkt vor einem kleinen Haus. Zwei Jungen kamen aufgeregt herausgelaufen. Sie hatten noch nie einen Ballon gesehen. Und nun kam der Weihnachtsmann am Heiligen Abend vom Himmel runter, kletterte direkt vor der Haustür aus einem bunten Luftballon und brachte ihnen Geschenke.» Das Fernsehen übertrug live. Für die Bewohner des Dorfes war das damals alles ein bisschen wie ein Wunder. Und Aleš hat heute noch die beiden Jungen vor Augen, wie sie mit offenen Mündern dastehen und kein Wort herausbringen. «Die glauben sicher heute noch an den Weihnachtsmann.»

Nach zwei Stunden zieht Aleš an einer roten Leine, die oben an der Hülle des Ballons ein kleines Fenster öffnet. Die heiße Luft kann gleichmäßig entweichen. Wir verlieren an Höhe und zoomen uns wieder heran an die Welt. Wir landen. Nach 28 Kilometern endet die Fahrt auf einem Acker mit hüfthohem Gras. Aleš klettert aus dem Korb. Er lächelt. Keine Schrebergärtner, kein Bauer, der sauer ist, dass man auf seinem Feld gelandet ist. Langsam und lautlos fällt der Ballon in sich zusammen. Aleš sagt: «Ich bin schon mit so vielen Menschen gefahren, und jeder hatte gute Laune danach. In ihnen

wächst etwas, was keine Kopie irgendeiner Fernsehreklame ist. Sie werden ruhiger und wachsen in ihrer Persönlichkeit. Deshalb baue ich Heißluftballone, weil sie Menschen berühren und verändern.»
Er sieht zufrieden aus, als er das sagt. Und da kommen auch schon die ersten Schaulustigen aus dem nächsten Ort gelaufen.

Kilometer 2194 **Nachts allein im Schloss**

Der Mann hält einen riesigen Schlüsselbund in der Hand. «Sie dürfen also bei uns im Schloss übernachten», sagt er und blickt skeptisch. Es ist sein Beruf, Fremden gegenüber misstrauisch zu sein. Er ist der Nachtwächter im Schloss von Bojnice, der größten Touristenattraktion der Slowakei. 900 Jahre sind die Grundmauern alt. 200 000 Besucher kommen jedes Jahr. Hochzeiten können hier gefeiert werden. Hunde aber sind verboten – Locke wird im Bus schlafen müssen. «Über Nacht sollten auch Sie besser nicht bleiben», betont der sonst eher wortkarge Mann noch einmal, «viel zu gefährlich.» Dann verzieht er sich mit seiner Thermoskanne in das Kabuff mit den Kontrollmonitoren. «Und eines noch: Laufen Sie nicht im Schloss herum, ich kann Sie sehen. Und sollte etwas passieren, die Polizei ist in fünf Minuten da. Gute Nacht!»

Etwas passieren? Ich sitze im Ostflügel der Burg. Goldene Stühle, reich verzierte Tische und Spiegel, alles Rokoko. Nebenan der «Blaue Barocksalon», dahinter das «Renaissance-Schlafzimmer». Für die Nacht habe ich sieben Räume und zwei Badezimmer für mich. Einst hatten hier die Bediensteten geschlafen. Mitte der neunziger Jahre war dieser Teil für einen Besuch von Prinz Charles und Lady Diana aufwendig umgebaut worden. Einige Millionen slowakische Kronen hatte das gekostet. Gekommen war das Paar dann doch nicht. Zu viel Romantik für zwei Menschen, die kurz vor ihrer Trennung standen.

Es ist kühl, die mächtigen Mauern lassen tagsüber nicht viel Wärme durch. Viele, die hier arbeiten, sind oft erkältet. Eine junge Frau schaut mich unentwegt an. Sie hängt an der Wand und ist bleich wie der Tod. Kein schönes Gemälde. Ich frage mich, wer sie war, ob sie hier gelebt hat. Doch keiner ist mehr da, der mir antworten könnte. Eine schwere Stille hat sich über Bojnice gelegt, das mit seinen Zuckerbäckertürmchen den französischen Prunkbauten der Loire nachempfunden ist. Viele Märchenfilme sind hier gedreht worden, und einige Horrorstreifen auch. Ob ich denn keine Angst habe, hatte mich Erik Kližan gefragt, der Archivar des Schlosses. Den ganzen Tag über hatte er mir die düsteren Legenden und Schauergeschichten erzählt, die man seit Jahrhunderten über die einstigen Bewohner verbreitet. Wie die grausige Tragödie der Schlossherrin, die von ihrem eifersüchtigen Ehemann in den Selbstmord getrieben wurde. Mit ihrem Kind in den Armen soll sie sich vom höchsten der Türme gestürzt haben und nun in manchen Nächten ruhelos durch die Burg wandeln. «Legenden sind dafür da, dass man sie erzählt», hatte Erik gesagt, «hast du wirklich keine Angst?» – «Nein, wovor denn?», hatte ich gefragt. «Vielleicht vor der Stille, du wirst hier ganz alleine sein.»

Nun weiß ich, was er gemeint haben könnte. Die Kirchenglocke von Bojnice schlägt elfmal. Es muss an der Stille liegen, dass die wenigen Geräusche, die noch zu hören sind, nun eine neue Bedeutung bekommen. So wie der Tag den Touristen gehört, gehört die Nacht den Dohlen, die zu Hunderten zwischen den Zinnen und unter den Dächern des Schlosses nisten. Sie schreien wie die rostigen Scharniere von Türen, die man besser nicht öffnen sollte. Und wenn die alten Holzdielen knacken und ächzen, glaubt man, ganz deutlich Schritte zu hören. Oder der Wind, der im Schlosshof pfeift, dass es sich wie das Klagen aus der Hölle anhört. Es muss an der Stille liegen, dass ich nach kurzer Zeit meine, etwas tun zu müssen. Ich rede laut mit mir selbst, gehe in jedes der sieben Zimmer und schalte das Licht an. Ich werde mutig und betrete einen langen Flur. Die spärliche Lichtpfütze der Taschenlampe zeigt mir den Weg. Türen links, Türen rechts. Wie viele Zimmer das Schloss tatsächlich hat, weiß niemand so genau. Man hat sie nie gezählt, 300, schätzt man. Gemälde, Geweihe, Waffen an den Wänden. Der Gang ist breit, sicher sechs Meter hoch, und führt in einen kleinen Innenhof. Einst ritten hier die Adligen auf Pferden hindurch. Nun tanzen die Schatten knochiger Äste im fahlen Mondlicht auf den grauen Burgmauern und sehen aus wie Arme, die nach etwas greifen. Die Schatten suchen das Licht. Ich weiß nicht, wonach ich gerade suche.

Ich durchquere den Hof. Plötzlich ein Geräusch, das wie das Klappern vieler, schwerer Schlüssel klingt. Ich drücke mich an eine Wand und warte. Doch es bleibt ruhig. Ich schleiche weiter, steige einige Stufen nach unten und stehe vor einer riesigen Tür, der Eingang zur Familiengruft. Fast auf den Tag genau vor 100 Jahren war der letzte Besitzer des Schlosses, der Graf Ján Frantisek Pálffy, gestorben und in einem Sarkophag aus rotem Marmor dort unten beigesetzt worden. Vor einigen Jahren war aus dem Schrein eine seltsame Flüssigkeit getropft. Niemand konnte dies erklären. Wissenschaftler kamen, untersuchten und blieben ratlos. Der Schlossdirektor ließ die Gruft für Besucher schließen. Slowakische Zeitungen schrieben von den *Tränen des Grafen*, der nicht glücklich darüber war, wie mit seinem Erbe umgegangen wurde. Das Schloss war um eine Attraktion reicher.

Ich drehe an dem wuchtigen Knauf der Tür. Abgesperrt. Wieder die Glocke der Kirche – zwölf Schläge. Und ich stehe alleine vor einer Gruft – falsche Zeit, falscher Ort. Nun ist es nicht mehr wichtig, ob die Geschichten, die mir der Archivar erzählt hat, erfunden sind, denn nun klingen sie wie die Wahrheit. Wie die Gerüchte um Zuzana Podhradská, die weiße Frau, die im 15. Jahrhundert vom damaligen Schlossverwalter entführt wurde, wenige Tage später starb und in den Mauern der Burg begraben sein soll. Nacht für Nacht soll auch sie in einem weißen Leichengewand durch das Schloss schleichen. Und dann ist da ja noch die Sache mit der Fußspur eines Mädchens, die Arbeiter erst vor wenigen Wochen in frischem

Zement entdeckt haben. Die könne man nicht anzweifeln, hatte Erik gesagt und mich in einen entlegenen Winkel des Schlosses geführt. Dort sah ich den Abdruck: Er hatte sechs Zehen.

Und nun fühlt sich mein Magen an, als würde sich ein spitzer Finger hineinbohren. Ich drehe um, verlasse den Hof und bin wieder im Gang. Ganz am Ende sehe ich Licht, eine Tür steht offen. Hatte ich sie nicht zugemacht? Ich weiß es nicht mehr, will jetzt nur zurück in eines meiner sieben Zimmer. Ich laufe den Flur hinunter, der kurze Weg dauert eine Ewigkeit. Ich schiebe die schwere Eichentür ein Stückchen weiter auf und lausche. Nichts. Ich gucke in den Spiegel, gehe noch einmal durch alle Räume und warte, dass etwas passiert. Doch es passiert nichts. Keine weiße Frau. Nur die Frau an der Wand, die mich beharrlich anstarrt. Erst als der Morgen den Dingen wieder Konturen verleiht, der Frühnebel die Hügel und Wiesen in Watte hüllt, nicke ich in meinem über 300 Jahre alten Bett, das jede meiner Bewegungen mit einem schrillen Kreischen begleitet, kurz ein.

Wieder die Glocke. Sechs Schläge. Der Nachtwächter hat Feierabend und geht. In drei Stunden werden die ersten Besucher vor dem Tor stehen. Die Führungen durch das Schloss werden beginnen. Der Tag in Bojnice wird wieder den Touristen gehören. Die Nächte aber – das weiß ich jetzt – werden für immer den Legenden bleiben.

2

SLOWAKEI Zurück in die Zukunft

Záhradné ist ein Ort wie viele in der Ostslowakei. Eine Kneipe, viele Arbeitslose, keine Perspektive – die Jugend verlässt die Heimat. Jozef Hromják aber hat den anderen Weg gewählt: Der junge Mann ist zurückgekehrt. Und nun blüht sein Heimatdorf wieder auf.

Dies ist die Geschichte eines Traumes. Der Traum spielt in einem Garten. Und der Garten liegt in Záhradné, einem kleinen Dorf in der östlichen Slowakei. Ein junger Mann sitzt in diesem Garten im Schatten eines Pflaumenbaumes. Er trägt einen Dreitagebart und lange Haare, die er zu einem Zopf gebunden hat. Er steht auf und blickt sich um, dann sagt er: «Das hätte ich nie für möglich gehalten, der Traum ist wahr geworden.»

Im Garten stehen bunt bemalte Tische und Stühle. Kinder schaukeln. Auf dem Rasen döst ein Pärchen auf einer Decke. Ein Hund jagt eine Katze. Und neben dem Komposthaufen sitzen drei Alte auf einer Mauer und trinken Wodka. Einer von ihnen wippt mit dem Fuß im Takt zu Jim Morrisons Gesang: «Come on baby, light my fire». Im ehemaligen Kuhstall feiert eine Familie die Erstkommunion ihrer Tochter. Auf dem Tisch stehen selbstgebackener Apfelkuchen und selbstgebrannter Birnenschnaps. Jemand spielt ein altes slowakisches Volkslied auf dem Akkordeon. An der Hauswand hängt ein riesiger Kopf aus Pappmaché mit Segelohren und Knollennase, der derartig wahnsinnig grinst, dass es ansteckend ist. Auf einer kleinen Holztafel am Gartenzaun hat Jozef Hromják, der junge Mann mit dem Zopf, die Öffnungszeiten gepinselt: *ZMLAK* steht da in geschwungener, roter Schrift. Und darunter: *Mittwoch bis Sonntag 15 bis 23 Uhr. ZMLAK?* Es hat bislang noch jeder verwundert nachgefragt, was das denn bitte schön heißen soll, erzählt Jozef, den alle nur «Peppo» nennen. Und jedes Mal hat er es bereitwillig und auch ein bisschen stolz erklärt: *Živé Múzeum L'udovej Architektúry a Kultúry* – das lebendige Museum für Architektur und Volkskultur.

ZMLAK und sein Garten sind wie eine bunte Oase, die so gar nicht in den grauen Alltag des kleinen Ortes passen will. Denn Záhradné ist kein schönes Dorf. 1000 Menschen, zwei Kirchen, eine Kneipe, ein Fußballplatz, der Friedhof am Ortsrand und jeder Vierte arbeitslos. Gibt es Neuigkeiten, verbreiten sie sich hier schnell. Doch der Schaukasten am Gemeindehaus für die Aushänge ist leer. Am Ufer des Ternianka, des Flusses, der sich quer durch das Dorf schlängelt, knien drei Frauen und schlagen Bettlaken und Handtücher auf die Steine. Von ihnen unbeachtet wankt ein Mann über die Brücke. Er geht, als würden ihm seine Beine nicht gehorchen wollen. Vorsichtig setzt er einen Fuß vor den anderen wie auf den Planken eines Schiffes bei starkem Seegang. Er wünscht sich lautstark den Kommunismus zurück. «Sloboda», brabbelt er. Freiheit. Er versteht die Welt nicht mehr, und die Welt versteht ihn nicht mehr. Am Nachmittag sitzen die alten Mütterchen und Väterchen wie jeden Tag auf den Holzbänken vor ihren Häusern und warten, dass etwas passiert. Doch es passiert nicht viel. Ein ewiger Gleichlauf. Wer in Záhradné jung ist, geht fort. Nach Tschechien, nach Westeuropa oder noch weiter. Hauptsache, weg. Richtung Arbeit, Richtung Geld. Zurück bleiben die Alten, der Ort wird immer älter.

Die Gegend zählt zum Scharoscher Bergland, das zum westlichen Teil der Karpaten gehört, des massiven Gebirgszugs, der sich durch halb Südosteuropa erstreckt. Záhradné nistet in einem weiten Tal. Nördlich kommt schon bald die polnische Grenze, wo heute noch Panzer aus dem Zweiten Weltkrieg vor sich hin rosten. Im Süden ist Prešov, die drittgrößte Stadt des Landes mit ihren

90 000 Menschen, keine 15 Kilometer entfernt. Dort ist Peppo 1980 geboren. Und dennoch liegt Záhradné so abgeschieden zwischen bewaldeten Hügeln und Weizenfeldern, als hätte man es vergessen. Für die wenigen Touristen, die in den warmen Monaten auf Fahrrädern hier unterwegs sind, ist das Dorf nicht mehr als eine Durchgangsstation. Warum also ausgerechnet hier ein Museum? Peppo überlegt nicht lange: «Weil es meine Heimat ist und ich nicht zusehen will, wie meine Heimat stirbt.»

Die meisten seiner Freunde und auch zwei seiner drei Schwestern leben längst in größeren Städten wie Prešov, Bratislava oder München. Es ist eine Generation der Auswanderer. «Die Jüngeren sind auf der Suche nach einer Identität, es fehlen die Vorbilder, die sie glauben anderswo zu finden.» Auch Peppo ging auf die Suche. In Prešov lernte er Koch, arbeitete zwei Jahre in einem Dreisternehotel in Zürich, zwei weitere in einem Fünfsternehotel in Prag. Er lernte viel und lebte gut. Sein Bankkonto war so voll wie nie. Doch das war es nicht, was er wollte. «Es war die falsche Richtung», sagt er, «manchmal muss man erst gehen, um zu verstehen, was die Heimat einem bedeutet.» Als seine Schwester Maruška ihn anrief und von einem Bauernhaus erzählte, das verkauft werden sollte, kam er zurück. 2005 war das. Eine alte Frau war gestorben. Ihre Kinder hatten das Grundstück mit dem Haus geerbt, es aber nicht behalten wollen.

Gemeinsam mit seinem Freund Milan Pavel, einem Architekten und Restaurateur, kaufte Peppo die baufällige Kate. In weniger als vier Monaten renovierten sie alles mit viel Holz, Natursteinen und warmen Farben. Einen Raum haben sie so belassen, wie die Menschen des Dorfes vor 100 Jahren lebten, mit traditionellen Möbeln und vielen Gegenständen des Alltags. Ein kleines Volkskundemuseum, einzigartig für diese Region. Im Garten können wahre Schätze besichtigt werden. Ein antiker Kinderwagen, ein Butterfass, ein Bienenkorb, Spinnräder, Webstühle und landwirtschaftliche

Maschinen. Ein Sammelsurium der Geschichte. Und regelmäßig bringen Menschen noch mehr Dinge aus vergangenen Zeiten, die sie in Kellern und auf Dachböden gefunden haben. «Diese Kultur und das Wissen darüber würden sonst verschwinden, so bleiben sie am Leben», hofft Peppo, «hier die Kultur, die wir nicht vergessen sollten, und dort die Kultur, die wir selber machen.» Künstler stellen ihre Bilder und Skulpturen aus, Konzerte oder Lesungen finden statt. Immer häufiger kommen Leute von außerhalb vorbei, da sie von dem kleinen, ungewöhnlichen Garten im Dorf nördlich von Prešov gehört haben. Menschen aus den umliegenden Ortschaften, Studenten aus der Stadt und sogar mehr und mehr Touristen.

«Es geht hier aber nicht um Geld», sagt Peppo, «es geht um ein gutes Gefühl, um ein Lächeln.» Es ist ihm wichtig, das zu betonen, und es sind die vielen kleinen Momente, die ihm genau das zeigen. Wenn Großeltern mit ihren Enkeln zum Eisessen kommen und den Kleinen die Werkzeuge erklären, mit denen sie früher selber noch gearbeitet haben. Wenn er in seiner Küche etwas Traditionelles wie Bryndza, ein pikanter Frischkäse aus Schafsmilch, mit etwas Neuem kombiniert und Leute aus dem Dorf, die noch nie Olivenöl gegessen haben, erstaunt feststellen: «Was war denn das? Das war ja lecker!» Oder wenn dieser eine Mann, den er vorher gar nicht gekannt hat, nun jeden Monat einmal vorbeischaut, um den Rasen zu mähen. Er will nichts dafür haben. Er kommt einfach gerne, da ihm die Atmosphäre gefällt. Meist sitzen Peppo und der Mann dann noch gemeinsam auf einer der Bänke. Es riecht nach frisch gemähtem Gras, und der Mann erzählt von früher. Früher, das war die Zeit vor 1989, die Zeit des Ostblocks. Alles war reguliert, alles verstaatlicht, alle sollten gleich sein. Was früher in der Sowjetunion Kolchose hieß, war in der ehemaligen Tschechoslowakei die örtliche Družstvo, einer der landwirtschaftlichen Gemeinschafts- und Staatsbetriebe, einst der ganze Stolz des kommunistischen Regimes. In Záhradné war sie nicht ganz so groß wie anderswo, nur etwa 20 Menschen arbeiteten hier. Vielen wurde in den sechziger und siebziger Jahren eine Stelle in den Fabriken von Prešov zugewiesen, wo Kleidung am Fließband produziert und Maschinen gebaut wurden. Als die *Sanfte Revolution* den Sozialismus zusammenbrechen ließ, war Peppo gerade neun geworden. Die Družstvo machte Konkurs. Viele Fabriken mussten schließen. Die Zeiten, als alle Arbeit hatten und alle arbeiten mussten, waren vorbei. Was nach jahrzehntelanger Kommandoplanwirtschaft blieb, war ein kollektiver Brei in den Köpfen der Menschen. Und nun stand die Demokratie vor der Tür. «Den Älteren ist die Individualität bis heute fremd», sagt Peppo, «sie haben es nie gelernt.»

In kurzer Zeit hat sich damals viel verändert, vielleicht zu viel und zu schnell. Nach der Wende verließen viele das Land. 1993 folgte die Trennung von Tschechien. 2004 verschoben sich die Grenzen der EU, als die Slowakei Mitglied wurde. Doch wie viel Veränderung verträgt ein Land in nicht einmal 20 Jahren? Heute kann man schnell das Gefühl bekommen, dass hinter Bratislava nicht mehr viel kommt. Die Hauptstadt liegt an der Grenze zu Ungarn und Österreich, viel weiter westlich geht es nicht mehr. In Richtung Osten beginnt das Hinterland. Und die Ostslowakei ist das Hinterland vom Hinterland. Hier liegen manchmal nur wenige hundert Meter zwischen aufgeräumten Wohnsiedlungen und den verdreckten Elendsvierteln der Roma, die manche «Vorhölle» nennen, da in den Slums Armut und Kriminalität den Alltag bestimmen und fast niemand Arbeit hat. Dort, wo diese zwei Welten aufeinanderprallen, ist die Slowakei ein zerrissenes Land. In Záhradné aber haben nie Roma gelebt, hier hat es schon damals keine Arbeit gegeben, die Menschen von außerhalb hätte anlocken können, was einige Dorfbewohner heute als Glück bezeichnen.

Als Peppo durch das Dorf läuft, stoppt er kurz an einem Gartenzaun. Auf dem Grundstück steht ein verbeulter, roter Lada, daneben verrostet ein brauner Škoda. Beiden Autos fehlen die Reifen. Im Škoda sitzt ein Junge mit einem Mondgesicht hinter dem Steuer, auf der Motorhaube ein großer schwarzer Hund. Der Junge reißt wild am Lenkrad herum, dazu brummt er und lässt die Lippen vibrieren. «Wohin fährst du?», fragt Peppo. Der Junge steckt seinen Kopf durch das geöffnete Seitenfenster. «Nach Bratislava, zu meinem Bruder!» – «Kennst du den Weg?» – «Den kennt doch jeder!», antwortet der vielleicht Zehnjährige. «Na dann, gute Fahrt! Nachher noch eine Limo bei mir im Garten?» – «Ja klar, bis später!»

Im Garten von *ZMLAK* feiern Jugendliche gerade ihre bestandene Abiturprüfung. Sie hätten auch in Prešov den Abend verbringen können, dort sind sie zur Schule gegangen. «Wir wollen Peppo und seine Ideen unterstützen», sagt eine der jungen Frauen, «Záhradné ist unser Heimatdorf, verstehst du?» Am Tisch nebenan hört ein Mann mit. Er ruft: «Das, was du sagst, macht mich glücklich – auch ohne Zähne.» Dann lacht er, und man kann sehen, was er meint. Und dann lachen alle und sitzen bis spät in den Abend zusammen. Und auch der Junge mit dem Mondgesicht kommt noch auf eine Limonade vorbei und bringt seine Eltern mit. «Das Dorf ist wieder aufgewacht, es lebt wieder», sagt Peppo, «es ist wie ein Aufbruch.» Wohin? «Man wird sehen.» In wenigen Wochen wird er Vater. Es wird ein großes Gartenfest geben. Jeder wird kommen dürfen. Es wird selbstgebackenen Apfelkuchen geben und den selbstgeräucherten Schinken seines Schwiegervaters. Und Záhradné hat mit *ZMLAK* eine kleine Attraktion, die den Ort besonders macht und aufblühen lässt – wobei schon der Name des Dorfes eine Besonderheit ist: Záhradné heißt übersetzt Garten.

Kilometer 3627 bis 3722 **Im toten Winkel**

Der Polizist tritt an das geöffnete Seitenfenster. Mit Zeige- und Mittelfinger tippt er flüchtig an den Schirm seiner Dienstmütze. In gebrochenem Deutsch sagt er: «Guten Tag. Fahren 40 zu schnell, mein Kollege hat geblitzt.» Ich bin überrascht. «Dann müsste ich ja 90 im Ort gefahren sein.» Der Beamte nickt: «Ja, 90.» Vor uns stehen noch zwei Autos, den Kennzeichen nach aus Österreich und Deutschland. Ich frage, ob er mir die Aufnahme zeigen könne. Er überlegt. «Warten Sie!» Er geht zu seinem Wagen, spricht in ein Funkgerät, kommt zurück. Er sagt: «30 zu schnell.» Wieder bin ich überrascht. «Sagten Sie eben nicht 40?» – «Nein, 30.» Ich bin schon häufiger angehalten worden mit meinem Bus. Manchmal wurde ich von den Männern mit den Mützen mehrmals im Monat aus dem Verkehr gezogen, aber so skrupellos wie dieser Freund und Helfer ist noch nie einer gewesen. «Höchstens 10», sage ich. Er: «25.» Ich: «15.» Wie beim Kuhhandel. Schließlich er wieder: «20! Zahlen bar?» Dass ich keine slowakischen Kronen dabeihabe, will er mir nicht glauben. «Sind Sie sicher?» Ich bin mir sicher. Jetzt wird er unruhig. «Und Euro?» Euro habe ich, das sage ich ihm aber nicht. Er ist verärgert. Genervt reicht er mir einen Überweisungsschein, den ich nie ausfüllen werde. Dass dieser Tag der vielleicht ungewöhnlichste der gesamten Reise wird, ist mir in diesem Moment noch nicht klar. Ich kann ja nicht wissen, dass diese Begegnung erst der Anfang gewesen sein sollte.

Vier Stunden später. Ein einsamer Feldweg irgendwo in der östlichsten Ostslowakei. Wir haben uns verfahren. Ich will umdrehen, lege den Rückwärtsgang ein und setze zurück. Plötzlich ein Ruck, dazu ein Knall, als ob wir gegen etwas Großes gefahren sind. Ein Schrei. Im Rückspiegel sehe ich einen Motorradfahrer, der mit seiner Maschine zur Seite kippt. Ich springe aus dem Bus, Locke begrüßt schwanzwedelnd den in Schwarz gekleideten Mann am Boden. Ein Hüne mit Helm – wie hatte ich den bloß übersehen können? Er flucht, seine Stimme überschlägt sich. Was er schreit, verstehe ich nicht. Dann steht er auf, wuchtet das Motorrad hoch und klopft sich den Staub vom Leder. Passiert ist ihm nichts, nur ein Rückspiegel hat beim Sturz einige Kratzer abbekommen. Erleichtert atme ich durch. Der Mann auch. Locke bellt. Ich krame eine Flasche Wein hervor, halte sie ihm zusammen mit einem 50-Euro-Schein hin und zeige auf den Spiegel. «Okay?» Seine finstere Miene klart auf. Jetzt lächelt er sogar. Er nimmt das Geld und die Flasche, steigt auf seine Maschine, winkt zum Abschied und fährt davon. Zurück bleibt eine Staubwolke und der Gedanke, dass Geld alle Probleme lösen kann. Aus irgendeinem Grund möchte ich aber bis heute nicht glauben, dass er sich einen neuen Spiegel gekauft hat.

Drei Stunden später. Auf diesem Tag muss ein Fluch liegen. Wir stehen am Straßenrand in Nová Sedlica, einem weltabgewandten Dorf in einem toten Winkel am Rande EU-Europas. Die Ostwand, wie manche Slowaken die Grenze nennen, die ihr Land von der Ukraine trennt, steht keine drei Kilometer von hier. In nördlicher Richtung sind es fünf Kilometer bis nach Polen. Und wir haben das nächste Problem: Bei einem Ausweichmanöver sind wir über ein abgesägtes Straßenschild gefahren, das uns den Reifen aufgeschlitzt hat. Vielleicht, denke ich, ist das alles bloß ein Test und jemand hat diesen Tag von vorne bis hinten geplant, um meine Grenzen auszuloten. Der korrupte Polizist und der Motorradhüne – beides Statisten. Auch der Fahrer des Autos, dem wir Platz machen mussten, ist bestellt worden. Er hatte mich so geschickt abgedrängt, dass ich über den scharfkantigen Metallstumpen fahren musste. Und nun steht plötzlich ein Mann vor mir. Er hebt die Hand zum Gruß und sagt: «Hat kaputt, was?» Er wirkt vergnügt. Ich weiß noch nicht so recht, was ich davon halten soll, deute wechselweise auf den Reifen und das abgesägte Schild. Er kommt näher, klopft mir auf die Schulter. Dann kniet er auch schon vor dem Bus und setzt den Wagenheber an.

Pavel ist ein sehr dünner und schon jetzt, am späten Nachmittag, sehr betrunkener Mann. Er ist aber auch kräftig wie ein Pferd, und er schnauft auch so. Nach zehn Minuten ist der Reifen gewechselt. «Ukrajina», ruft Pavel und deutet nach Osten. «Pol'sko», sagt er und zeigt nach Norden. «Európa dort» – er blickt nach Westen. Dazu muss man wissen, dass mit Pavels linkem Auge etwas nicht in Ordnung ist. Es scheint orientierungslos in seinem Schädel umherzurollen, das andere starrt dafür umso zielstrebiger. Er hat einen Blick, der nicht von dieser Welt ist. Ein Bier hat er sich trotzdem verdient. Ich reiche ihm eine Flasche und öffne mir die nächste. Prost, Pavel!

Viel später auf dieser Reise wird es noch zwei weitere Blechschäden geben. Auf der Kanareninsel La Palma werden wir an einer Ampel mit dem Kleinwagen einer Frau zusammenstoßen. Sie wird total begeistert sein, dass ich ihr als Entschuldigung eine Flasche Wein in die Hand drücke. Und im Zwergstaat San Marino werden wir rückwärts gegen einen Baum fahren. Aber es gibt sie eben manchmal, diese Tage, an denen seltsame Dinge geschehen, an denen man ohne Not gegen Bäume oder Motorräder über den Haufen fährt. Und am Ende des Tages fragt man sich, ob das wirklich so passiert oder nicht doch alles bloß ein Traum gewesen ist.

3

POLEN Kein Ort für einen Audioguide

Jacek Lech ist in Oświęcim geboren und aufgewachsen. Dort arbeitet er als Guide für Touristen. Er führt ein normales Leben an einem unnormalen Ort. Denn die Welt kennt Oświęcim unter einem anderen Namen.

Was der Name seiner Heimatstadt für Gefühle auslösen kann, hat Jacek Lech schon oft erlebt: Die Menschen erschrecken. Sie hören den Namen und zucken zusammen. Manche verstummen, es schnürt ihnen die Kehle zu. Andere reißen überrascht die Augen auf und fragen: *Echt? Da bist du geboren? Wie kann man da denn leben?* Betroffene Blicke. Betretenes Schweigen. Das war schon früher so, wenn er mit seiner Fußballmannschaft unterwegs war oder ins Ferienlager an die Ostsee fuhr. Und das ist heute noch so, wenn er nach seiner Heimat gefragt wird. Jacek sagt, er hat gelernt, mit den Reaktionen zu leben, wenn er antwortet: «Ich komme aus Oświęcim.» Denn die Stadt in Südpolen hatte früher mal einen deutschen Namen: Auschwitz.

Die Hölle auf Erden, der größte Massenmord der Geschichte – das ist es, was die Welt zur Kenntnis genommen hat und was die Stadt, die nur fünf Jahre lang Auschwitz hieß und als Oświęcim eine über acht Jahrhunderte zurückreichende Geschichte hat, zu einem der wichtigsten Touristenziele des Landes macht. «Es gibt die Gedenkstätte und es gibt die Stadt», muss Jacek dann erst einmal erklären. Selbst viele Polen wissen das nicht. Rund eine Million Besucher kommen jedes Jahr nach Auschwitz, von Oświęcim sehen sie nicht viel. Viele der 40 000 Bewohner glauben, dass die Geschichte noch immer zu große Schatten auf die kleine Stadt wirft.

Sie fühlen sich als Verlierer der Geschichte. Sie sagen, ihre Stadt hätte keine Chance auf Entwicklung mit dieser Vergangenheit. «Ich glaube das nicht», sagt Jacek, «zumindest im Alltag ist davon nicht viel zu spüren. Für die Menschen hier ist es schon lange kein Widerspruch mehr, am Abend auf dem Weg in die Disco am Lagerzaun vorbeizulaufen. Wir wissen, dass dies kein normaler Ort werden wird, dennoch müssen wir versuchen, ein normales Leben zu führen.» Vielleicht hätte Oświęcim ohne den Zweiten Weltkrieg heute ein anderes Gesicht und wäre für hervorragende Liköre, sein Schloss oder die schönen Kirchen bekannt. Doch so wie auch Hiroshima, Tschernobyl oder Srebrenica Orte sind, an denen das Grauen wohnt, sollte es hier nicht anders kommen.

Die Menschen aus Oświęcim sind froh über ihren Fluss, der sie zumindest räumlich von der Vergangenheit trennt. Die Sola, ein Nebenarm der Weichsel, teilt die Stadt in einen großen Teil rechts vom Ufer und einen kleineren links. Linksseitig liegt das ehemalige Konzentrationslager, das sogenannte Stammlager. Die Sola fließt unmittelbar daran vorbei. Kurz bevor sie allerdings die wuchtigen, aus roten Ziegelsteinen gebauten Baracken und die Stacheldrahtzäune erreicht, macht sie einen Bogen. Sie entfernt sich wieder. Es sieht so aus, als wüsste das Wasser, dass dort Schreckliches geschehen ist. Es gibt Menschen, die sagen, dass Wasser ein Gedächtnis hat. An diesem Ort möchte man das glauben. Denn erst dort, wo der Lagerkomplex endet, ändert auch der Fluss wieder seinen Lauf und macht den Bogen zurück, ehe er einen Kilometer hinter der Stadt in die Weichsel mündet.

Jacek lebt auf beiden Seiten des Flusses, in beiden Städten: Er ist 1971 in Oświęcim geboren, dort ist er aufgewachsen, dort wohnt er heute. In Auschwitz, der Gedenkstätte, arbeitet er als Touristenführer, auch wenn man das an diesem Ort nicht so nennen möchte. Jacek ist Geschichtswissenschaftler. In seinem kurzärmeligen karierten Hemd, mit seiner Brille, seinem aufrechten Gang und den dünnen weißen Armen sieht er aus wie ein Einserschüler. Er spricht perfekt Englisch und Schwedisch. Auch sein Deutsch ist beinahe akzentfrei, nur manchmal rollt das R ein wenig zu weit. Seit 2001 führt er Besucher durch das Stammlager und zeigt ihnen auch das einstige Vernichtungslager Birkenau drei Kilometer außerhalb der Stadt.

Als Junge fuhr Jacek oft mit dem Fahrrad an den meterhohen Zäunen und Wachtürmen in Birkenau vorbei, wenn er auf dem Weg zum Baggersee war. Doch erst mit zwölf traute er sich mit Freunden zum ersten Mal auf das Gelände. «Wir wussten nicht, was dort geschehen war. Dass etwas Grausames passiert sein musste, spürten wir aber sofort. Der Stacheldraht, die Baracken, die Ausmaße, die Gleise, die hier endeten. Und vor allem diese Stille. Die ganze Atmosphäre war gespenstisch. Später spielten wir auch in den verlassenen Bunkern und sahen uns die zerstörten Gaskammern und Krematorien an. Wir wussten ja nichts darüber, für uns waren das bloß Ruinen.»

Erst in der Schule bekam Jacek einen ersten Hintergrund. Bis 1989 aber hatte es in Polen kaum Details zum Holocaust gegeben. Man hatte geglaubt, dass die meisten der Opfer Polen gewesen waren. Die Ohnmacht war groß, als nach der Kapitulation des Kommunismus die ersten Bücher erschienen und erstmals die Zahl der in Auschwitz ermordeten Menschen genannt wurde. Eineinhalb Millionen. Man wusste nun auch, dass die meisten Opfer Juden aus ganz Europa und etwa zehn Prozent Polen darunter waren. Durch die öffentliche Diskussion, die nun begann, fing auch Jacek an, sich für die Geschichte seiner Heimatstadt zu interessieren. Zu Hause saßen sie oft am Tisch und diskutierten. Jeder erzählte, was er wusste. Sein Onkel war Tischler und im KZ ein sogenannter Zivilarbeiter gewesen. Fast täglich musste er im Stammlager Reparaturen erledigen. Wenn er am Morgen durch das Lagertor trat, wusste er nicht, ob er den Tag überleben würde. «Er hat schreckliche Dinge gesehen», sagt Jacek, «die Menschen aus Oświęcim aber hatten erstaunlich wenig mitbekommen. Die Nazis hatten die Lager sehr gut abgeschirmt und eine Sperrzone eingerichtet.» Seine Großmutter erinnerte sich, häufig Züge mit Gefangenen, zusammengepfercht in Viehwaggons, gesehen zu haben. Sie arbeitete bei einem deutschen Bauern in dessen Obstgarten, ganz in der Nähe der sogenannten Judenrampe, wo die Transporte ankamen und von wo die Menschen zur Arbeit ins Lager oder sofort ins Gas geschickt wurden. Aus einem Puzzle an Informationen setzte sich Jacek damals ein erstes Bild zusammen. Doch erst viel später sollte er die Spur wieder aufnehmen. Zunächst studierte er Geschichte in Krakau, dann in Augsburg, dann in Malmö. Anschließend arbeitete er für eine polnische Internetfirma. Lange sah es nicht danach aus, dass er zurückkehren würde nach Oświęcim. Bis ein Freund ihn anrief. Er hatte eine Stellenausschreibung in der Zeitung gelesen: *Gedenkstätte Auschwitz sucht schwedischsprachigen Guide.* Jacek bewarb sich. Sechs Monate bereitete er sich auf die Prüfung vor. Er bekam den Job.

Darf man in Auschwitz lachen? Darf man einen Apfel essen? Darf man die Sonne genießen? Darf man einen Sonnenuntergang fotografieren? Fragen, die Jacek häufig gestellt bekommt. Er sagt: «Auschwitz ist der größte Friedhof der Welt, und manche Menschen möchten hier in Ruhe gedenken. Man sollte also aufeinander achten. Doch jeder sollte auch seinen eigenen Weg finden, wie er an diesem Ort sein möchte.» Es gibt Touristenführer, die ihre Texte auswendig lernen. Das klingt meist so, als würde eine Maschine sprechen. Jacek sagt: «Auschwitz ist kein Ort für einen Audioguide. Es müssen Fragen gestellt und Antworten gegeben werden. Und immer wenn es zum Dialog kommt, wird es auch eine gute Führung. Ich habe ja keine fertige Geschichte zu erzählen, es ist bloß ein Skelett an Fakten. Und ich weiß vorher auch nicht, mit was für Menschen ich es zu tun habe werde und welchen Hintergrund sie mitbringen, ob sie vielleicht Opfer oder Täter in der Familie haben. Doch dann komme ich ins Gespräch und erfahre Details. Das ist das Spannende an meinem Beruf. Wer mit vielen Fragen nach Auschwitz kommt, geht oft mit noch mehr Fragen nach Hause.»

Jacek ist ein guter Guide. Er erzählt, was damals geschah. Er zeigt die Berge aus Menschenhaar. Er nennt Zahlen. Vor allem aber ist er ein neutraler Berichterstatter – er klagt nicht an. Er ist sehr sachlich, aber nicht gleichgültig. Man muss damit umgehen können, so eine Verantwortung zu haben. «Es wäre leicht, diesen Ort und seine Geschichte zu instrumentalisieren», sagt er, «doch es ist nicht nötig, künstlich Atmosphäre zu schaffen, etwa mit besonderen Worten oder vielen Erklärungen – dieser Ort spricht für sich.»

Einige der Baracken im Stammlager sind Ausstellungsräume. In *Block 6* hängen Hunderte Schwarzweißfotos an grauen Wänden. Ein langer, karger Flur, am Ende ein vergittertes Fenster. Neonröhren machen kaltes Licht. Zahllose Augen starren aus bleichen Gesichtern. Die Schädel kahl. Die Wangen hohl. Die Porträtbilder der Inhaftierten tragen Nummer, Name, Geburtsdatum, Tag der Einlieferung und Todesdatum.

«Es gibt viele Momente, in denen man als Guide schweigen muss», sagt Jacek, «ich muss die Besucher mit ihren Gedanken und Gefühlen auch alleine lassen. Ich darf niemanden überfordern. Bevor wir die Todeszellen in *Block 11* betreten, fasse ich immer schon vorher zusammen, was sich dort abgespielt hat. Jeder kann dann selber entscheiden, ob er sich diesen Ort ansehen möchte.» Jacek trägt eine dieser Brillen, deren Gläser dunkler werden, je mehr Licht darauf fällt. Es ist sehr hell an diesem Tag, die Sonne scheint. Man kann nicht sehen, was seine Augen sagen, als er diese Geschichten erzählt. Man kann nicht erkennen, wie sehr sie ihn berühren. Dann sagt er: «Auch ich habe Tränen in den Augen, wenn Menschen fluchtartig den Raum verlassen, weinen oder ohnmächtig werden, weil sie von den Eindrücken erschlagen werden. Das sind Augenblicke, in denen Menschen plötzlich etwas verstehen oder sich vielleicht an etwas erinnern. Andere wiederum sind völlig desinteressiert oder lachen, weil sie nicht wissen, wie sie mit der Situation umgehen sollen. Auch das ist absolut menschlich und bis zu einem gewissen Punkt auch in Ordnung.»

Wenn Menschen sich vor Sehenswürdigkeiten fotografieren lassen, tun sie das, weil sie einen Beweis mit nach Hause nehmen wollen, um zeigen zu können, dass sie wirklich da waren. Auch in Auschwitz machen Besucher diese Beweisbilder: Sie stellen sich vor das Eingangstor des Lagers mit der aufschwingenden Schmiedeschrift *Arbeit macht frei*. Vor die zerstörten Gaskammern. Vor die Galgen am Appellplatz. Und selbst vor der Todeswand, an der die Erschießungen vollstreckt wurden, posieren manche Leute. Und ihre Freunde drücken ab.

Jacek sagt dazu nichts. Er hat aber beobachtet, dass gerade deutsche Besucher meist sehr achtsam darin sind, wie sie sich in Auschwitz verhalten. «Sie sind sehr konzentriert, gut vorbereitet und stellen viele detaillierte Fragen. Ich kann mir vorstellen, dass es eine gewisse Überwindung und auch Mut braucht, als Deutscher Auschwitz zu besuchen. Es ist vielleicht der schwierigste Ort, an den man als Deutscher gehen kann. Und wenn Deutsche hier weinen, sind diese Tränen auch eine Art, sich für die Taten ihrer Väter oder Großväter zu entschuldigen.» Einmal, nach einer Führung, sprach ihn ein fast 70-jähriger Mann aus der Nähe von Potsdam an. Er glaubte, seinen Vater auf einem der ausgestellten Fotos erkannt zu haben. Sie sahen sich das Bild gemeinsam an. Es zeigte einen SS-Offizier in Birkenau bei der Selektion eines Gefangenentransportes ungarischer Juden im Jahr 1944. Das Gesicht des Mannes, der über Leben und Tod entschied, war nicht wirklich gut zu erkennen, die Schwarzweißaufnahme war stark verschwommen. Dennoch war sich der ältere Herr so gut wie sicher. Gleich nach dem Krieg hatte sein Vater die Familie verlassen und war Pastor geworden.

Vater und Sohn hatten sich kaum gekannt. Völlig verstört verließ der deutsche Rentner die Gedenkstätte. «Drei Monate später», erzählt Jacek, «kam er noch einmal mit einem Familienalbum, um die Bilder zu vergleichen. Es gab keinen Zweifel: Es war sein Vater. Der Mann war schwer erschüttert und fassungslos, dass dieser am Massenmord in Auschwitz beteiligt gewesen war.»

Manchmal geschehen an grausamen Orten aber auch schöne Dinge, sogar in Auschwitz. Und Jacek ist es wichtig, den Besuchern auch von diesen kleinen Momenten der Menschlichkeit zu erzählen: wenn die Gefangenen das wenige Essen miteinander teilten, ein Stück Brot organisierten oder einen erschöpften Mithäftling versteckten, um ihm einige Stunden Schlaf zu ermöglichen. Jacek spricht viel von Hoffnung, wenn er über das Leben im Lager spricht. «Es sind Geschichten, die eine andere Perspektive zeigen, die der Überlebenden. Die Begegnungen mit Menschen, die Auschwitz überlebt haben, sind unglaublich wichtig für mich und meine Arbeit, um Zusammenhänge zu verstehen und Details zu erfahren. Und sie sind natürlich ein großer Moment der Freude. Einmal konnte ich einen Überlebenden in Schweden besuchen. Als 15-Jähriger war er nach Auschwitz deportiert worden. Er erzählte mir, dass er sofort gespürt habe, dass er diesen Ort nicht lebend verlassen würde. Als bei einer Gefangenenzählung ein SS-Offizier einen Handwerker suchte, der sich mit einer speziellen Maschine auskennen musste und für diese Arbeit sofort in ein anderes Lager verlegt werden sollte, meldete sich der Junge, ohne zu wissen, was überhaupt verlangt wurde. Dieser Moment rettete ihm das Leben. Der Offizier glaubte ihm. Mit dem nächsten Transport verließ der Junge Auschwitz. Seine Mutter kam noch an den Zaun gelaufen und winkte. Etwas versteckt ballte er seine Faust, um ihr zu zeigen, dass er es geschafft hatte. Er sah seine Mutter zum letzten Mal. Und dennoch bestärken mich solche Erzählungen in meiner Arbeit, da jemand überlebt hat. Es ist wunderbar, den Besuchern auch solche Geschichten erzählen zu können.»

Jacek hat sein Büro in einer der Häftlingsbaracken in der Nordostecke des Stammlagers, *Block* 2. Es sind dunkle, schwere Räume. Im Regal und auf dem Schreibtisch stapeln sich Bücher über das Überleben im KZ, Tagebücher von ehemaligen Häftlingen, Erinnerungen. «Diese Nähe ist wichtig», sagt Jacek, «so verliere ich den Kontakt zur Geschichte nicht. Ich arbeite hier unmittelbar in den Räumen, in denen die Geschichte passiert ist. Und so vergesse ich das nicht. An keinem Tag. In keiner Sekunde.»

Es ist spät, die Gedenkstätte wird bald schließen. Der blaue Himmel über Oświęcim bekommt warme, wirre Farben. Spatzen haben sich auf den Stacheldraht gesetzt. Ein junges Pärchen schlendert den Schotterweg zwischen den Baracken entlang. Die Frau und der Mann halten sich an den Händen. An jedem anderen Ort würde man diesen Augenblick romantisch nennen. Wie in einer Allee ist der breite Weg von Pappeln gesäumt. Häftlinge haben die Bäume vor fast siebzig Jahren gepflanzt. Heute sind sie dreißig Meter hoch, schnurgerade in den Himmel gewachsen. Wie stumme Zeugen stehen sie da. Doch es braucht nicht viel Wind, und man kann die Blätter rauschen hören.

Kilometer 5363 **Detektiv des Waldes**

Am Morgen gegen fünf schwebt der Atem des Waldes noch in kleinen Wölkchen über dem Boden. Der modrig feuchte Dunst von altem Laub mischt sich mit dem Duft von Kiefern und Moos. Auch weit nach Morgendämmerung finden erst wenige Sonnenstrahlen den Weg durch das dichte Blattwerk. «Das ist die beste Zeit, im Wald zu sein», flüstert Aleksander Waszkiewicz, wenn die Natur aufwacht und das Orchester zu spielen beginnt. «Da, hören Sie!» Der monotone Ruf des Rohrschwirls. Hier streiten zwei Dreizehenspechte, dort zimmert ein Weißrückenspecht seinen Schnabel in einen Stamm. Dazu das Rauschen der Blätter im Wind und das Knarren der Stämme.

«Dieser Wald ist voller Geschichten», sagt der Mann mit dem schwarzgrauen Vollbart und zieht seine buschigen Augenbrauen hoch, «man muss sie nur finden.» Er schaut sich um, zeigt auf einen abgeknickten Ast, an dem das Laub noch nicht welkt. Und dort am Baum, etwas Rinde ist abgefressen. Jedes Detail kann wichtig sein. Bereits die Spur einer Spur könnte Aufschluss geben, auch wenn es bloß umgedrehte Blätter oder Steine sind, die verschoben oder im Matsch versunken sind. Aleksander geht in die Hocke, drückt Farne, Schwertlilien und Bärlauch auseinander: Hufabdrücke im Schlamm. Ein kurzer Blick genügt, um die Basisinformationen zu entziffern: «Zehenspitzengänger, Elch, männlich, etwa zwei Jahre alt.» Die Fährte ist frisch, von letzter Nacht. Aleksander, Jahrgang 1947, ist ein Meister im Lesen von Wildtierfährten, ein Detektiv des Waldes. Er spricht die Sprache der Spuren. Er trägt eine olivgrüne Uniform mit einer Schirmmütze, die ihn wie einen Polizisten aussehen lässt. Um seinen Hals baumelt ein Fernglas. Manchmal vergisst er es am Abend abzunehmen. «Wenn ich länger als einen Tag nicht im Wald bin, werde ich unruhig», sagt er. Einmal mussten er und seine Frau einen Sommerurlaub in Masuren abbrechen, da ihn das Heimweh plagte. Seit mehr als 40 Jahren arbeitet Aleksander als Parkranger im letzten Urwald Europas, im Naturschutzgebiet Bialowieska im Nordosten Polens an der Grenze zu Weißrussland.

Die Schilder stehen in jedem Vorgarten an der Hauptstraße von Bialowieza: *Zimmer zu vermieten!* Im Dorf lebt fast jeder der 2000 Einwohner von der wilden Natur und den 100 000 Touristen, die der Nationalpark jährlich anlockt. Seit 1921 ist das Gebiet offiziell geschützt – auf polnischer Seite etwa zehntausend Fußballfelder groß. Hier darf die Natur noch natürlich sein. Und der Mensch ist bloß zu Gast. Uralte, knorrige Bäume können ungestört wachsen, manche seit 600 Jahren. Sie sind groß wie Hochhäuser, fünfzig Meter und mehr. Und auch das Sterben bekommt in Bialowieza Zeit, dauert nicht selten ein ganzes Menschenleben. Morsche, vom Sturm gefällte Baumriesen haben Schneisen geschlagen, bleiben liegen, werden von Moosen und Flechten überzogen, vermodern und werden zu Erde. «Ein Wald wie vor 2000 Jahren», schwärmt Aleksander, «ein einzigartiger Schatz.» Mehr als 20 Baumarten wachsen in diesem Dickicht, wo Wolfsrudel und Luchse umherstreifen, wo Fischotter und Biber hausen.

Die meisten Besucher kommen aber, um Europas größtes Landsäugetier zu sehen: den Wisent. Das majestätische, bis zu zwei Meter große Tier lebt nur noch hier frei und wild. Die Parkverwaltung wirbt ebenso mit dem «Imperator des Waldes» wie eine Brauerei, die den europäischen Bison nicht nur als Logo auserkoren, sondern gleich ihr Bier nach ihm benannt hat: *ZUBR – trinken Sie sich stark wie ein Bulle!* Früher galten die Schwergewichte mit ihrem schwarzbraunen Zottelfell und den nach oben gebogenen Hörnern als furchterregende Monster, die direkt aus der Hölle kamen. Die Jagd auf diese verteufelten Kreaturen galt über Jahrhunderte als besondere Herausforderung für polnische Könige und russische Zaren. Ein riesiges Reservat wurde für das Hobby der Monarchen abgeschirmt. Gut für den Erhalt des Waldes, schlecht für den Wisent: 1919 wurde das letzte in Freiheit lebende Exemplar erlegt. Erst 30 Jahre später konnten die ersten in Bialowieza gezüchteten Wisente ausgewildert werden. Heute lebt wieder eine Herde von über 400 in Ostpolen.

Doch auch der Urwald kennt Grenzen – eine, um genau zu sein: die nach Weißrussland. Ein vier Meter hoher Stacheldrahtzaun trennt die polnische von der weißrussischen Wildnis. «Optimal wäre es, wenn die Tiere ostwärts wandern könnten, um den Genpool zu vergrößern und resistenter gegen Krankheiten zu werden», erklärt Aleksander. Aber schon im nächsten Moment winkt er energisch ab – in Richtung Osten. Etwa 300 Tiere leben in Weißrussland. Doch die Behörden in Minsk bleiben hart, die Grenze bleibt auch für Wisente dicht. Gelegentlich tauchen daher hungrige Einzelgänger im Dorf auf, verwüsten Gemüsegärten, laufen die Hauptstraße entlang, es kommt zu Unfällen. Als einmal ein Kleintransporter frontal mit einem Wisent zusammenstieß, hatte das Fahrzeug nur noch Schrottwert. Der fast eine Tonne schwere Koloss schüttelte sich nur ein paarmal und lief zurück in den Wald.

Gerne zeigt Aleksander Besuchern die Spuren hinter seinem Haus und erzählt, wie er einen schlafenden Riesen im Schatten des Geräteschuppens überraschte. «Ein wunderbarer Moment», sagt er, bekommt man die scheuen Rinder doch eher selten zu Gesicht. Umso wichtiger sind daher die Fährten, die Informationen über ihr Verhalten geben, die Fußnoten ihrer Existenz sind. Etwas Gespür, Phantasie und den richtigen Blick sollte man dafür haben, sagt der Waldhüter. Den Spürsinn hat er von seinem Großvater, der oft mit ihm in den Wald ging und ihm die verschiedensten Trittsiegel zeigte. Er lehrte ihn vor allem eines: Ruhe zu bewahren und genau zu beobachten. Einmal liefen sie einer Schlange über den Weg, «ich hatte große Angst und wollte weglaufen», erzählt er. Doch der Großvater blieb ruhig und sagte nur: «Sieh genau hin, sie hat zwei gelbe Punkte am Kopf, sie ist ungiftig.» Die Arbeit als Parkranger ist dennoch nicht ungefährlich. Als Aleksander und seine Kollegen vor Jahren einen ausgewachsenen Bullen für eine Untersuchung einfangen wollten, rannte das Tier ihn einfach um. Doch er hatte Glück: Seine Schirmmütze fiel vom Kopf, der Wisent ließ für einen kurzen Moment von ihm ab und stürzte sich auf das Stück Stoff. Zeit genug, um zu entkommen. Seit diesem Tag gibt es drei Dinge, die er im Wald immer dabeihat: ein Fernglas, einen Kompass und seine Mütze, die ihm das Leben rettete.

Nicht mehr lange, und Aleksander wird in Pension gehen. Vielleicht wird er dann Touristen durch den Urwald führen, genau weiß er das noch nicht. Eines aber ist schon jetzt sicher: «Ich bin ein alter Baum, mich kann man nicht mehr umpflanzen. Ich bin hier geboren, ich lebe hier und ich werde hier sterben.» Sein Fuß stampft fest auf den weichen Waldboden, als er das sagt.

«Jede Fahrt verändert mich», Aleš Kubíček, Tschechien

«Ich will nicht zusehen, wie meine Heimat stirbt»,
Jozef Hromják, Slowakei

«Auschwitz ist kein Ort für einen Audioguide»,

Jacek Lech, Polen

«Wenn es stürmt, gehen wir ins Meer»,

Arnas Gaigalat, Litauen

«Ich mache mir das Leben bunt»,
Biruta Kerve, Lettland

«In diesem Moment denke ich nicht mehr»,
Andrus Aasamäe, Estland

«Gold bleibt Gold, aber das Bier wird immer teurer»,

Jouni Patokallio, Finnland

«Ich bin schon immer hart zu mir selbst gewesen»,
Cecilie Skog, Norwegen

«Ich möchte ein weißer Rhododendron werden»,

Susanne Wiigh-Mäsak, Schweden

«Es gibt ein Leben vor und ein Leben nach Roskilde»,

Aage Gad Johansen, Dänemark

«Diese Frucht steht für ein ganzes Volk»,

André Curutchet, Frankreich

«Dieser ganze Trubel ist nicht mein Fall»,

Lionel Messi, Spanien

Locke, Portugal

4

LITAUEN Im Rausch der Steine

Wenn es an der Ostseeküste stürmt, sind sie schon frühmorgens am Strand und stehen mit ihren Keschern wagemutig in der Brandung. Männer wie Arnas Gaigalat wollen das Meer überlisten, ihm goldgelbe Juwelen entreißen: Sie sind dem Bernstein verfallen.

Die Ostsee ist schon seit Tagen zornig. Mächtige Wellen prügeln wild auf den Strand ein. Die Gräser der Dünen haben sich zitternd flach gelegt. Wolken formen sich zu Fratzen mit offenen Mündern, verwandeln sich im nächsten Moment in Segelschiffe aus Watte, die erhaben davonziehen. Seit dem frühen Morgen stehen fünf Männer in Anglerstiefeln und dicken Gummianzügen bis zur Brust in der donnernden Brandung. Das Meer wühlt und zischt um sie herum, es zerrt an ihnen. Wenn sie nicht aufpassen, reißt es sie um und nimmt sie mit. Sie halten langstielige Kescher in ihren Händen und beobachten die Wellen, die ihnen ins Gesicht schlagen und mit sicherem Griff die Kapuzen vom Kopf reißen. Sie suchen nach einem Glitzern auf den Schaumkronen. Es ist ein goldgelbes Blitzen, das nur für den Bruchteil einer Sekunde sichtbar wird, wenn die Gischt zerläuft. Verpassen die Männer diesen Moment, ist es zu spät, und das Wasser verschluckt die kleinen Schätze wieder, vielleicht für immer.

Seit Jahrhunderten suchen die Menschen der Ostsee nach Bernstein, einst die wichtigste Handelsware des Baltikums. Honiggelbe, rotbraune oder auch durchsichtige Steine, die so leicht sind, dass sie im Salzwasser schwimmen, und die süßlich harzig nach Weihrauch duften, wenn man sie anzündet. Steine, die so schön sind, dass man sich heute noch erzählt, dass sie als Tränen aus den Augen der Götter auf die Erde getropft sein müssen. Tatsächlich ist es fossiles Harz, das vor mehr als 35 Millionen Jahren von mächtigen Kiefern leckte, trocknete und heute als Bröckchen angeschwemmt wird. Die Küste Litauens ist kaum 100 Kilometer lang, doch schon immer wurden hier die größten Bernsteinfunde gemacht. Das winzige Fischerdorf Karklė findet man im Nirgendwo auf halber Küstenstrecke. Nach Norden hin ist es nicht mehr weit bis zur lettischen Grenze. Südlich beginnt schon bald die Kurische Nehrung, ein knochiger Finger Land aus weißem Sand, darauf eine der höchsten Dünen Europas, die sich Litauen und die russische Exklave Oblast Kaliningrad teilen.

Immer dann, wenn ein Sturm aufzieht und es beständig aus Südwesten bläst, stehen die Chancen für die Bernsteinfischer aus Karklė besonders günstig. «Dann gehen wir ins Meer», sagt Arnas Gaigalat, ein Mann mit stahlblauen Augen, Jahrgang 1969. Denn dann wird der Grund des Meeres aufgewühlt, die schwere See reißt Tang und Gras vom Boden los. In den Pflanzen schwebt der Bernstein und wird an die Küste getragen, meist zehn bis fünfzehn Meter vor den Strand. Dort versuchen die Fischer, die Wellen zu überlisten. Mal stemmen sie sich mit ihren Keschern gegen die Fluten, mal drehen sie die engmaschigen Netze mit einer schnellen Bewegung aus dem Handgelenk durch den Kamm der Welle. Immer wieder laufen die Männer zurück an den Strand, entleeren die Maschen auf dem Sand und durchsuchen ihren Fang. Algen, Steine und Müll, Sprockholz, Muscheln und kleinere Fische verfangen sich darin, selten auch mal etwas Bernstein. Die größeren Brocken fingern sie noch im Wasser aus den Keschern und stecken sie sich wie übergroße Honigbonbons in den Mund. Oder sie lassen sie in die tiefen Stoffbeutel gleiten, die an ihren Hüften baumeln. Dort sind sie sicher vor der nächsten Woge. «Den Stein, den ich finde, hat vor mir noch nie ein Mensch gesehen», sagt Arnas. Wenn der

Mann mit den kurzrasierten Haaren und der stämmigen Figur vom Meer und vom Bernstein spricht, kann man den Respekt in seiner Stimme hören. Er ist an der Küste geboren. Er wurde mit dem Wasser der Ostsee getauft. Die Menschen von Karklė leben mit dem Blick in Richtung Meer, es ist ihr Leben. Sie nennen es «Gintaro Juros», das Bernsteinmeer.

Kaum hatte Arnas laufen gelernt, da nahmen ihn sein Großvater und sein Vater schon mit an den Strand. Sie zeigten ihm die Technik, wie er den Kescher zu führen hat, wann er reagieren muss, wenn das Blitzen der Bernsteine sichtbar wird. Sie klärten ihn über die Gefahren der Ostsee auf und dass die Wassermassen einem schnell die Beine wegziehen können – die Drift entlang der Küste ist schon vielen zum Verhängnis geworden. Dass ein Bernstein guter Qualität seinen Preis hat, erkannte Arnas als Neunjähriger. Er hatte ein besonders schönes Exemplar gefunden und verkaufte es für umgerechnet 50 Euro an einen Bekannten der Familie. Seither lässt ihn der Stein, von dem es heißt, dass er magische Kräfte besitzt, nicht mehr los. «Ich hatte etwas gefunden, wonach ich suchen konnte», erzählt er. «Damals bin ich dem Bernstein verfallen. Er hat mich verzaubert, bis heute.»

Zigarettenpause. Behutsam rollt Arnas eine der gerade gefundenen Kostbarkeiten zwischen den Fingern. Er hält den rötlichen Brocken gegen das Licht der Sonne, sodass er zu leuchten beginnt. Allein von seinen Funden kann er nicht leben. Arnas arbeitet als Busfahrer und pendelt zwischen den Touristenorten Klaipėda und Palanga entlang der Küste hin und her. Kein toller Job, oft ist der Bus menschenleer. Aber immerhin ein Job. Die 400 Euro im Monat langen gerade so zum Überleben. Er hat einen achtjährigen Sohn, der bei der Mutter lebt. Geheiratet haben sie nie, seit einem halben Jahr leben sie getrennt. Er braucht den Nebenverdienst. Stehen die Zeichen auf Sturm, zieht es ihn schon im Morgengrauen vor und am Abend nach der Arbeit an den Strand, ins Meer.

1 Gramm = 5 Litas malt Arnas mit dem Zeigefinger in den feinkörnigen Sand – rund 1,50 Euro. Ein guter Preis. Besondere Farben und große Brocken werden frei verhandelt. Meist verkauft er die Bernsteine an seinen Freund Darius, einen der Künstler im wenige Kilometer entfernten Palanga. Dort werden die Steine zu Schmuckstücken geschliffen, poliert und in die Hauptstadt Vilnius und weiter in die ganze Welt bis nach Jordanien, Bahrain oder Kuwait verkauft. An sehr guten Tagen sammeln Arnas und die anderen 500 bis 600 Gramm. Geteilt wird durch fünf. Doch nie würde einer auf die Idee kommen, alleine ins Meer zu gehen, um mehr Gewinn zu machen. «Viel zu gefährlich. Zu starke Unterströmung. Wir gehen mindestens zu zweit», sagt Arnas, winkt dann aber ab, «nach der letzten Nacht hätten wir besser alle im Bett bleiben sollen.» Er hält sich den Kopf. Es ist die kürzeste Nacht des Jahres gewesen, in der die Litauer den Anfang des Sommers mit großen Feuern begrüßen. Im ganzen Land wird am Johannistag getanzt und getrunken. Es soll Glück bringen und vor Krankheiten schützen, wenn die jungen Männer wagemutig über brennende Holzhaufen springen. Die Mädchen tragen aus Kornblumen und Eichenlaub, aus Johanniskraut, Beifuß und Rosen geflochtene Kränze im Haar. Und es soll die einzige Nacht sein, in der für wenige Stunden das magische Farnkraut blüht. Wer es findet, heißt es, wird die Gedanken anderer lesen können. Auch Arnas ist gestern über die Flammen gesprungen. Ob es ihm Glück bringt? «Bislang noch nicht», sagt er, «aber vielleicht schon jetzt.» Die Zigarette ist geraucht, er watet zurück ins Meer.

Es gibt nicht mehr viele Bernsteinfischer in dem kleinen baltischen Land. Die Schätze der Ostsee sind rar geworden. Arnas' Großvater, auch im Alter noch ein kräftiger Mann, der mit über 80 noch in die Fluten stieg, hat seinen Enkeln oft die Geschichten erzählt, wie er an manchen Tagen die Harzbrocken kiloweise aus dem Meer holte. «Wir fischen schon lange nicht mehr so viel wie früher», sagt Antanas, der jüngere Bruder, «wir können nun aber mehr verlangen.» Denn der von den Gezeiten bereits glattgeschliffene, feste Seebernstein hat schönere Farben und ist begehrter als der brüchige und braune Erdbernstein, der aus ukrainischen Bergwerken geholt und auch in Palanga verarbeitet wird. Gerade in den Sommermonaten müssen die Bernsteinmeister auf die importierte B-Ware zurückgreifen, da nicht genug Material vorhanden ist. Erst wenn die Herbst- und Winterstürme zurückkommen, machen die Fischer wieder mehr Beute, da das Wasser dann kälter ist, eine größere Dichte hat und die Steine leichter transportieren kann.

Von November bis März sind sie fast täglich draußen. An Seilen gesichert, keschern sie neben den honiggelben Stücken in dieser Zeit auch weiße, blaue und grüne und sogar die seltenen schwarzroten Exemplare, manche so groß wie Kinderfäuste. In wenigen Tagen können sie nun mehr verdienen als sonst in Monaten. Zwei Lagen Seemannspullover und eine Sturmjacke schützen Arnas dann zusätzlich vor der Kälte. Seine Lippen und Hände sind dennoch schnell blau gefroren, der eisige Wind treibt ihm die Tränen ins Gesicht. «Länger als vier Stunden ist das kaum auszuhalten», erzählt er, «die Kälte raubt dir schnell alle Energie.» Doch auch jetzt, Ende Juni, gräbt sich die Anstrengung immer tiefer in die rotwangigen Gesichter. Es ist ein ständiger Kampf gegen die Wellen, die niemals müde werden. Das Wasser hat nur etwa 15 Grad. Das Meer macht die Männer einsilbig, es nimmt ihnen die Kraft zum Reden. Manch einer vergisst – in seine Konzentration versunken – den filterlosen Zigarettenstummel im Mundwinkel, den die Wellen schon längst gelöscht haben.

Heute ist kein guter Tag gewesen, eher einer, den man schnell wieder vergisst. Es kommen vielleicht 150 Gramm zusammen. Nach fast sieben Stunden Schinderei. 150 Gramm, die nach viel mehr aussehen. 150 Gramm, die noch am Strand gewogen und aufgeteilt werden. Knapp 40 Euro für jeden. Doch auch morgen wieder soll der Wind mit Macht aus Südwesten stürmen. Eine Wand aus schwarzen Wolken ist aufgezogen. Die ersten Blitze zerreißen bereits den Himmel. «Bis morgen», ruft einer der Männer. Müde hebt Arnas seine Hand und stapft durch den Sand davon. Das Rauschen der Ostsee wird ihn noch bis in den Schlaf begleiten, als hätte das Meer die Wellen direkt in seine Ohren gespült. Seine Haut ist aufgeweicht und runzelig vom Salzwasser. Er hat den Reißverschluss seines Ölanzuges ein Stück weit geöffnet, und nun ist auch das große Kreuz zu sehen, das an einer Kette an seinem Hals baumelt. Es sieht schwerer aus, als es ist – es ist aus einem rötlich gelben Bernstein gefertigt. «Es gibt nicht viele Dinge, an die ich wirklich glaube», sagt Arnas, «dieses Kreuz aber vereint zumindest zwei davon.»

Kilometer 5952 **Wodka**

Landkarten habe ich mir schon immer gerne angesehen. Also habe ich an die Decke unseres Busses eine große Europakarte geklebt. Allerdings wird ein Teil des Nordostens vom Vorratsschrank verdeckt – anders ist das aus Platzgründen nicht zu machen gewesen. Und nun liegen weite Landstriche des Baltikums im Dunkeln. Locke und ich sind sozusagen in unserem Schrank angekommen. Wenn man durch Litauen fährt, fühlt es sich manchmal tatsächlich so an, als würde man in einem düsteren Spind sitzen. Es gibt so gut wie keine Straßenschilder, jedenfalls nicht da, wo man sich als Ortsfremder richtungsweisende Hilfe wünschen würde. Zwei Nächte haben wir schon an Plätzen geschlafen und nicht wirklich gewusst, wo wir eigentlich gewesen sind. Lost in Litauen.

Mit jedem Kilometer, den wir hier weiter nach Osten fahren, wird Europa ärmer und farbloser. Und die Straßen werden schlechter. So schlecht, dass frische Milch in nur wenigen Stunden zu Sahne wird. Ich bin mal in Angola gewesen, dort gibt es nur wenige Straßen, meist bestehen sie aus Schlaglöchern und tiefen Kratern. Sie sind ein Spiegelbild der angolanischen Seele, vom Krieg zerstört und übersät mit tiefen Wunden. Auch litauische und lettische Straßen können wie angolanische sein. Hier ist es der Winter, der die holprigen Wege zerreißt. Hier fahren so wenig Autos, dass man den Gegenverkehr grüßt. Und regnet es zwei Tage lang nicht, verwandeln sie sich die Wege in staubige Pisten, denn nur die Hauptrouten sind aus Asphalt. «Zehn Minuten Amerika» nennen die Letten ihre einzige sechsspurige Straße, die von Westen ins Zentrum von Riga führt. Alle Filme, die in den letzten Jahren den Anschein erwecken sollten, in den USA zu spielen, sollen auf dieser Autobahn gedreht worden sein.

Um Lettland von Süd nach Nord zu durchqueren, braucht man knappe drei Stunden. Fährt man von West nach Ost, kann es Tage dauern, was aber auch am Wodka liegen mag. Je weiter man nach Osten kommt, desto größer werden die Gläser, aus denen der hochprozentige Begleiter getrunken wird. Das war mir bereits in Tschechien und in Polen aufgefallen. Für die Bemerkung, dass Wodka in meiner Heimat in 2-cl-Gläschen eingeschenkt wird, wurde ich in allen Ländern Osteuropas ausgelacht. In der einzigen Kneipe von Pacov, einem Dorf 100 Kilometer südlich von Prag, brüllten sie minutenlang vor Lachen, weil sie dachten, ich hätte einen Scherz gemacht. Als sie ihren Irrtum bemerkten, verstummten die fünf Männer und die Wirtin. Sie schauten mich ernst und voller Mitleid an. Ein stiller, absurder Moment. Bis mich einer der Männer namens Pastor in den Arm nahm – eine Geste, die mir sagen sollte: Ist doch nicht so schlimm, jetzt bist du ja bei uns, wo man weiß, wie man richtig trinkt. Dann bauten sie eine Reihe von Kurzen vor mir auf und füllten sie bis zum Rand: 2 cl für mich, dazu 4 cl, 5 cl und unglaubliche 1 dl. Eine kleine Schnapsglasfamilie. Ich wusste nicht, ob ich mich darüber freuen sollte, und dachte an die bunt bemalten, russischen Matrjoschka-Püppchen, die sich ineinander verstecken lassen. «Trinken wir auf die Fingerhüte aus Deutschland!», rief Pastor und grinste so wahnsinnig, als wäre er bei der Pointe eines raffiniert aufgebauten Witzes angekommen. Wir tranken.

Es soll kein falscher Eindruck entstehen, denn eigentlich mag ich Wodka gar nicht so gerne, jedenfalls nicht pur. Ein Pole aber hat mal Folgendes zu mir gesagt: «Wodka ist das Getränk des Volkes. Er verbindet die Menschen Osteuropas und fließt in unseren Adern.» Das erklärt vieles von dem, was ich unterwegs erlebt habe. In der Kneipe von Marek, dem Philosophenwirt aus der Danziger

Altstadt, war ich mal der einzige Deutsche unter 30 Einheimischen. Die Fußball-Europameisterschaft lief. Deutschland gewann 2:0 gegen Polen. «Du darfst dich ruhig freuen», sagten Marek und die Männer, viele von ihnen kräftige Hafenarbeiter, «aber eine Lokalrunde musst du auch ausgeben.» Wodka für alle natürlich. 5 cl für vier Zloty, rund ein Euro. Sehr gefährlich: Trank man zwei, hatte man – nach deutschem Maß – fünf getrunken. Und ab dem vierten waren wir sowieso alle gleich: total besoffen.

In Lettland wiederum ist es um vieles einfacher, Wodka zu bekommen als Spiritus für seinen Kocher. Denn viele, die sich den Alkohol nicht mehr leisten können, weichen auf das 80-prozentige Zeug aus. Sie trinken es, es brennt ihnen den Magen aus, zerfrisst ihnen die Leber. Manche sterben daran. Vier Wochen werde ich im Baltikum keinen Spiritus finden. In Riga wird man mich von A nach B, weiter nach C und schließlich in die Universität schicken, wo mir ein freundlicher Chemie-Professor verraten wird, dass ich es in einem bestimmten Supermarkt mit einem bestimmten Grillanzünder probieren soll, da dieser ähnliche Eigenschaften wie Spiritus hat. Er wird mir den Namen und sogar die chemische Formel aufmalen, die ich an der Kasse des Supermarktes zeigen werde. Die Frau wird denken, dass ich eine Bombe bauen will. Doch es wird funktionieren: die Wochen danach werde ich mit Grillanzünder kochen – auch wenn das Wasser ewig brauchen wird, bis es heiß ist.

Bestellt man im Westen Lettlands einen Wodka, wird man gefragt, ob es ein volles Wasserglas oder die ganze Flasche sein soll. Wäre ich in Russland, würde man nicht mehr fragen, heißt es. Etwas später habe ich dann den Test gemacht und in einer lettischen Kleinstadt kurz vor der russischen Grenze «einen Wodka» verlangt. Tatsächlich, der Wirt hat mir die Flasche auf den Tresen gestellt. Und immerhin hat er dann doch noch eine Frage gestellt: «Willst du auch ein Glas dazu?»

5

LETTLAND Das Meer als Postbote

Sie lebt alleine in einer Holzkate am Strand und sammelt das, was die Ostsee ihr bringt. Für andere ist es nicht mehr als der Müll des Meeres. Für Biruta Kerve sind es Geschenke, die ihr der Wind und die Wellen machen – darunter 35 Flaschenpostbriefe aus halb Europa.

Der schmale Pfad führt durch einen Kiefernhain bis auf eine Düne, wo eine kleine Holzbank steht. Von hier hat sie einen guten Blick. Manchmal sitzt sie einfach nur da und schaut zu, wie die Ostsee ihre Farbe wechselt und mit schäumenden Zungen über den Strand leckt. Sie hört den Möwen zu, die so schrill und ausdauernd schreien, als ginge es um ihr Leben. Und dann tapst Biruta Kerve los, sie geht auf die Suche. Sie liest auf, was das Meer sich irgendwann geholt hat und nun zurückgibt. Sie sammelt, was die letzte Flut in den braunschwarzen Spülsaum geschleppt hat, was die Stürme in den Schilfgürtel geschmissen haben, was ganz vorne, wo Wasser und Land sich trennen, in der Brandung dümpelt. Heute sind es zwei Dutzend Flaschenverschlüsse, eine Zahnbürste, ein Feuerzeug, fünf leere Flaschen Wodka, eine Packung Erdnüsse aus Deutschland, eine Dose Schnupftabak aus Schweden und acht Dosen Mais aus Russland, rostig und angefressen vom Salzwasser, aber laut Aufdruck noch haltbar bis zum *26. 09. 2012*. Die Ostsee muss eine Menge schlucken, doch irgendwann spuckt sie alles wieder zurück an Land.

Für andere ist es nicht mehr als der Müll des Meeres. Für Biruta sind es Geschenke, die ihr der Wind und die Wellen machen. Sie trägt die Fundstücke in ihren Garten hinter der Düne und fügt sie ein in ihr Gesamtkunstwerk. Schutzhelme, Rettungsringe, Frisbeescheiben. Puppen, Uhren, Verkehrshütchen und Schleppnetze – Dinge, die verloren gingen oder im Sturm gekappt werden mussten. Fahnen flattern an meterlangen Ästen im Wind. Bojen, mit denen Fischer ihre Leinen markieren, wachsen wie riesige Früchte an den Bäumen. Seltsame Wesen aus knorrigem Treibholz glotzen ihre Betrachter mit Flaschendeckelaugen an. Zahnbürsten sind zu Blumenmustern arrangiert. Einen Ölanzug, wie ihn Arbeiter auf Bohrinseln tragen, hat Biruta ausgestopft, mit einem Fußball als Kopf, und ihm eine Sonnenbrille aufgesetzt. Badelatschen sind in Reihe an den Hühnerstall genagelt. Die Hühner übersieht man in dieser bunten Welt aus Treibgut.

Von Nida sind es gerade mal zwei Kilometer bis zur Grenze. Es ist das südlichste Dorf an Lettlands Küste – vermutlich auch das einsamste. Während im Norden in Liepāja und im Süden im litauischen Palanga Menschen ihre Badetücher ausbreiten, Luftmatratzen aufpusten und dicht gedrängt am Strand liegen, hat es hier noch nie nach Sonnencreme gerochen, hat noch nie ein Verkäufer Eis am Strand verkauft. Der Eiserne Vorhang hing gleich hinter Birutas Holzkate – zwischen ihr und dem Meer. Der Strand war zu Sowjetzeiten gesperrt. Es patrouillierten Soldaten. Wachtürme standen alle 100 Meter. Den Menschen sollte die Flucht so schwer wie möglich gemacht werden. Fünfzig Jahre lang. Biruta hat in dieser Zeit in drei verschiedenen Staaten gelebt, ohne auch nur das Haus verlassen zu haben. 1944 wurde sie im von Nazi-Deutschland besetzten Lettland geboren. Ein Jahr später eroberte die Sowjetunion die Küstenlinie zurück. Und 1991 wurde Lettland wieder unabhängig. «Der schönste Tag meines Lebens», sagt Biruta heute noch. Auch wenn damals vieles schwieriger wurde und viele Letten – als die Freiheit endlich Gewissheit war – Reißaus nahmen. Die meisten

Höfe sind seit Jahren verlassen. Man hat sie aufgegeben und lässt sie verfallen. Nur noch fünf der Häuser sind bewohnt. Die Menschen, die geblieben sind, sind alt, die meisten über 70. Mauern sind grün überwuchert. Elche, Wölfe und Biber leben wieder hier. Ganze Kolonien von Störchen suchen auf den Wiesen hinter den Dünen nach Fressbarem. Die Natur erobert das Land zurück. *Zu verkaufen* steht auf vielen Schildern, die vor den Höfen im sandigen Boden stecken. Doch niemand kauft die Grundstücke, nur einige reiche Litauer oder Russen gönnen sich hier ein Sommerhaus. Denn die Zeit läuft anders in Nida, vielen viel zu langsam. «Vermutlich ist es zu ruhig hier», sagt Biruta, und ihre meerblauen Augen verraten den Rest. Es soll ihr recht sein, sie kommt gut alleine klar, sagt sie. Doch wer viel alleine ist, schweigt auch viel, wenn er nicht alleine ist. Auch bei Biruta ist das so. Sie sagt, sie braucht immer ein wenig, um sich an Gesellschaft zu gewöhnen. Dann aber, nach einiger Zeit, beginnt sie von sich aus etwas mehr zu erzählen, auch über sich und ihre Geschichte.

Vor der Unabhängigkeit Lettlands war sie einfache Traktoristin in der regionalen Kolchose *Padomju Latvija* – zu Deutsch: sowjetisches Lettland –, in der die umliegenden Dörfer zusammengeschlossen waren. Sie erzählt, wie sie die Felder bestellte, wie die Ernte eingeholt wurde. Sie erzählt, wie man morgens in ein Glas pusten musste und der Brigadeführer seine Nase hineinsteckte. Wessen Atem nach Wodka roch, durfte den Tag nicht arbeiten, nicht Trecker oder Mähdrescher fahren. Mit dem Kollaps der Sowjetunion verschwanden dann auch die Staatsbetriebe, Biruta und ihr Mann Jurji verloren ihre Arbeit. Doch eine Alternative gab es im einsamen Nida nicht. Der Strand aber war nun wieder frei zugänglich. Schon bald fingen sie an, das Strandgut, das sie auf ihren langen Spaziergängen fanden, zu sammeln und in ihren Garten zu schleppen. «Wir hatten nicht viel, also mussten wir erfinderisch sein.» Aus allem, was sie fanden, wurde etwas gemacht. «Trash-

Art» würde man die Skulpturen heute in der Kunstsprache wohl nennen. «Kunst?», wiederholt die kleine Frau mit den weißen Haaren erstaunt, «wohl eher nicht. Ich mache mir das Leben bunt – das ist alles.»

Im Jahr 2005 ist ihr Mann an Krebs gestorben. Er liegt auf dem kleinen Friedhof gegenüber begraben. Ihren Ehering trägt sie weiter am Finger. Sie sagt: «Der bleibt für immer.» Und auch sie wird in Nida bleiben. Sie wird weiter das sammeln, was die Ostsee ihr bringt. «Das führe ich fort», sagt sie, «für mich und Jurji.» Der Staat zahlt ihr eine kleine Rente, etwas mehr als 100 Lats im Monat – rund 150 Euro. Sie braucht ihren Gemüsegarten zum Überleben. Und auch sie hat auf ihrem Grundstück ein Schild aufgestellt. Mit den Verschlusskappen von Plastikflaschen hat sie einen Pfeil und drei Wörter daraufgenagelt: *Taka uz Juru* – da geht's zum Meer. «Für die Touristen», sagt sie, «ich weiß ja, wo der Strand ist.»

An manchen Tagen stehen tatsächlich Fremde an ihrem Gartenzaun und blicken ungläubig auf das bunte Grundstück. Die meisten haben versehentlich die Abzweigung nach Nida genommen, sind die kilometerlange Schotterpiste gefahren und reiben sich nun verwundert die Augen. Man kann die Fragen in ihren Gesichtern lesen: *Was um Himmels willen ist das? Was soll das? Wer wohnt denn hier?* Und dann trauen sie sich doch, kommen näher und laufen staunend durch den Garten. Wie jetzt zwei Frauen und zwei Männer aus Riga. Sie sind die einzigen Besucher der letzten drei Tage. Sie kichern und fotografieren jedes Detail, jedes Stück Holz und sich gegenseitig. Biruta steht dabei und strahlt. Sie zeigt ihre Skulpturen, die drei Tütchen mit Bernstein und den ganzen Stolz ihrer Sammlung: Briefe, die ihr das Meer gebracht hat. 35 Botschaften in Flaschen, die an den Strand vor ihre Haustür gespült wurden. Abgeschickt in Schweden, Polen, Litauen, den Niederlanden und Deutschland. Oder von einer der Fähren in die See geschmissen. Gestrandet in Nida, Lettland. Das Meer als Postbote. Biruta hat alle

Briefe sorgfältig in Klarsichthüllen gesteckt und in einer Mappe abgeheftet. Auf jedes Papier hat sie das Funddatum notiert. Post aus einer fremden Welt. Noch nie ist sie irgendwo im Urlaub außerhalb Lettlands gewesen. Noch nie hat sie einem der Absender eine Antwort geschrieben.

Manche Flaschen trieben Jahre in der Ostsee, andere nur ein paar Tage. Und jede Nachricht erzählt die Geschichte eines oder mehrerer Menschen. Von Agnes und Aurelija aus Litauen, die sich beide in einen Schweden namens Cobain verliebten, der sie per Anhalter mitgenommen hatte. Prompt verschickten sie einen Liebesbrief ins Meer. Von Nico, die als Köchin auf einem polnischen Frachtschiff arbeitet und sich nach fernen Reisen sehnt. Von Brigitte und Günther, die auf der *MS Gloria* von Kiel nach Litauen in den Urlaub unterwegs waren. Oder von Jan aus dem Ostseedorf Holm in Schleswig-Holstein, der drei Fragen hat: *1. Wie findest du Deutschland? 2. Wie heißt du? 3. Bist du ein Junge oder ein Mädchen? Bitte schicke eine Flaschenpost mit deinen Antworten an meine Adresse.* Alle diese Menschen verbindet nicht viel mehr als der romantische Gedanke einer Flaschenpost, die sie irgendwann mit großer Hoffnung in die Ostsee warfen – und die von Biruta Kerve gefunden wurde.

Verfolgt man den Weg einiger dieser Briefe noch etwas weiter zurück zu ihren Schreibern, zeigt sich, wie das Meer auf ungewöhnliche Weise Menschen verbinden kann. Wie bei Thomas, der in Sassnitz auf Rügen lebt. In seiner Nachricht schreibt er: *Es ist Sturm aus westlicher Richtung. Das ist die Gelegenheit, mal wieder ein paar Flaschen auf die Reise zu schicken.* Jedes Mal notiert er die Koordinaten und die Uhrzeit, wo und wann er diese ins Wasser wirft. Weit über 100 Botschaften hat er verschickt. Es fasziniert ihn, wo und wer die Meerespost findet. 17 Menschen haben ihm bereits eine Antwort geschrieben, darunter Asa aus Schweden, Magda aus Polen, Darius aus Litauen, Lasse aus Dänemark oder Natalja aus

Russland. Am 1. Januar 2007 brachte er ein weiteres Stück Papier auf den Weg: Am 4. Februar wurde es von Biruta 500 Kilometer weiter östlich gefunden.

Und auch Muriel aus den Niederlanden startete mit ihrer Schulklasse ein Flaschenpost-Projekt in Rotterdam. Die Kinder schrieben auf, wie sie sich eine bessere Welt vorstellen würden. Und schnell stellt man sich vor, wie die Flasche ihren Weg durch die Nordsee, durch Skagerrak und Kattegat, vielleicht an Kopenhagen oder Fehmarn vorbei, und weiter durch die halbe Ostsee bis an den Strand von Nida gefunden haben muss – erst viel später, in einigen Monaten, wird sich durch eine E-Mail der holländischen Lehrerin erklären, dass sie einen russischen Kapitän gebeten hatte, die Nachricht in die Ostsee zu werfen. Am 10. Dezember 2004 hatte Kapitän Denisenko Wort gehalten und die Flasche über Bord geschmissen. Zwei Wochen später fand Biruta sie bei ihrem Spaziergang an Heiligabend – Weihnachtspost mit den Wünschen und Träumen von Kindern.

Längst ist es wieder ruhig im Garten hinter der Düne. Keine Touristen mehr, die kichern. Keine Fotoapparate, die klicken. Was bleibt, sind die Einträge im Gästebuch. In eine der Bojen hat Biruta ein Loch gebohrt und *Kasse* darauf geschrieben. Nun schüttelt sie die Spenden der Besucher aus dem Plastikball und setzt sich vor ihr Haus auf eine Holzbank an einen Holztisch. Unter dem Tisch liegt ihr Hund und schläft. Er heißt Ekars, was so viel wie Haufen bedeutet. Hinter ihr an der Wand hängt ein Rettungsring mit dem Namen des Schiffes, von dem er geworfen oder verloren wurde. Die Frachtfähre *MS Petersburg* ist 1985 in Wismar vom Stapel gelaufen und kreuzt heute noch im Ostseeraum. Ob der leuchtend orangefarbene Ring jemals ein Leben gerettet hat, wird nie jemand erfahren. Wo das Schild mit dem deutschen Hinweis *Badestrand nur für Frauen* gestanden hat, auch nicht. «Würde ich die Gegenstände nicht sammeln, würde es keiner tun, und der Strand wäre in nur wenigen Tagen total verdreckt», sagt Biruta. «Mein Strand wird sauber bleiben.» Ihre Goldzähne blitzen in der Abendsonne. Die aus halben Bojen zusammengebauten Windräder quietschen. Bunte Plastikflaschen, die an Sträuchern blühen, klappern. Nur der Wind, eine Frau und das Meer – ein stilles Leben in Farbe.

Kilometer 8104 **Neues vom Nachbarn**

Moskau 500 km steht auf dem Schild. Vilani liegt weit im Osten Lettlands. Hinter dem Dorf kommt noch eine kleinere Stadt, danach lange nichts und dann Russland. Selbst vielen Letten ist diese Gegend bisweilen verborgen geblieben. Es ist ein waldreiches Gebiet mit Kiefern und Birken. Die Menschen arbeiten in Holzfabriken oder gar nicht. Knapp 4000 leben in dem kleinen Ort, der seinen Einwohnern nicht viel zu bieten hätte, wäre da nicht *Vilanu TV*, das eigene Dorffernsehen. Jeder hier kennt Ilze Sondore, denn sie ist das Fernsehen. Sie ist die Anne Will von Vilani. In ihrer Sendung befragt sie Leute auf der Straße, interviewt Gäste im Studio und liest die Nachrichten. Immer montags, mittwochs und freitags flimmert das hausgemachte TV-Programm ab 19.20 Uhr in den Wohnzimmern. Eine Stunde live. Mehr Sendezeit könne man nicht füllen, sagt Ilze, «wir sind ja nur zu zweit». Sie und ihr Mann, Mihails Scuka – der wohl kleinste Fernsehsender Europas. Sie steht vor, er hinter der Kamera.

In Vilani ist jeder Dritte arbeitslos. Viele Männer haben das Dorf oder Lettland gleich ganz verlassen, arbeiten nun in Irland oder Norwegen, schicken ihren Familien Geld oder haben sie gleich mitgenommen. «Russland ist hier dichter als Europa», sagt Ilze, was wie eine Bedrohung klingt. Sie sitzt in ihrem Büro, einem von drei Räumen des Senders, der in einem unscheinbaren Bau aus rotem Backstein untergebracht ist. Es riecht modrig in dem alten Haus. Die Wände sind feucht. Früher war hier die Filiale einer Bank. Als diese Pleite ging, zog *Vilanu TV* ein. «Die Leute wundern sich immer, wie klein ich bin, da ich auf dem Bildschirm viel größer wirke.» Ilze lächelt. Es ist ein verschämtes Lächeln. Sie blickt einen an, als erwarte man eine Rechtfertigung. Die bescheidenen Mittel, mit denen sie arbeiten müssen, sind ihr peinlich. Die Wände des Regieraumes sind mit Postern aus einer anderen Welt tapeziert. Madonna, Pamela Anderson, Leonardo DiCaprio oder Brad Pitt, der in Lettland «Breds Pits» heißt. Die Stars schauen Mihails bei der Arbeit zu, wenn er Bildmaterial sichtet, Beiträge schneidet und die uralten VHS-Kassetten einschiebt, die immer neu überspielt werden müssen, da das Geld fehlt. Mit jeder Aufnahme wird die Qualität ein wenig schlechter. Die Bänder bekommen kleine Risse und die aufgenommenen Bilder Streifen. Auch die Übertragungstechnik ist um Jahrzehnte veraltet. «Wir sind froh, wenn wir über die Runden kommen.» Jedes Jahr muss aufs Neue entschieden werden, ob das Geld für ein weiteres reicht. Finanziert wird alles durch die Gemeinde. Verbreitet wird das Programm über den örtlichen Sendemast, ein Relikt aus Sowjetzeiten. Da Vilani und Umgebung in einem Funkloch lagen, wurde 1961 die 70 Meter hohe Antenne gebaut, um auch diese Region mit Staatsfernsehen zu versorgen. «Ein Glücksfall», sagt Mihails. Heute reicht das Signal acht Kilometer weit, an manchen Tagen sogar etwas weiter. Dann ist *Vilanu TV* auch im elf Kilometer entfernten Rikava zu empfangen.

Mit Glückwünschen fing alles an. 1991 war das und Lettland gerade ein Jahr unabhängig. Der damalige Bürgermeister hatte die Idee für einen lokalen Sender. Die Einwohner sollten Grüße und Gratulationen ausrichten können. Das Einzige, was fehlte, war eine Moderatorin. In einem Vorlesewettbewerb traten 16 Bewerberinnen an. «Ich geh da auch hin», hatte die damals 18-jährige Ilze zu ihrer Mutter gesagt. Sie hatte gerade die Schule fertig. «Ich wollte Schauspielerin werden», erinnert sie sich, «berühmt sein.» Und plötzlich war sie im Fernsehen, sie wurde genommen. Zwei Jahre richtete sie Geburtstagsgrüße aus. Hin und wieder kam jemand vorbei, um ein Lied zu singen. Die Zuschauer waren begeistert.

Doch irgendwann wollte Ilze mehr, erzählt sie, «ich wollte richtige Nachrichten machen».

Noch eine halbe Stunde bis zur Sendung. Die Margeriten aus Plastik kommen in den Schrank. Ilze hat Blumen im eigenen Garten gepflückt, die heute als Dekoration dienen sollen. Eine Kamera, ein 500-Watt-Scheinwerfer, ein Tisch, ein Stuhl, ein Mikrophon – fertig ist das TV-Studio. Schnell noch etwas Lippenstift und die Ohrringe angesteckt. Sie geht noch einmal ihre Moderation durch. Noch läuft die Warteschleife: Blumen und Gräser wackeln auf einer Wiese im Wind, dazu der Schriftzug *VILANU TV*. «Haben wir im Frühjahr hier nebenan auf dem Feld gedreht», sagt Mihails. Dann geht er in den Nebenraum. «Achtung, Schatz!» Ein Schalter wird umgelegt. Es macht «klack», und Ilze erscheint auf dem Bildschirm. Die Leute haben recht, sie wirkt größer im Fernsehen. Neben ihr stehen die Blumen aus dem Garten, die auch bunter aussehen. «Guten Abend, meine Damen und Herren!»

Die Schlagzeilen: Die Bibliothek hat neue Bücher bekommen und lädt Kinder und Jugendliche ein, in den Ferien vorbeizuschauen. Die Schulcafeteria wird renoviert, dazu gibt es ein Interview mit dem Direktor über den Stand der Umbauten. Der schönste Garten wird gesucht – Bewerbungen bitte an den Sender. Und einen Skandal gibt es auch noch: Fremde haben große Mengen Müll in ein nahes Waldstück gekippt. «Generell ein großes Problem in Lettland», sagt sie. Schon einmal hatte *Vilanu TV* einen Geschäftsmann aus dem Ort überführt, der Abfälle in den Wald geschmissen hatte. Der Sender berichtete und nannte den Namen der Firma. Anonyme Drohanrufe folgten. Eine Fensterscheibe wurde mit einem Stein eingeschmissen. Die Wochen danach ging Ilze am Abend nicht alleine nach Hause.

Sonst ist es eher ruhig in Vilani, an manchen Tagen sogar etwas schwierig, die Sendung zu füllen. Dennoch ist das Dorffernsehen der Traum der Zuschauer: Es gibt Nachrichten aus der Nachbarschaft und keine Werbung – den Supermarkt und den Friseur kennt ja jeder. *Vilanu TV* ist, wie Fernsehen früher einmal war: einfacher, unaufgeregter, ehrlicher. Und die Einschaltquoten sind traumhaft. «Alle gucken uns zu», sagt Ilze. Der Sender trägt zur lokalen Identität bei. Neuigkeiten verbreiten sich schneller. Die Menschen bekommen dreimal in der Woche einen Ausschnitt ihrer eigenen Wirklichkeit präsentiert und lieben ihr Privatfernsehen. Als vor Jahren einmal die Kamera kaputtging, sammelte das ganze Dorf und kaufte eine neue. Ein anderes Mal startete man eine Unterschriftenaktion für den Erhalt des Senders. Und als während der Nachrichten einmal der Weihnachtsbaum brannte, Ilze aber zunächst gelassen weitermoderierte, gerieten manche der Zuschauer vor ihren Fernsehapparaten in Panik und kamen mit Wassereimern gelaufen. Doch da hatte ihr Mann den Brand schon mit einem Handtuch gelöscht.

Die heutige Sendung ist zu Ende. Mihails schließt die Tür ab. Die beiden gehen die wenigen Meter nach Hause. Eine Frau öffnet das Fenster und ruft über den Gartenzaun: «Ilze, ein toller Blumenstrauß! Was glaubst du, ob mein Garten beim Wettbewerb eine Chance hat?» Ilze winkt zurück. Sie lächelt. Dieses Mal ist es ein stolzes Lächeln.

6

ESTLAND Im Himmel ohne Drogen

Die Esten lieben das Schaukeln – es hat eine lange Tradition. Große Holzschaukeln stehen in jedem Dorf. Und Kiiking ist ein Sport, den es nur in Estland gibt: Festgebunden an einer Schaukel überschlägt man sich. Andrus Aasamäe hält den Weltrekord.

Die Zeit wirkt wie weggesaugt. Es ist der Augenblick kurz vor dem Überschlag. Für den Teil einer Sekunde wird jetzt alles still. Es ist eine große Stille in einem kleinen Moment. Der Mann steht kopfüber in der Luft, in fast 14 Metern Höhe. Seine Füße sind festgebunden auf einem kleinen Trapez, seine Hände stecken in Schlaufen und umklammern zwei lange Stangen. Der Wind pfeift nun nicht mehr. Der Mann atmet nicht mehr. Die Zuschauer rufen nicht mehr. «In diesem Moment denke ich nicht mehr», wird der Mann später sagen, «ich bin nur noch glücklich.» Und jeder kennt dieses Gefühl aus seiner Kindheit, wenn man beim Schaukeln den höchsten Punkt erreicht hat und man sich einen Wimpernschlag lang, der ewig zu dauern scheint, schwerelos glaubt. Es ist wie eine kurze Reise zum Himmel.

Im nächsten Moment ist der Mann schon wieder auf dem Weg nach unten – fast freier Fall. Rasend schnell bewegt er sich abwärts. Die Fliehkräfte reißen an ihm. Die Erde will ihn zurück. Doch sie kriegt ihn noch nicht – er nimmt noch einmal Schwung. Am tiefsten Punkt, dort wo er dem Boden am nächsten ist, wirkt sein Körper zentnerschwer. Das Fünffache seines Gewichts staucht ihn so gewaltsam zusammen, dass seine Gesichtszüge zu einer schmerzverzerrten Fratze entgleisen. Das Blut wird aus dem Kopf gepresst.

Die Halsmuskeln treten hervor. Doch kraftvoll stemmt er sich aus der tiefen Hocke heraus und rauscht wieder himmelwärts. Gleich wird er wieder am Scheitelpunkt sein. Gleich wird er sich überschlagen. Es ist ein ständiger Wechsel zwischen Schwerelosigkeit und Schwerkraft, zwischen Himmel und Hölle.

Was wie die Zirkusnummer eines tollkühnen Luftakrobaten aussieht, ist ein Sport, den es nur in Estland gibt: Kiiking. Kiik ist Estnisch und bedeutet Schaukel. Und der Mann am Himmel heißt Andrus Aasamäe und hält den Weltrekord im Sportschaukeln. Nun steht der Blondschopf mit dem athletischen Körper und den unwirklich blauen Augen, die die Farbe von Gletschereis haben, auf festem Boden. «Schaukeln macht süchtig», sagt er, «wenn du einmal den Überschlag geschafft hast, willst du es immer wieder erleben. Die Geschwindigkeit und die Höhe geben dir einen doppelten Kick. Und dann knallt es im Kopf, das Adrenalin explodiert.» Andrus sagt aber auch: «Es ist eine harte Probe für den Magen. Das sind unglaubliche Schmerzen. Alles rutscht nach unten und beginnt zu flattern.»

Kiiking ist ein Spiel mit den Kräften, eine Mischung aus Bungeejumping und Schiffsschaukel im Freizeitpark. Die Regeln sind einfach: Das Ziel ist der Überschlag. Die Leistung, die gemessen wird, ist der Abstand vom Brett, auf dem die Füße mit Gurten verschnürt stehen, bis zur Achse der Schaukel. Die Kiik hat Teleskoparme, die von drei bis auf acht Meter ausgefahren werden können. Je größer diese Distanz ist, desto schwieriger wird der Looping, desto mächtiger wirkt die Erdanziehung. Die Höhe kann jeder selber bestimmen, es gibt aber nur einen Versuch. Schafft man diesen nicht, ist man ausgeschieden. «Für mehr als zwei Minuten reicht die Kraft selten», sagt Andrus, «manchmal fehlen nur wenige Zentimeter, deine Beine werden aber schwer wie Sandsäcke, und du musst aufgeben.»

An diesem Tag wird auf Saaremaa, der größten Insel des Landes, die jährliche estnische Meisterschaft ausgetragen. Es ist gleichzeitig auch eine Art Weltmeisterschaft, da die besten Sportschaukler alle aus Estland kommen. Es gibt rund 200 Aktive in fünf Clubs. Manche tragen Handschuhe für den besseren Griff oder haben sich aerodynamische Ganzkörperanzüge angezogen, um den Luftwiderstand zu verringern. Und schnell könnte man auf die Idee kommen, dass es sich hier um ein Treffen Lebensmüder handelt, denen der Spaß an der Kopfexplosion wichtiger ist als die Sicherheit. Die modernen Schaukeln sind aber alle mit Stahlseilen gesichert, die von dicken Zementblöcken gehalten werden. Gefährlich kann es nur werden, wenn Hände oder Füße nicht richtig festgezurrt sind. «Einmal hat sich jemand das Handgelenk gebrochen», weiß Andrus, «der war aber auch total besoffen.» Einen schlimmeren Unfall hat es seit den Anfängen 1996 nie gegeben.

Und auch viele Familien sind heute auf den Sportplatz der kleinen Inselhauptstadt Kuressaare gekommen. Sie haben Kuchen gebacken. Ein Seniorenchor singt traditionelle Volkslieder. Es wird selbstgebrautes, würziges Bier ausgeschenkt, was sicher zehn Prozent oder mehr hat, das weiß keiner so genau. Es ist wie ein großes Familientreffen. Der Jüngste ist sechs, der Älteste 61. Und alle schaukeln. Andrus zeigt auf einen Mann, der an einen Zwerg aus einem Fantasy-Roman erinnert. Er ist klein und kompakt, trägt einen krausen Bart und wildes Haar. «Das ist Ado», sagt Andrus, «der hat alles erfunden.» Ado Kosk ist ein Mann Marke Düsentrieb. Fast zwei Jahre tüftelte er in seiner Garage am Prototyp der Kiik. Zunächst mit Holz, später mit Modellen aus Metall. 1996 war er dann so weit: Die erste 360-Grad-Schaukel war fertig. Ein Jahr später gründete er den Estnischen Schaukelverband und ließ sich seine Erfindung patentieren. «43709», sagt Ado, auch wenn er sonst eher schweigsam ist. Natürlich weiß er die Patentnummer auswendig. Er sagt: «Schaukeln ist das Allergrößte, das mag jeder.

Du bist den Sternen näher.» Danach kommt nicht mehr viel von ihm. Ado, eine Frage noch: Ist es Zufall, dass dein Nachname mit Gravitation zu tun hat? Ado sagt nichts. Kosk bedeutet Wasserfall.

Andrus hat das Sportschaukeln auf einem Sommerfest entdeckt. Ado hatte seine Kiik an einem Ostseestrand aufgebaut. 25 Kronen zahlte jeder für einen Versuch, 50 sollte man zurückbekommen, wenn der Überschlag in fünf Meter Höhe gelungen war. Andrus beobachtete die anderen, wie sie es versuchten und der Reihe nach scheiterten. Dann ließ auch er sich festbinden und nahm Schwung – gleich beim ersten Mal schaffte er die Runde am Himmel. «Es hatte so unglaublich Spaß gemacht, dass ich Ado bat, regelmäßig mit seiner Schaukel trainieren zu dürfen.» Ado nickt jetzt, was so viel bedeuten soll wie: «Ja, so war das.»

Tarmo Männigo, Ados Schwiegersohn, mag lieber reden: «Wir leben in einem Land mit viel Wasser, viel Wald, ohne Berge und sehr viel Himmel. Deshalb schaukeln wir auch so gerne.» Das Motto der noch jungen Sportart steht in schreiend gelber Schrift auf seinem leuchtend roten T-Shirt: *Ilma Narkotsita Pilvedesse* – ohne Drogen in den Wolken. «Wer Estland verstehen will, muss schaukeln. Es ist ein Lebensgefühl, es bedeutet Freiheit», sagt der kräftige Mann mit der Brille und dem kurzen Igelschnitt. «Das Schaukeln hat viel mit dem Leben in Estland zu tun – es geht auf und ab.» Fast fünf Jahrzehnte währte der Würgegriff Russlands. «In dieser Zeit haben wir uns das Schaukeln nie verbieten lassen», sagt Tarmo. Es war ein schwingender Protest.

Leidenschaftlich geschaukelt wird in der einst kleinsten Sowjetrepublik nämlich schon seit dem 19. Jahrhundert. Schon früh glaubte man an die magischen Kräfte und die reinigende Wirkung der Kiik. Sozialer Treffpunkt in der Mitte des Dorfes war eine große Holzschaukel, auf der bis zu zehn Personen Platz fanden. Und auch heute noch kommen die Esten an den Wochenenden im Sommer zusammen, um gemeinsam zu singen, zu tanzen und zu schaukeln.

In luftiger Höhe sollen schon viele Heiratsanträge gemacht worden sein. Früher, sagt Tarmo, habe es auch häufiger Unfälle gegeben, da die jungen Männer den jungen Frauen mit Überschlägen zu imponieren versuchten. Er hält jetzt einen kleinen Vortrag über das moderne Estland und das moderne Schaukeln. Kiiking zeige nämlich, wie Tradition und Moderne sich verbinden. Die Entwicklung der Sportschaukel sei eine Reaktion auf die Verhältnisse gewesen, unter denen man damals leben musste. Das postsowjetische Estland habe sich selbst entdecken und ein Stück weit neu erfinden müssen, sagt Tarmo. «Die frühen Neunziger waren Jahre des Ausprobierens. Wir hatten unsere Freiheit wieder, damit musste man erst einmal klarkommen.» Und der schwungvolle Sport passt auch heute gut in das Bild, das man europaweit von dem kleinen Baltenstaat hat: Estland gilt als jung und ungeduldig, als modern und vorwärtsgewandt – immer in Eile. Das Tempo, mit dem sich die Dinge seit der Loslösung von der Sowjetunion entwickelt haben, ist rasant. Auf der Datenautobahn hatten die Esten schnell viele überholt. Und noch immer sind sie das Vorzeigevolk, wenn es um den elektronischen Fortschritt wie die Verbreitung des Internet oder die Stimmabgabe bei Wahlen per SMS geht.

Und Andrus, 1972 in Tallinn geboren, ist wohl das, was man einen modernen Esten nennen kann. Er arbeitet als Verkaufsleiter in einem Autohaus und wohnt am grünen Rand der Hauptstadt, in einer Gegend mit vielen Einfamilienhäusern und gepflegten Grundstücken. Er ist in eines dieser in wenigen Tagen zu errichtenden, kubistischen Designerhäuser gezogen, die eine große Fensterfront haben und dennoch energiesparend sind. Seinen Kaffee lässt er von einer Art Computer kochen, der freundlich Bescheid sagt, wenn das Gebrühte fertig ist. Hinter seinem Haus hat er einen kleinen Schuppen, in dem Snowboard, Mountainbike, Langlaufskier und einige andere Sportgeräte stehen. Alles benutzt er regelmäßig. «Man könnte sagen, dass ich ein wenig sportverrückt bin.» Mindestens dreimal die Woche geht er ins Fitnessstudio. Im Sommer schwimmt er jeden Abend im Meer. Er spielt Fußball im Verein. Und er ist einer der Wenigen, die eine eigene Kiik besitzen. Ganz billig sind die Schaukeln nicht, sie kosten 3000 Euro aufwärts. Andrus hat für 1000 Euro eine gebrauchte gekauft. Als er sie das erste Mal auf dem Rasen vor seinem Haus aufstellte, haben seine Nachbarn zunächst etwas komisch geguckt. Dass jemand in seinem Garten pausenlos Überschläge an langen Stangen macht, hatte man hier noch nie gesehen. Auch haben sich die Anwohner erst daran gewöhnen müssen, dass Andrus seither problemlos in ihre Schlafzimmer im ersten Stockwerk gucken kann. Mittlerweile kommen sie aber immer häufiger vorbei oder stehen am Gartenzaun, um ihn anzufeuern.

Von Mai bis Ende August trainiert er einmal in der Woche. «Es ist eine Mischung aus Technik, Kraft und Mut», erklärt Andrus, der nie einen Trainer hatte. Früher stellte er eine Videokamera auf, filmte sich beim Schaukeln und feilte an seiner Technik. Schritt für Schritt verbesserte er seine Höhen, auch wenn er für wenige Zentimeter manchmal Jahre brauchte. Bei einem Wettkampf im Jahr 2000 schaukelte er sich in andere Sphären. Bis zu diesem Tag galten sieben Meter als unmöglich. Er schaffte 7,01 Meter – Weltrekord. Es dauerte vier weitere Jahre bis zum 21. August 2004 in Haapsalu, einer Kleinstadt an der Westküste, um die Marke um einen weiteren Zentimeter zu steigern. «Siebennullzwei», sagt Andrus, eine magische Zahl. Der Rekord der Frauen steht bei 5,94 Metern. In Estland wartet man seither auf die nächsten Bestmarken. In seiner Heimat hat Andrus eine gewisse Berühmtheit erlangt. Es gibt nicht viele Esten, die sich Weltrekordhalter nennen dürfen.

«Weltrekord ist ein zu großes Wort», sagt Andrus, «niemand ist höher geschaukelt als ich, das stimmt – aber es schaukelt ja auch nicht die ganze Welt.» Er selber bezweifelt auch, dass er diese Leistung noch einmal toppen wird. «Dafür bin ich zu alt», sagt er, «vielleicht sind eines Tages 7,20 Meter möglich, vielleicht 7,30 Meter, mehr aber kaum.» Dafür müsse Kiiking auch international bekannter werden. Erst wenn sich Sportler aus vielen Ländern miteinander messen würden, sieht Andrus eine Chance für größere Höhen. «Aber wer weiß, es gibt ja überall verrückte Menschen, die gerne mal etwas höher schaukeln.»

Und auch Ado hat übrigens noch etwas gesagt – einen Satz, den man so nicht unbedingt erwartet hätte von diesem großen Tüftler und noch größeren Schweiger. «Ich habe geträumt», sagte er, «dass Kiiking mal olympisch wird – verrückt, oder?»

Europäisches Nordmeer
Nordsee
Ostsee
Atlantischer Ozean
Mittelmeer
Adria
Norwegen
Schweden
Finnland
Estland
Lettland
Litauen
Dänemark
Großbritannien
Irland
Nieder-lande
Belgien
Deutsch-land
Polen
Tschechien
Slowakei
Österreich
Schweiz
Frankreich
Italien
Portugal
Spanien
1
2
3
4
5
6
7
8
9
10
11
12
13
14
15
16
17
18
19
20
21
22
23
24
25
26
auf die Kanarischen Inseln

IM NORDEN

Kilometer 10 854 **Ochi in Oulu**

Was es heißt, ein Rockstar zu sein, erfährt Ochi Yosuke in der Fußgängerzone von Oulu, einer Stadt mit 130 000 Einwohnern im Norden Finnlands. Drei junge Männer fallen vor dem Japaner auf ihre Knie. Sie lassen ihre Köpfe kreisen, sodass die langen Haare wild durcheinanderfliegen. Sie rufen: «Er ist es! Der Einzigartige!» Ochi trägt eine gelb getönte Sonnenbrille, eine schwarze Hose und einen weißen Wollpullover, auf dem der Kopf eines brüllenden Tigers zu sehen ist. Einen Großteil seines Körpergewichts schleppt er auf Bauchhöhe vor sich her. Er ist sehr klein, sehr rund und hat ein Gesicht, das es ihm erlaubt, etwas zu sagen, ohne zu reden. Er bläst einfach die Backen auf oder runzelt die Stirn. Oder er grinst – so wie jetzt. Er sieht aus wie der japanische Elvis. Und dann spricht er doch noch, und sein Blick wird ernst dabei. Er sagt: «Ich will Weltmeister werden.» Im dritten Jahr in Folge ist er von Tokio nach Oulu geflogen. Er ist gekommen, um seinen Titel zu verteidigen. Er ist gekommen, um so zu tun, als würde er Gitarre spielen. Nur wenige können das besser als Ochi: Er ist zweimaliger Luftgitarrenweltmeister.

Um es klar zu sagen: Oulu ist nicht wirklich eine Reise wert. Es ist die nördlichste Großstadt der EU, es gibt sogar einen weltberühmten Männerchor, der nicht singt, sondern schreit. Das war es dann aber auch schon. Es ist lange Zeit sehr kalt und sehr dunkel hier im Norden, da kommt man auf komische Ideen, sagen die Finnen, die für ihre Weltmeisterschaften in merkwürdigen Disziplinen bekannt sind. Hier werden Mobiltelefone möglichst weit geschmissen oder

Ehefrauen auf dem Rücken getragen. Oder man versucht, ein Instrument, das es gar nicht gibt, perfekt zu spielen. 1996 hat das erste Mal eine Luftgitarren-WM in Oulu stattgefunden. Damals noch in besagter Fußgängerzone. Es waren ausschließlich Finnen am Start.

Heute ist das anders, globaler: Einmal im Jahr fliegen 20 Wahnsinnige aus aller Welt an den Polarkreis, darunter die besten Luftikusse aus Australien, Südafrika, Kanada, Russland, Deutschland, Malaysia, Mexiko oder Rumänien, die sich im nationalen Entscheid qualifizieren mussten. Das Motto: «Make Air, Not War!» Für 60 Sekunden wuselt jeder zu seinem selbstgewählten Song auf einer riesigen Bühne umher. Erlaubt ist alles, nur das Instrument muss Illusion bleiben. Eine Jury bewertet schließlich Fingerfertigkeit, Charisma und die Originalität der kurzen Show. Ochi sagt: «Ich kann zwar keine Gitarre spielen», jetzt tippt er sich gegen den Kopf, «aber hier oben sitzt ein kleiner Mann, der mir sagt, wie Luftgitarre funktioniert.» In Tokio faltet er Kartons in einer Fabrik. 8000 Stück am Tag. 1000 Stück in der Stunde. «Da muss ich konzentriert sein», sagt er. Und flinke Finger braucht er auch.

Ochi, Jahrgang 1972, erzählt viel mit seinen Händen. Meist unterstützen sie die gesprochenen Sätze mit kurzen schnellen Bewegungen, zappeln hektisch vor seinem gewaltigen Bauch. Er sagt: «Mein Traum war es, einmal der Beste in etwas zu sein.» Also fuhr er zu den japanischen Meisterschaften und gewann souverän. Als er zum ersten Mal nach Skandinavien flog, wurde er prompt Weltmeister. Und als er das Jahr darauf seinen Titel verteidigte, folgten die ersten Werbeangebote. Für eine deutsche Firma sollte er in einem Spot Luftgitarre spielen und zwischendurch Kartoffelchips essen. «Die wollten aber nur sehr wenig zahlen.» Aus dem Engagement wurde nichts. Seit er aber in einem Kinoclip unsichtbare Saiten zupft und die Besucher anschließend bittet, ihre Mobiltelefone auszuschalten, wird er auf den Straßen Tokios häufiger erkannt. Er muss Autogramme geben und für Handyfotos lächeln. Manchmal stellen sich wildfremde Menschen im Einkaufszentrum oder am Bahnhof neben ihn und beginnen plötzlich wild mit den Armen zu zucken. «Ist das nicht wunderbar?», fragt er und weiß die Antwort. In diesem Jahr sind ihm sogar drei Fans nach Finnland gefolgt.

Es ist kalt Mitte August in Oulu. Der Himmel ist dunkelgrau, es regnet. An diesem Abend spielen die *Sex Pistols* im größten Club der Stadt. Die sind zwar schon alt, haben aber echte Gitarren. Nur knapp 1000 Zuschauer wollen die besten Luftsolisten unter freiem Himmel auf dem Marktplatz sehen. Der Niederländer glänzt mit einer Gipsy-Nummer auf einer Akustikgitarre. Keiner kann krummere Finger machen als der wilde Franzose, der auch noch ein wahres Sprungwunder ist. Es wird in der Luft gezupft und gerissen, geschlagen und gezüngelt. Der Kanadier macht Saltos. Zu den Klängen einer japanischen Punkband verkrampft Ochi seine Finger zu Krallen. Sein Körper rotiert dabei wie ein Kreisel. Schließlich tut er so, als würde er seine Klampfe zertrümmern. «Wenn ich spiele, denke ich nicht», sagt er, «das passiert alles intuitiv.» Der Japaner wird Sechster. Den Titel holt der US-Amerikaner Craig Billmeier. Der Toningenieur aus San Francisco hat vollen Körpereinsatz gezeigt und hat eine Flasche aus Kunstglas auf seinem Kopf zerschlagen. Er ist von der Bühne ins Publikum gesprungen und hat sich bei einem besonders schwierigen Akkord den Daumen gebrochen. «Das ist eine andere Welt da oben», sagt der neue Weltmeister, «du bist ein völlig anderer auf der Bühne. Für 60 Sekunden bist du arrogant, überheblich, ein Macho. Ein gutes Gefühl.»

Ochi aber ist traurig. Das verraten die Falten auf seiner Stirn. Denn er wird nicht wieder nach Finnland reisen können. Als Titelverteidiger hatte er das Flugticket vom Veranstalter spendiert bekommen. Aus eigener Tasche wird er sich die halbe Weltreise nicht mehr leisten können. Wehmütig sagt er: «Ich bin gerne ein Rockstar und genieße die Aufmerksamkeit.» Wie jetzt, kurz nach der

Siegerehrung, als er nach einem Autogramm gefragt wird und mit einem unsichtbaren Stift eine imaginäre Widmung auf ein nicht vorhandenes Stück Papier schreibt. Dann begutachtet er noch einmal sein Werk und tut so, als puste er die Schrift trocken, damit das Geschriebene nicht verwischt. Der Fan versteht zunächst nicht recht, als er aber die eingebildete Unterschrift überreicht bekommt, klart sein Blick auf. «Ein echter Ochi», sagt er und zeigt das Nichts in seinen Händen stolz seinen Freunden.

7

FINNLAND Gott oder Gold

Weit im Norden Finnlands gehen Männer mit langen Bärten und Schlapphüten auf Goldsuche. Sie waschen das edle Metall aus der Erde, schürfen es in Blechpfannen aus den Flüssen. Gold ist genug für alle da – man muss es nur finden.

Das Werbebanner am Supermarkt hat der Wind zerrissen. *Werden Sie schon morgen Millionär!,* verspricht die zerstörte Reklame. Dazu blinkt eine Digitalanzeige: *Jackpot: 20 Millionen Euro!!!!!!!!!!* Es sind tatsächlich zehn Ausrufezeichen. In Inari, einem Dorf 300 Kilometer nördlich des Polarkreises im finnischen Nichts, gibt es zwei Möglichkeiten, reich zu werden: Entweder du gewinnst im Lotto, oder du findest einen riesigen Klumpen Gold. «Beides ist so gut wie unmöglich», sagt Risto Vehviläinen, den alle bloß «Riku» rufen. An diesem Abend sitzt der Mann mit dem wild wuchernden Vollbart, der eine Brille und eine schwarze Baseballkappe trägt, in der einzigen Kneipe des Ortes, der keine 500 Einwohner hat. Das *Hotelli Inari* liegt gleich gegenüber der einzigen Tankstelle und dem einzigen Supermarkt. Vor zehn Jahren oder mehr ist mal ein deutscher Kinofilm hier gedreht worden. In diesem Film gibt es eine Szene, in der ein finnisches Ehepaar den Hauptdarsteller im Zug anspricht. Sie fragen nach dem Ziel seiner Reise. Als er ihnen «Inari» antwortet, verstummen der Mann und die Frau. Für einen kurzen, aber klaren Moment blicken sie sich tief in die Augen. «Inari?», fragt der Mann noch einmal nach, um sicherzugehen – «okay, dann lasst uns jetzt nicht mehr reden: Lasst uns trinken.»

Mit seinen Händen umklammert Riku ein Glas *Lapin Kulta*, was übersetzt *Das Gold Lapplands* bedeutet. Es sind Männer wie Riku, die neben ihm sitzen und in ihre Biere vor sich gucken. Wie er haben sie lange, vom Nikotin gelb gefärbte Bärte, die im Sommer vor den Angriffen der blutsaugenden Mückenschwärme schützen und in den kalten Monaten etwas wärmen. Jeder hier trägt ein Messer am Gürtel. Es sind keine Taschenmesser – diese Männer tragen richtige Messer. Auf den Tischen kleben große runde Symbole, die das Rauchen verbieten. Doch es stehen auch Aschenbecher daneben. Hier gibt es niemanden, der nicht raucht. Viele zünden sich ihre Zigarette immer an dem Stummel der vorherigen an. An der Decke hängen Hunderte kleine Sterne, die im Dunkeln leuchten. Die Männer könnten nach ihnen greifen, wenn sie sich auf die Tische stellten. «Die einen glauben an Gott, die anderen an Gold», sagt der Finne, der links neben Riku sitzt. Riku sagt nichts.

Es sind Männer wie Riku, deren Gesichter auf den gerahmten Porträtbildern an der Wand zu sehen sind. *Die besten Goldgräber der Region* steht auf einem Holzschild darüber. Unter den Schwarzweißfotografien sind einige Namen zu lesen: *Pelle Kankainen 27. 3. 1910–7. 11. 1980*, *Jaako Isola 10. 1. 1909–12. 9. 1978* oder *Enok Kangasniemi 1. 12. 1895–26. 9. 1974*. Auch sie tragen Bärte und Schlapphüte. Auch sie haben irgendwann einmal in dieser Kneipe gesessen, getrunken und geraucht. Und eigentlich müsste auch ein Bild von Riku in dieser Galerie hängen. Auch wenn er noch nicht tot ist, zu den besten Goldsuchern gehört er schon jetzt. Keine drei Monate ist es her, dass er ein kleines Vermögen aus dem Boden geholt hat. 193 Gramm Gold – das fünftgrößte Nugget, das man jemals in Finnland gefunden hat. Fast 40 000 Euro hat er dafür bekommen. Fast 30 Jahre hat er danach gesucht. Er zieht ein Foto aus seiner Brieftasche, auf dem seine dreijährige Enkeltochter den Brocken mit beiden Händen halten muss, so groß ist er. Doch Riku ist ein zurückhaltender Mann, der es nicht gewohnt ist, viele Worte zu machen. Er denkt immer viel nach, bevor er beginnt, über etwas zu reden. Und wenn er dann etwas sagt, sind seine Sätze nicht sehr lang. Er sagt: «Das war ein schöner Tag.» Als Riku, geboren 1951, den Schatz seines Lebens fand, schrie er nicht vor Freude, er jubelte nicht mal kurz. Er steckte sich eine Zigarette an und dachte nach. Dann startete er seinen Bagger wieder und buddelte weiter.

Es sind nur noch wenige Wochen bis zum Ende der Saison. Der Winter hat sich längst angekündigt. Bald schon wird es die Sonne nicht mehr über den Horizont schaffen. Der Tag wird zur Nacht. Die Flüsse werden zu Eis. Doch man braucht das Wasser, um das kostbare Metall aus der Erde zu waschen. Daher kennen die Goldgräber nur zwei Jahreszeiten: den Winter, der sieben Monate dauern kann, und die Goldsaison. Auf über 400 Claims, die beim Staat gemietet werden können, wird in Nordlappland gegraben. Ein finnisches Dorado. Hier, im Land der Samen und Rentiere, liegen die größten Vorkommen an losem Gold in Europa. Selten in Form eines Nuggets, meist als staubfeine Goldsplitter, die sogenannten Flitterchen, die einem eine Idee von Reichtum vermitteln, doch eigentlich nicht mal das. Dennoch lockt es viele Schatzsucher in den wärmeren Monaten in die polare Wildnis. Die Goldgräberlager sind oft nicht mehr als ein ausrangierter Wohnwagen, ausgewaschene Pfannen, verrostete Schaufeln und viele leere Wodkaflaschen. Bienengroße Mücken schwirren durch die Luft. Das schnelle Glück sieht anders aus. Es gibt schönere Orte in Finnland, es gibt viel schönere Orte in Lappland. Länger leben möchte hier niemand. Was anderswo in Finnland undenkbar wäre, ist in dieser Gegend alltäglich: Das Mobiltelefon hat keinen Empfang. Es soll Leute geben, die verrückt geworden sind in der Einsamkeit der nordischen Goldfelder.

Als wäre die Teermaschine an dieser Stelle im Boden versunken, endet der Asphalt. Der Claim von Riku liegt weit abseits der

Hauptstraße, etwa eine Stunde über elende, mit Schlaglöchern gepflasterte Sandpisten. Schnell legt sich eine feine Schicht aus Staub auf die Autos, die sich bis hierher vortrauen. Es ist eine lehmgelbe Erde. Kommt die Sonne heraus, leuchtet die Piste zwischen dem Grün der Birken und Kiefern wie ein goldener Fluss. Unterwegs stehen viele Wegweiser zu weiteren Claims: *Golden Camp, El Dorado, Panama* oder *Lamborghini City*. Namen wie Fernweh, die nach Abenteuer klingen und voller Hoffnung stecken. Namen, die meist nicht mehr als Träume bleiben. Denn die meisten Prospektoren schürfen noch wie vor 100 Jahren, stehen mit Blechtellern im Bach oder schaufeln die Erde in ihre selbstgebauten Waschanlagen. Zunächst in das Sieb am oberen Ende der hölzernen Rinne. Wasser läuft darüber, tausend oder mehr Liter in der Minute. Manche schrubben die Steine auch mit Küchenbürsten, um sich keinen der wertvollen Krümel entgehen zu lassen. Was durch das Sieb fällt und in der Rinne abfließt, sind Steine und Schlamm. Was hängenbleibt in den Gummimatten, die sonst in den Fußräumen von Autos liegen, ist Gold. So funktioniert es – in der Theorie.

Die Genehmigung, mit Maschinen zu arbeiten, haben die wenigsten. Riku schon. Seine Eltern suchten bereits vor fünfzig Jahren nach dem Edelmetall. Sie bekamen die Lizenz für eine Mine, die erlaubt, schweres Gerät einzusetzen. Mit der Schaufel schafft ein starker Mann rund 100 Kubikmeter Erde in einem Sommer. Das schafft Rikus Bagger an einem Tag. Täglich pflügt er den steinigen Boden seines Claims um, der sich auf fast drei Kilometer entlang eines Seitenarmes des Ivalojoki erstreckt, des Flusses, an dem vor über 130 Jahren Männer mit Bärten den ersten Goldrausch Finnlands auslösten und der sein Wasser nordwärts zum größten See Lapplands trägt, dem Inarijärvi, doppelt so groß wie der Bodensee. Etwa einen Kilometer hat Riku in 30 Jahren umgepflügt. Mit riesigen Sieben wäscht er die Erde durch. Die Natur schont er dabei nicht. Der Boden ist aufgerissen. Es klaffen metertiefe Krater. Geröll und Sand schichten sich zu kleinen Bergen. Es sieht aus wie nach einem Bombenangriff. Umweltschützer würden vor Entsetzen die Hände vors Gesicht schlagen. «Ein Schlachtfeld», sagt Riku selbst. Dann sagt er lange nichts mehr. Die ausdauernde Schweigsamkeit der Finnen ist unschlagbar. Die Stille kann aber auch enttarnend sein. Riku hat ein Bild seines Großvaters in seinen kleinen Bauwagen gehängt. Das Foto wurde 1901 an dieser Stelle aufgenommen. Sein Großvater steht unten am Fluss vor einer kleinen Holzhütte. Es ist ein schönes Tal, es wirkt noch unberührt. Heute, 100 Jahre später, sieht es hier aus wie auf dem Mond. Eines Tages wird Riku das geschundene Fleckchen Erde rekultivieren müssen, so schreibt es das Gesetz vor. Er wird die Löcher füllen, er wird Bäume pflanzen müssen. Dass es nie wieder so sein wird wie früher, ist allen klar. Die Schäden sind unbezahlbar. «Eine sanfte Goldsuche gibt es nicht», sagt er in seiner eher nüchternen Sprache. Von Mai bis Ende Oktober ist er auf seinem Claim und in seinem Bauwagen. Meist alleine. Oft tagelang. In jeder Schaufel könnte der nächste Nugget sein. Und ein paar Gramm findet er immer, um die Ersatzteile für die Maschinen, den Diesel für die Wasserpumpen und seinen Lebensunterhalt zahlen zu können. Im Winter, wenn das Thermometer auf minus 30 Grad und mehr fällt, wird die Suche unmöglich. Dann geht er nach Südfinnland und arbeitet als Schweißer. «Man braucht einen zweiten Job», sagt Riku, «vom Gold allein kann ich nicht leben.»

Auch Jouni Patokallio kennt das. Er ist Zimmermann und baut Blockhütten. Er ist ein stämmiger Kerl, 1,90 Meter groß, sicher über 100 Kilo schwer. Doch er hat eine große Schwäche. «Hier ist überall Gold», sagt er, «und ich bin süchtig.» Jouni, Jahrgang 1965, trägt einen schwarzen Cowboyhut, den er vor einigen Jahren aus einem Urlaub in Australien mitgebracht hat. Er setzt ihn nur im Bett ab. «Manchmal noch nicht mal da», sagt er. Sein Blick bleibt ernst, als er das sagt. Das ist kein Scherz. Einmal hat er den Hut mit dem Wasser aus einem Fluss der Gegend gefüllt, um daraus zu trinken. Er fand etwas Gold in der Krempe. Jouni sagt: «Seither habe ich das Fieber.» Das größte Nugget, das er und seine Frau Minna ausgegraben haben, wog gerade mal fünfeinhalb Gramm. Seit bald 20 Jahren sind sie auf der Suche. Ihre Eheringe sind aus dem Gold, das sie aus der Erde gewaschen haben. Aber auch jedes Körnchen, das ein anderer schürft, spornt den eigenen Ehrgeiz an, sagt Jouni. Auf seinem Mobiltelefon zeigt er das Foto eines Goldbrockens, den ein Freund gefunden hat. «88,6 Gramm», sagt er und betont dabei auch die Zahl hinter dem Komma. Doch Neid kommt nicht auf, versichert er, «denn die Funde beweisen, dass wir auf dem richtigen Weg sind. Wir müssen nur daran glauben.»

Dass man den Patokallios seit mehr als zehn Jahren die Lizenz für eine Mine verwehrt, ist eine andere Geschichte. Das macht ihnen zu schaffen. Die Genehmigung würde vieles einfacher machen. Die Plackerei mit der Schaufel würde endlich ein Ende haben. 1997 aber sind die Gesetze geändert worden, es werden keine Minen mehr zugelassen. Seit 1992 aber haben die Patokallios bereits die Schürfrechte auf ihrem Claim. «Die Lizenz steht uns zu, wir werden kämpfen», sagt Minna. 25 000 Euro hat das Paar bereits für Anwälte und Gerichtskosten gezahlt. «Für uns gibt es kein Zurück», sagt Jouni, «wir gehen bis zum Ende. Wenn es sein muss, auch bis zum Europäischen Gerichtshof, dann zu Gott und – wenn auch das nicht hilft – bis zum amerikanischen Präsidenten.»

Minna und Jouni sind in eine Kneipe nach Saariselkä gefahren, rund eine Stunde südlich von Inari. Lappland, das sind schnurgerade Straßen, die niemals zu enden scheinen und von der Einsamkeit in die Einsamkeit führen. Man könnte auch die linke Spur benutzen, da es kaum Gegenverkehr gibt. Knapp 7000 Einwohner hat die Region um Inari. Das Gebiet ist etwas größer als Schleswig-Holstein, wo 2,8 Millionen Menschen leben. Nur manchmal muss man kurz anhalten, um eine Herde Rentiere über die Straße zu lassen. «Unser Land ist riesig», sagt Jouni und bestellt drei Bier, «hier können Träume wachsen. Doch viele, die hierherkommen und das Glück suchen, gehen unglücklicher, als sie jemals waren. Das Gold kann zum Fluch werden.» Dann erzählt er eine Geschichte von den Anfängen ihrer Goldgräberzeit. Irgendwann in den neunziger Jahren muss das gewesen sein. Damals verwahrten sie die gefundenen Flitterchen noch in einer Flasche *Koskenkorva*. Die Goldstückchen schwammen im Wodka. Als ein Freund zu Besuch kam und versehentlich aus der noch halb gefüllten Flasche trank, wäre die Ausbeute eines gesamten Sommers beinahe dahin gewesen. «Jeden Tag haben wir ihn auf die Toilette begleitet», erzählt Jouni, «das war Goldschürfen mal anders.»

Die beiden verabschieden sich. Sie zahlen das Bier mit Gold. Der Wirt kommt mit einer Digitalwaage. Aus einem durchsichtigen Röhrchen kippt Minna etwas Goldstaub in eine Schale. 1,14 Gramm steht auf der Anzeige. «Gold bleibt Gold, aber das Bier wird immer teurer», sagt ihr Mann. «Früher haben wir noch fünf Bier für ein Gramm bekommen, heute sind es nur noch drei.»

In der Abenddämmerung sieht der Inarisee aus wie flüssiges Blei. Ein scharfer Wind pfeift von Osten. Auf der Temperaturanzeige vor dem Hotelli Inari kann man sehen, wie es von Tag zu Tag kälter wird. Heute Abend zeigt sie vier Grad. Schneeregen. Es ist Ende August. Doch vielen ist die Kälte heute egal, es wird Karaoke gesungen. Seit Wochen schon hängt an der Tür der Kneipe ein Plakat, das die Silhouette eines Mannes zeigt, der travoltamäßig einen Arm in die Luft streckt und in der anderen Hand ein Mikrophon hält. Eine Tänzerin wirft sich dem Mann leidenschaftlich an den Hals. Öffnet man nun die Tür hinter dem Plakat, sitzen die Männer rauchend und schweigend an den Tischen, die bis auf den letzten Platz besetzt sind. Es singen nur die Frauen. Und wenn in Finnland

Karaoke gesungen wird, klingt das meist sehr traurig. Auch diesen Abend werden ausnahmslos melancholische Lieder gewählt und leidenschaftlich interpretiert. Finnen flirten mit dem Grund der Seele, heißt es. Sie lieben schwere Gefühle.

Die Bedienung ist ganz in Schwarz gekleidet. Dazu schwarze Haare, schwarze Fingernägel, schwarzer Lippenstift. Auf ihrem schwarzen T-Shirt steht in großen weißen Buchstaben *SUOMI*. Sie hat eisblaue Augen. Und auch sie singt nun ein Lied. Es erzählt von einer unglücklichen Liebe. Riku sitzt derweil am Tresen und betrachtet den Dreck unter seinen Fingernägeln. «Der Sommer ist viel zu kurz in diesem Jahr», murmelt er in den Rauch seiner Zigarette hinein. Und, was glaubt er, wie lange wird er noch suchen können? «Bis der Fluss zugefroren ist.» Nein, wie lange er glaubt überhaupt noch suchen zu können? Riku versteht nicht. Er stutzt. «Wie? Wie lange?» Diese Frage hat sich ihm noch nie gestellt, denn die Antwort ist schon immer klar gewesen: «Solange ich lebe.»

Kilometer 13 823 **Die Bucht der Trolle**

Å ist das Ende. Es ist das südlichste Fischerdorf auf Moskenesoy, einer der größten Inseln der Lofoten, der schroffen Inselkette, die sich wie ein dünner Finger fast 200 Kilometer weit ins Nordmeer streckt. In Å leben nur wenige Menschen. Dort gibt es nicht viel mehr als Fischfabriken und Stockfischgalgen. Es ist ein einfacher Ort mit einem einfachen Namen. Ein Name wie ein Seufzer. Aaaaaaaaa. Ganz anders wird das in knapp 35 000 Kilometern sein, wenn wir eine walisische Kleinstadt namens Llanfairpwllgwyngyllgogerychwyrndrobwllllantysiliogogogoch erreichen werden. Das klingt doch eher nach fehlender Phantasie beim Scrabblen und heißt so viel wie *Marienkirche in einer Mulde weißer Haseln in der Nähe eines schnellen Wirbels und in der Gegend der Thysiliokirche, die bei einer roten Höhle liegt*. Damit das Leben dort einfacher ist, kürzen die Menschen den Bandwurmnamen mit *Llanfair* ab. Å lässt sich nicht abkürzen und bedeutet Bach, einfach Bach. So unterschiedlich können Orte sein.

Mit ihren scharfkantigen Gipfeln, den weißen Sandstränden und dem türkisblauen Wasser sind die Lofoten tatsächlich so, wie man sie aus den Prospekten der Reisebüros kennt. Wie schwarze Felswände mitten ins Meer gestellt. Der Golfstrom ist gnädig und hält die Küste eisfrei. Es fahren nur wenige Autos. Auf einer elfstündigen Wanderung haben wir nicht einen Menschen getroffen. Am Tag zuvor waren wir acht Stunden unterwegs – wieder niemand, den man hätte grüßen können. Vor fünf Tagen aber ist uns Peter begegnet. Peter ist Pole und heißt eigentlich Piotr. Er ist groß und schlaksig, Mitte 20, kommt aus Krakau und macht vier Wochen Zelturlaub im norwegischen Spätsommer. Mit seinem großen Rucksack hatte er an einer einsamen Bushaltestelle Schutz gesucht. Es hatte bereits seit Stunden geregnet. Er war froh, einsteigen zu können. Und nun ist er seit Tagen nicht mehr ausgestiegen. Mit Peter kann man sich stundenlang über das Wort *fiskekaker* amüsieren, wie die Fischfrikadellen hier genannt werden.

Etwas nördlich von Å haben wir am Ende einer Schotterstraße einen Platz für die Nacht entdeckt. Schon der Name der kleinen, steinigen Bucht hätte uns zu denken geben können: *Trollskjerbukta* steht auf Peters Wanderkarte, was man vielleicht mit *Magische Bucht der Trolle* oder *Schimmernde Trollbucht* übersetzen könnte. Doch wir sprechen ja kein Norwegisch, also können wir das nicht wissen. Es ist kurz vor Mitternacht, als der Himmel zu glühen beginnt. Ganz plötzlich ist es aufgetaucht, ein hellgrünes Geisterlicht, das zittert und flackert, hell aufflammt, sich violett und blaugrün verfärbt. Alles geschieht lautlos wie in einem Traum. Phosphoreszierende Bögen und gewundene Bänder kriechen kilometerweit den Himmel entlang, stehen still, beginnen zu tanzen und schlagen Falten wie wehende Vorhänge aus Licht. Für die Leute der Lofoten ist das Polarlicht nicht mehr als bei uns ein netter Regenbogen. Peter und ich stehen da, als hätten wir das Staunen neu entdeckt. Das Licht liegt zwischen der Zeit, man macht sich keine Gedanken mehr über Minuten. Dann aber bricht es aus uns heraus, wir hüpfen herum wie aufgeregte Schuljungen, liegen uns in den Armen und brüllen vor Begeisterung. Massen an Sternschnuppen begleiten das himmlische Ereignis. Irgendwo bei vierzig höre ich auf, sie zu zählen. Nach einer Stunde werden die Schleier schwächer, sinken in sich zusammen, richten sich noch einmal auf, zerfließen und verglimmen. Auch in den folgenden Nächten ist das Meer sanft und der Himmel klar. Und stets um kurz vor zwölf tauchen die schimmernden Trolle auf und beginnen zu tanzen. Peter sagt: «Das ist das Schönste, was ich in meinem Leben gesehen habe.» Ich denke: Peter, genau so ist es.

8

NORWEGEN Das Naturtalent

Sie ist auf die höchsten Berge der Welt gestiegen und bis an beide Pole gelaufen. Sie kann viele spannende Geschichten erzählen – zum Beispiel vom schönsten und vom traurigsten Moment ihres Lebens. Cecilie Skog sagt: «Jeder kann das, was ich kann.»

Es würde nicht ganz einfach werden, einen Termin für ein Interview zu finden, hatte Cecilie Skog Wochen zuvor am Telefon noch gesagt, sie sei ja viel unterwegs. Rund 200 Tage im Jahr schläft die Norwegerin in einem Zelt an Orten, die nicht mal eben so zu erreichen sind – am Nordpol etwa, auf dem Kilimandscharo oder auf grönländischem Packeis bei minus 40 Grad. Dann aber folgt ein weiterer Anruf, dieses Mal ist es ihr Manager: Mit viel Glück könne ein Treffen am nächsten Sonntag stattfinden, heißt es. Cecilie wird für einige Tage in der Heimat sein. «Kommen Sie nach Oslo!»

Treffpunkt ist ein kleiner Park in Torshov, einem Stadtteil nördlich des Zentrums. Cecilie wohnt hier gleich um die Ecke. Und nun hängt die blonde Frau mit den langen, gelockten Haaren kopfüber an der Kletterstange eines Spielplatzes und posiert für ein Foto. Es gibt eine ähnliche Aufnahme vom Südpol, wie sie in einem dicken Daunenanzug mit den Beinen an einem ihrer Langlaufskier baumelt. Ihr damaliger Lebensgefährte und ein Freund halten sie direkt über einen silbernen Globus, der den südlichsten Punkt der Erde markiert. Ende 2005 waren die drei in 33 Tagen 900 Kilometer durch die Antarktis gelaufen. Und solche Fotos sind wichtig für das, was Cecilie macht. Sie beweisen, dass sie auch wirklich an diesen Orten gewesen ist. Es gibt viele dieser Bilder von ihr. Cecilie auf dem Gipfel des Mount Everest. Cecilie in einem Kanu im Nordpolarmeer. Cecilie auf dem Montblanc. Cecilie hat einen ungewöhnlichen Beruf: Sie ist Abenteurerin. Sie wird dafür bezahlt, dass sie zwei Monate lang durch die baumlosen, windgepeitschten Eiswüsten der Polarkreise läuft. Wieder zu Hause, hält sie dann Vorträge und organisiert die nächsten Touren. Cecilie sagt: «In der Natur sein zu können, ist das Allergrößte für mich. Von jeder Reise kehre ich als anderer Mensch zurück.»

Wenn jemand sagen würde, Cecilie sei eine schöne Frau, dann würden das sicher viele bestätigen. Wenn man ihr zum ersten Mal begegnet, könnte man sie aber auch leicht unterschätzen. Die Kraft sieht man ihr nicht an. Sie ist eine zierliche, sehnige Frau, keine 1,60 Meter groß. Doch dann gibt es da ja diese vielen Fotos von ihr auf den höchsten Gipfeln. Und da gibt es vor allem diesen entschlossenen Blick, der keine Zweifel zulässt. «Jeder kann das, was ich kann», sagt sie zum Beispiel, «man muss nur den Willen haben. Und», jetzt hat sie diesen Blick, «ich weiß immer, was ich will.»

Cecilie wurde 1974 an der Westküste in der Kleinstadt Ålesund geboren. Die ersten Wochen muss sie im Brutkasten liegen, gerade mal 1680 Gramm bringt sie auf die Waage. «Einige Leute glaubten, ich würde noch vor der Taufe, nur ein paar Stunden alt, sterben.» Doch sie kämpft sich auf die Welt. Und sie wächst in der Natur auf. «So ist das hier in Norwegen», sagt sie, «schon als Kind geht man wandern, klettern und fischen, so wie man in anderen Ländern Fußball spielt.» Sie lernt Krankenschwester, fasziniert ist sie allerdings von den Gletschern und Bergen, wo sie jede freie Minute verbringt. Jeden Tag legt sie sich Steine in den Rucksack und läuft mit mehr als 27 Kilo auf dem Rücken zur Arbeit, als Training. Doch der Dienstplan erlaubt ihr nicht, draußen sein zu können, wann sie es will. Sie kündigt, packt ihre Sachen und geht für sechs Wochen in die norwegische Wildnis – sie will überlegen. Als sie zurückkehrt, steht ihr Entschluss fest: Sie will Bergführerin werden. Sie wird in

Norwegen anfangen und sich langsam nach oben arbeiten, so ist der Plan. Schon damals hängt eine detaillierte Karte des Mount Everest über ihrem Bett. Sie liest alles, was sie über den höchsten Berg der Erde zwischen die Finger bekommen kann. In ihren Gedanken ist sie mehrmals am Tag im Himalaya und steht auf dem 8848 Meter hohen Gipfel. Noch aber erzählt sie niemandem von ihrem Traum.

Sie beginnt, die ersten Berge außerhalb Norwegens zu besteigen – den Montblanc (4810 Meter) in Frankreich, den Aconcagua (6962 Meter) in Argentinien, den Denali (oder Mount McKinley, 6194 Meter) in Alaska, den Elbrus (5642 Meter) in Russland. Um das Geld für ihre Reisen zusammenzubekommen, organisiert sie Klettertouren, jobbt aushilfsweise als Krankenschwester und in einem Asylbewerberheim. Zeitweise arbeitet sie 100 Stunden die Woche, um in kurzer Zeit die Besteigung von noch höheren Gipfeln finanzieren zu können. Im Oktober 2003 steht sie als erste Norwegerin auf der Spitze eines Achttausenders, des Cho Oyu (8201 Meter) im Grenzgebiet zwischen China und Nepal. «Ich bin schon immer hart zu mir selbst gewesen», sagt sie, «was ich erreichen wollte, habe ich auch immer geschafft.»

Es ist Sonntag, der 23. Mai 2004, als sich Cecilies größter Traum erfüllt. Acht Jahre hat sie auf diesen Augenblick gewartet. Fast zwei Monate hatte sie in diversen Basislagern verbracht, sich Schritt für Schritt an die Höhe gewöhnt und auf geeignetes Wetter für den Aufstieg gewartet. Sieben Stunden hat sie nun für die letzten 500 Höhenmeter gebraucht. Um 8 Uhr 30 steht sie mit einem Fuß in Nepal und mit dem anderen in China, auf dem *Berg-der-so-hoch-ist-dass-kein-Vogel-drüberfliegen-kann,* wie nepalesische Sherpas den Mount Everest nennen. Seit der Erstbesteigung im Jahr 1953 ist sie der 2159. Mensch auf dem Gipfel, der etwa so groß wie ein Billardtisch ist. Es gibt einen kurzen Film – Cecilie hat einen Vertrag mit einem norwegischen Fernsehsender, der einen Teil ihrer Expeditionskosten übernommen hat. Voller Euphorie erzählt sie in dünner Luft seltsame Sachen: «Ich hätte jetzt gerne eine Portion von dem Kartoffelbrei meiner Mutter, ich bin so wahnsinnig hungrig.» Sie lächelt, keine Sauerstoffmaske kann das verdecken. 35 Minuten bleibt sie dort oben. Und noch heute – auf dem Spielplatz im Torshover Park – hat sie Tränen in den Augen, wenn sie sagt: «Das waren die schönsten Minuten meines Lebens.»

Temperaturen von minus 50 Grad, Sauerstoffmangel, Höhenkrankheit, Schlafentzug und die ständige Gefahr, von Lawinen oder Steinschlägen mitgerissen zu werden – Menschen, die ein eher geregeltes Leben führen, können nicht verstehen, warum jemand freiwillig diese Strapazen auf sich nimmt. Cecilie sagt: «Später denke ich nicht mehr an die Schmerzen. Ich erinnere mich nur noch an die schönen Momente, an den Ausblick, an den Sonnenaufgang, an die absolute Ruhe. In diesen Momenten spüre ich das Leben besonders intensiv und genieße mich in der Natur.» Es ist das Gefühl der Erhabenheit nach fast übermenschlicher Anstrengung. Es ist der schmale Grat der Grenzerfahrung zwischen Lebensgier und Todesahnung. Und fast schon reflexartig vergleichen Extrembergsteiger ihre Expeditionen mit dem Straßenverkehr, wenn sie nach den möglichen Gefahren gefragt werden – sie antworten, dass sie genauso sterben könnten, wenn sie auf dem Weg zum Bäcker eine Straße überquerten. Weil sie sich absolut sicher fühlen bei dem, was sie tun. Auch Cecilie sieht das so. «Natürlich hat meine Mutter Angst um mich», sagt sie, «ich aber auch um sie – sie raucht viel zu viel.» Und wenn sie sich vor einer längeren Tour zu Hause verabschiedet, überlegt sie sich auch nicht, dass es vielleicht das letzte Mal sein könnte, dass sie ihre Mutter oder ihre Freunde sieht. Das wäre ihr viel zu negativ. «Unterwegs denke ich nicht über den Tod nach, sondern über die Sicherheit», erklärt sie, «ich konzentriere mich auf den nächsten Schritt. Im Fokus steht immer das Leben, nicht das Sterben.»

Es ist Freitag, der 1. August 2008, als der Tod in den Fokus rückt.

Gemeinsam mit Lars Nessa, einem Freund aus Norwegen, hat Cecilie den Gipfel des K2 erreicht, des zweithöchsten Bergs der Erde. Die 8611 Meter einsam aufragende Pyramide liegt im Karakorum, dem benachbarten Gebirge des Himalaya an der Grenze zwischen China und Pakistan, und gilt wegen ihrer steilen Hänge und der plötzlichen Wetterumschwünge als besonders schwierig, als besonders gefährlich. Cecilie und Lars bleiben nur wenige Minuten ganz oben und machen noch einige Erinnerungsfotos. Es ist schon spät, und es liegen noch mehrere Stunden Abstieg vor ihnen. 20 Minuten unterhalb des Gipfels treffen sie auf Rolf Bae, den Dritten ihrer Gruppe. 2003 hatten sich Cecilie und Rolf auf dem Elbrus kennengelernt. Viele Male waren sie seither gemeinsam geklettert. Sie waren bis an beide Pole gelaufen. Sie hatten sich verliebt und vor einem Jahr geheiratet. Nun aber setzt die Dämmerung ein, und Rolf bricht seinen Gipfelversuch vorzeitig ab.

Als die drei in rund 8200 Metern Höhe am sogenannten Flaschenhals, einer senkrecht abfallenden Wand aus Schnee, Eis und Fels, mit dem Abseilen beginnen, geschieht etwas Unerwartetes. Der Berg vibriert plötzlich. Ein mächtiges Grollen kommt rasend näher. Eine Eislawine geht ab. Cecilie und Lars können sich flach an die Wand drücken. Die Brocken rauschen an ihnen vorbei in die Tiefe. Sekunden später ist es wieder still. Und dunkel. Auch das Licht von Rolfs Helmlampe ist nicht mehr zu sehen. «Rolf?» Keine Antwort. «Rolf? Bist du da?» Nichts. Als sie das abgetrennte Ende seines Seils entdecken, wissen beide, was passiert ist. Cecilie will ihren Ehemann suchen. Lars kann sie überzeugen, dass es bei der Dunkelheit keine Chance geben wird, ihn zu finden. Beide stehen unter Schock. Beide müssen nun das eigene Leben retten. Es sind noch Stunden bis ins nächste Camp. «Ich bin wie in Trance geklettert, habe versucht, nicht zu denken. Es ist ein Wunder, dass Lars und ich überlebt haben.» Der Gedanke, dass Rolf es doch irgendwie nach unten geschafft haben könnte, lässt sie weiter und weiter absteigen. Als sie das Basislager erreichen, läuft Cecilie sofort zu ihrem gemeinsamen Zelt. Sie stellt sich vor, dass Rolf darin sitzt, vielleicht schon einen Tee gekocht hat und auf sie wartet, wie er es schon oft auf ihren Touren getan hat – doch das Zelt ist leer. An diesem Tag sterben zehn weitere Bergsteiger: ein Serbe, ein Franzose, zwei Pakistaner, drei Koreaner, zwei Nepalesen und ein Ire. Die Lawine hatte sämtliche Führungsseile gekappt und der Gruppe den Rückweg abgeschnitten. Es ist eine der größten Tragödien in der Geschichte des Alpinismus.

Auch Monate später kann Cecilie noch immer nicht schlafen. Immer wieder sieht sie die letzten Sekunden vor dem Absturz, immer wieder dröhnt die Lawine durch ihren Kopf. Lange hat sie es vermieden, darüber zu sprechen. Dann hat sie ein Buch herausgegeben, in dem sie auch das Unglück sehr detailliert schildert: *Für Rolf – Tausend schöne Touren und eine traurige.* Bis heute hat sie den Tod ihres Mannes nicht verwunden. «Ich verspüre noch immer die Schuld, die auch Menschen sich geben, die einen Autounfall überlebt haben.» Ihr sei aber vieles klar geworden seither, sagt sie, nie wieder werde sie auf einen der höchsten Berge steigen. «Damit bin ich fertig.» Und nie wieder werde sie etwas über Jahre im Voraus planen. «Rolf und ich hatten so viele Pläne, die alle nicht in Erfüllung gegangen sind.» Ein Jahr nach der Katastrophe am K2 geht Cecilie wieder auf Reisen. Gemeinsam mit dem US-Amerikaner Ryan Waters läuft sie 1800 Kilometer durch die Antarktis. *Unsupported,* wie es im Expeditionsenglisch heißt – ohne Segel oder andere Hilfsmittel. Nur mit eigener Muskelkraft und dem Proviant, den sie auf ihre Schlitten geladen haben. Das hat zuvor kein Mensch geschafft. «Ich habe diese Tour gebraucht, um mich wieder im Leben zu spüren», sagt Cecilie, «ich wollte nicht stehen bleiben in meiner Trauer.»

Die Wochen vor dem Start beschmiert sie jedes Frühstücksbrot dick mit Butter oder Nutella. Sie isst kiloweise Hamburger, Marzipan und Nüsse, Berliner, Eis und täglich löffelweise Lebertran. Sie legt Fettreserven an. Für die Expedition wird es einen grammgenauen Ernährungsplan geben. Mit 59 Kilo wird sie starten, mit 44 Kilo ankommen. Der Schlitten hat am Ende fast dreimal so viel Gewicht wie sie. Um auf diese Last vorbereitet zu sein, hatte sie monatelang Lkw-Reifen durch den Wald gezogen. Und nun sieht der Arbeitstag immer gleich aus: Aufwachen, Schnee mit dem Kocher schmelzen, Tee kochen, frühstücken, Zelt abbauen, zwölf Stunden Ski laufen, Zelt aufbauen, essen, schlafen – 70 Tage lang in endloser Monotonie. Und immer weiter durch dieses erstarrte Niemandsland, durch diese Tiefkühltruhe, auch wenn die Muskeln rebellieren und der Verstand brüllt: *Ich kann nicht mehr!* In manchen Nächten fällt das Thermometer auf minus 60 Grad. An schneeverwehten Tagen taucht die Sonne nur für wenige Minuten als blassroter Ball aus einer milchigen Suppe auf. Bei einem Orkan müssen Cecilie und Ryan die Nacht sitzend verbringen und das Zelt festhalten, damit es nicht abhebt. Das Knirschen der Skier im pulvrigen Schnee, das Rascheln des Anzuges, das Heulen des Windes und der Herzschlag im Ohr – das ist alles. «Die Stille in dieser weißen Welt kann erdrückend sein», sagt Cecilie. Ein mentales Martyrium. Dazu kommen Blasen an den Füßen und zwischen den Zehen. Jeder Schritt wird zur Qual. Cecilie beginnt, mit ihrem Schatten zu reden, mit dem Schlitten. In Gedanken trifft sie Menschen, denen sie seit Jahren nicht begegnet ist. «Du hast viel Zeit zum Denken. Ständig suchst du Dinge, über die du grübeln kannst. Doch irgendwann fällt dir nichts mehr ein, und dann wird es interessant – das ist wie eine innere Reinigung. Und du musst vor allem mit dir selber klarkommen, was die größte Herausforderung ist.»

Cecilie sitzt auf einer Bank im Torshover Park. Sie zeigt ein Foto: Dick eingehüllt steht sie in einer fahlen Schneelandschaft. Sie sieht aus wie eine Larve. Ihre große Fellkapuze ist bis auf eine runde

Öffnung zugefroren. Mit glücklichen Augen guckt sie aus diesem winzigen Eisloch in die Kamera. Sie sagt: «Jeder ist auf der Suche nach seinen Grenzen. Ich glaube, das ist menschlich. Ich bin auf so vielen wunderbaren Touren gewesen, die niemanden interessiert haben. Die höchsten Berge, die längsten Expeditionen und die extremsten Orte lösen immer die größte Anziehungskraft aus. Und solange jeder um das Risiko weiß, das man dabei eingeht, ist das auch in Ordnung.» Fragt man sie nach ihrer eigenen Grenze, muss sie das erste Mal etwas länger überlegen. Sie wiederholt die Frage: «Weiß ich, wo meine Grenzen liegen?» Dann zieht sie die Schuhe und Socken aus. «Nein, weiß ich nicht», antwortet sie, «aber ich habe eine Ahnung, wo sie liegen könnten.» Sie wackelt mit den Zehen: «Siehst du, die sind alle noch dran.»

Kilometer 17 472 **Locke**

Plötzlich sind überall Japaner. Sie alle tragen rosa Hüte und halten Fotoapparate und Videokameras in den Händen. Locke ist umzingelt. Drei Dutzend Japaner wollen den schwarz-braunen Hund fotografieren. Die Reisegruppe aus Nagoya hat 18 Tage Zeit für ihre Rundreise durch Deutschland, Finnland, Norwegen, Schweden und Kopenhagen. Das ist viel für Asiaten, die Europa besuchen. Auf ihrem Weg von Oslo nach Göteborg machen sie jetzt eine schnelle Pause in einem südschwedischen Wald, um sich 3000 Jahre alte Felsritzungen anzusehen. Doch Locke ist interessanter. Mit Locke ist es nämlich so wie mit Fuchur, dem Glücksdrachen aus *Die unendliche Geschichte*, oder Yoda, dem spitzohrigsten und kleinsten aller Jedi-Ritter. Jeder mag sie. Jeder möchte sie streicheln. Auch die Japaner, die sich nun einzeln neben Locke stellen und kichern. Die Kameras surren und blitzen. Locke sitzt da und guckt. Einer legt sich auf den Boden neben sie, hechelt wie ein Hund und tut so, als würde er schlafen. Die anderen finden das lustig und fotografieren jetzt noch mehr. Nach zehn Minuten kommt ein kurzes, aber sehr deutliches Zeichen der Reiseleiterin. Wie von einer höheren Macht geleitet, setzen sich die Japaner geschlossen in Bewegung und klettern zurück in den Bus. Dann sind sie wieder verschwunden, als wären sie nie da gewesen.

Etwas Ähnliches war uns zu Beginn dieser Reise schon einmal passiert, in Prag. Dort allerdings mit Koreanern. Auf der Karlsbrücke – das ist da, wo die Porträtzeichner und Souvenirhändler sitzen und Touristen alles kaufen, was ihnen angeboten wird – wollte eine Reisegruppe aus Seoul für einen Schnappschuss mit Locke hundert Kronen zahlen, immerhin vier Euro. Sie dachten, wir stehen beruflich auf der Brücke. Als sie den Irrtum bemerkten, baten sie um Erlaubnis, ein Bild machen zu dürfen. Das war sehr höflich, wie ich fand. Dann aber bemerkte ich den Irrtum: Sie hatten gar nicht mich, sondern Locke gefragt.

9

SCHWEDEN Leben nach dem Tod

Vor mehr als 20 Jahren hat Susanne Wiigh-Mäsak ihre Lebensaufgabe gefunden: Kompostieren. Heute verwirklicht sie eine Idee, die schon bald die Welt verändern könnte. Eine Geschichte darüber, was aus uns wird, wenn wir nicht mehr sind.

Susanne Wiigh-Mäsak weiß, was sie nach ihrem Tod einmal werden will: ein schneeweiß blühender Rhododendron der Sorte Cunningham White. Ein immergrüner Busch, der auch die eisigen Winter an der schwedischen Westküste übersteht. Eine Pflanze, die humusreiche und gut durchlüftete Böden bevorzugt. Sehr robust, sehr anpassungsfähig. «So wie ich», sagt die blonde Frau mit dem langen, geflochtenen Zopf und den blauen Augen. Sie weiß, wovon sie spricht. Sie ist Biologin. Sie hat selber einen Cunningham White in ihrem Garten. Vor Jahren hatte sie einen Ableger von einer Englandreise mitgebracht. Mittlerweile ist er riesig, trotz Temperaturen von manchmal minus zwanzig Grad – der Rhododendron hat überlebt.

Susanne ist 1956 geboren. So alt ist sie also noch gar nicht. Wenn alles gut läuft, hat sie noch viele Jahre vor sich. Und dennoch hat sie schon heute eine genaue Vorstellung davon, was mit ihrer sterblichen Hülle einmal passieren soll. Sie soll zu Humus werden und Nährboden für neues Leben sein. Susanne ist keine Träumerin. Sie ist Wissenschaftlerin und interessiert sich vor allem für die Realität. Sie hat eine neuen Weg der Bestattung entwickelt, der den Tod umweltfreundlicher machen soll – und etwas schöner, wenn so etwas geht. Neben Vergraben und Verbrennen soll es schon bald eine dritte Alternative geben: Kompostieren. Die menschlichen Überreste verrotten nicht jahrzehntelang im Boden oder verbrennen in kürzester Zeit zu Asche, sie werden innerhalb eines Jahres zu Erde.

Etwas verkürzt funktioniert das so: Der tote Körper wird zunächst auf minus 18 Grad heruntergekühlt und anschließend in flüssigem Stickstoff auf minus 196 Grad schockgefroren. Er ist nun brüchig wie Glas und zerfällt durch Vibration in ein Granulat. Das Wasser wird entzogen. Zahnfüllungen und andere Metalle werden mit einem Magneten herausgefiltert. Nun kann das organische, geruchsfreie Pulver in einer kompostierbaren Urne in etwa 40 Zentimeter Tiefe bestattet werden. Und wer möchte, kann seine Überreste mit der Saat eines Baumes, einer Blume oder eines Cunningham White beerdigen lassen. «Für viele ist der Tod nicht mehr als das Gegenteil von Leben», sagt Susanne, «ich wollte aber eine Alternative, die den Menschen Hoffnung gibt, die den Tod – so traurig er auch ist – mit einem positiven Gedanken verbindet und vielleicht sogar etwas die Angst vor dem großen Nichts nimmt. Wenn man sagen kann, dass aus Großvater eine Blume geworden ist, dass er wieder neues Leben gegeben hat, kann man das leichter verstehen und sogar einem Kind erklären. Das ist der Gedanke des natürlichen Kreislaufes, das ist das ewige Leben. Und der Tod bekommt einen Sinn. So kann der eigene Körper zu einem Dankeschön an die Natur werden, für das Leben, das wir gelebt haben.»

Mehr als 3000 Inseln bilden die zersprengte Küstenlinie von Bohuslän, der Provinz nördlich von Göteborg. Tiefblau ist der Seitenarm des Stigfjords, der Lyr von ihrer großen Schwester Orust trennt. Kaum 200 Meter sind es bis auf die andere Seite. Die Überfahrt mit der kleinen Autofähre dauert keine Minute. Und dennoch ist es wie so oft, wenn man eine Insel betritt: Der Weg dorthin – ganz gleich wie kurz er auch ist – ist wie der Gang durch eine Schleuse in eine andere Welt. Denn wo Lyr liegt, endet die Welt von *Google Street*

View oder überfüllten Supermarktparkplätzen. Wer hier wohnt, lebt etwas außerhalb der Zeit. Es ist ruhig. In manchen Momenten so ruhig, als hätte jemand den Ton abgedreht. Tage auf Lyr können wie Träume sein. Viel Fels, von Eiszeiten gerundet. Viel Wiese, von Stürmen gefegt. Einige Wäldchen in der Inselmitte. Die Holzhäuser und Scheunen sind in Bullerbü-Rot gestrichen. Kaum Verkehr, viel Platz. Wer auf Lyr seine Kindheit verbringt, wächst behütet auf.

Wie vereinbart, wartet Susanne vor ihrem kleinen Bioladen, in dem sie Lebensmittel und selbst angebautes Gemüse verkauft. Wir können uns nicht verfehlen, hatte sie am Telefon gesagt. Jeder, der nach Lyr kommt, muss an ihrem Laden vorbei. Jeder wird irgendwann hier einkaufen. Es gibt nur diese Straße. Es ist das einzige Geschäft. Knapp 200 Menschen wohnen das ganze Jahr über auf der Insel. In den warmen Monaten sind es fünfmal so viele. Dann bildet sich an manchen Tagen sogar eine kleine Warteschlange an der Kasse. «Reichen drei Leute? Oder wie viele sind eine Schlange?» Susanne lacht, was ein bisschen klingt wie ein Kind, das gekitzelt wird. Die Grübchen auf ihren Wangen und die leichten Krähenfüße verraten, wie viel und wie gerne sie lacht. Ihre Stirn verschwindet vollständig hinter den blonden Haaren, die in einer geraden Linie über ihren Augen enden. Susanne sieht aus, wie man sich die liebenswürdige Mutter in den Lindgren-Romanen immer vorgestellt hat, nur etwas lustiger. Sie trägt eine helle Latzhose, dazu ein pinkes Oberteil. Aus einer der vielen Hosentaschen gucken Arbeitshandschuhe, die die Farbe der Erde angenommen haben. Sie kommt gerade von der Gartenarbeit. Sie sagt: «Im Garten kommen mir die besten Ideen.»

Ende der Siebziger war sie mit ihrem Mann aus Göteborg nach Lyr gezogen. Sie hatte gerade ihr Biologiestudium hinter sich. Peter wollte eine Muschelzucht aufbauen. Das hatte noch keiner in der Gegend versucht. Doch die Voraussetzungen im Schärengarten von Bohuslän waren ideal dafür: sehr klares Wasser, immer in Bewegung. Das Geschäft mit den Delikatesstierchen wurde ein Erfolg. Susanne pendelte damals noch täglich mit der Fähre ans Festland. Sie hatte eine Stelle als Umweltinspektorin in einer nahegelegenen Fabrik für Petrochemie gefunden. Ihre Aufgabe war es, auf Sicherheitsdefizite und mögliche Risiken für die Umwelt hinzuweisen. Und sie befasste sich nun auch verstärkt mit Kompostierung und mit den Alternativen, die diese bot: Sie testete Teller und Tüten aus Maisstärke. Nach 15 Jahren aber brauchte sie eine Veränderung. 1996 kündigte sie. Ein Jahr später eröffnete sie ihren Bioladen. Sie hat ihn *Grönskan* genannt, *Grüner*.

Susanne zeigt jetzt den Kompost hinter ihrem Geschäft. Den zeigt sie jedem, der sie besuchen kommt. Denn damit hat alles angefangen. Es ist eine luftige Holzbox, die sie selbst konstruiert hat. Massive Bretter, dazwischen breite Spalten, ein feinmaschiger Draht als Innenverkleidung – fertig. Küchen- und Gartenabfälle werden darin in zwei bis drei Wochen zu Erde, während andere Kompostbehälter viele Monate brauchen. Sie öffnet den Deckel und nimmt eine Handvoll Humus heraus. Sie riecht daran. «Stinkt nicht, ist gute Erde.» Man kann einen Komposthaufen mit dem menschlichen Körper vergleichen, sagt Susanne. Beide brauchen Sauerstoff, genügend Feuchtigkeit und die richtige Temperatur, um leben zu können. Unter diesen Bedingungen können die fleißigen Mikroorganismen hervorragende Arbeit leisten und organisches Material zu Erde werden lassen. «Es ist ein gutes Klima in dieser Kiste. Ich könnte darin überleben, wenn mir jemand regelmäßig etwas zu essen bringen würde.»

Als damals, 1997, immer mehr Leute kamen, um sich ihre einfache, aber wirksame Holzbox anzusehen, baute sie noch einige mehr davon und verkaufte sie in ihrem Laden. Susanne begann Vorträge über Kompostierung zu halten. Sie hatte eine neue Aufgabe gefunden. Ein großes schwedisches Möbelhaus meldete sich. Sie sollte einen Kompostbehälter entwerfen. «Die wollten es allerdings möglichst billig und komplett aus Plastik haben», erzählt sie. Doch das wollte Susanne nicht, denn wie sollen Plastik und Ökologie zusammengehen?

Sie taucht jetzt etwas tiefer ein in die Welt des Kompostierens – gedanklich: «Wenn es um eine Blume oder eine kleine Maus geht, hat die Natur nicht wirklich viel zu tun, beides wird relativ schnell zu Erde. Geht es aber um größere Tiere oder Menschen, schaffen das die Mikroorganismen nicht alleine. Dann brauchen sie die Hilfe von wilden Tieren, die den Körper zerkleinern. Das ist der natürliche Weg, auf dem wir dahin zurückkehren, wo wir hergekommen sind: in die Natur. Doch nichts ist natürlich daran, Tote zu vergraben. Das machen wir erst seit 1000 Jahren, um die wilden Tiere von den Verstorbenen fernzuhalten. Das Problem ist, dass so große Körper wie unsere sofort verrotten, wenn wir sterben. Und damit die Mikroorganismen Erde produzieren können, brauchen sie Sauerstoff. Tief unter der Erde gibt es aber keinen Sauerstoff. Dort lebt gar nichts mehr. Wenn die Menschen sehen würden, was da unten mit den Körpern passiert, würden sie sofort aufhören, ihre Verstorbenen zu vergraben. Doch wir benehmen uns immer noch wie kleine Kinder, wenn es um den Tod geht. Wenn Kinder sich hinter einem Handtuch verstecken, glauben sie, dass man sie nicht sehen kann. Und wenn Menschen ihre Toten vergraben, glauben sie auch, dass sie nicht mehr da sind. Aus den Augen, aus dem Sinn. Das ist für mich aber nicht zu akzeptieren. Das ist dumm.»

Susanne schließt ihre Augen, hält sich die Hände vor das Gesicht und ruft mit kindlicher Stimme: «Du siehst mich nicht! Du siehst mich nicht!» Sie ist eine gute Erzählerin. Sie hat schon Vorträge überall auf der Welt gehalten. Sie hat sich jetzt warm geredet. «Wir Menschen», sagt sie, «benehmen uns, als ob wir nicht wüssten, dass die beiden Bestattungsarten den menschlichen Körper daran hindern, in den Kreislauf der Natur zurückzukehren. Man hat die Wahl zwischen zwei schlechten Möglichkeiten, die beide respektlos gegenüber dem Verstorbenen sind und die beide im hohen Maße die Umwelt belasten. Die eine verpestet die Luft mit Kohlendioxid und Quecksilber, die andere verseucht den Boden, das Grundwasser, die Meere und verschmutzt die Luft mit hochgiftigem Methan. So zerstören wir unseren Planeten. Das ist mehr als unverantwortlich gegenüber unseren Kindern. Unsere Toten sind längst zu einem ökologischen Problem geworden. Der Platz auf den Friedhöfen wird knapp. Und das Problem wird immer größer: Es leben sieben Milliarden Menschen auf der Erde, die alle sterben werden.»

Sie sagt, sie könne sich noch gut an den Tag erinnern, als sie das erste Mal darüber nachdachte, dass der Rest eines Apfels und jeder Vogel ein besseres Ende finden als ein Mensch. «Es war ein Moment der Klarheit, in dem ich vieles verstanden habe.» An diesem Herbstnachmittag 1998 stand sie in ihrem Gewächshaus mit einer Topfpflanze in ihrer Hand. Sie dachte: Das soll alles sein, wofür ich mich entscheiden kann? Verrotten oder verbrennen? Haushaltsabfälle und diese Pflanze sollen der Erde mehr zurückgeben und wertvoller sein als ich? Das kann es nicht sein, dachte sie. Doch wie kann man einen Verstorbenen möglichst schonend und ohne wilde Tiere in den Kreislauf des Lebens integrieren? Der Körper muss zu 100 Prozent organisch bleiben und kleiner werden, damit er nicht verwest, sondern kompostiert. Das war schnell klar, sagt Susanne. Und man müsste ihm das Wasser entziehen, um das Gewicht um siebzig Prozent zu reduzieren. Ihre Überlegungen wurden konkreter.

Susanne sitzt jetzt in der Küche ihres Hauses und schenkt Tee ein. Der Hof liegt in der Mitte der Insel, inmitten von Wildwiesen. Ein großer Garten mit Apfel- und Birnbäumen. Eine Scheune in Bullerbü-Rot. Zwei, drei Nachbarhäuser in Sichtweite. Ihr Mobiltelefon liegt auf dem Tisch. Immer wenn sie eine E-Mail bekommt, erhält sie auch eine Kurznachricht. Viele Male in der Stunde ertönt ein helles *Bling*. Das Geräusch der SMS klingt, als ob gerade eine gute Idee angekommen ist. Und Susanne erzählt weiter, wie damals aus ihrer Idee ein großer Gedanke wurde: Sie arbeitete zunächst mit einem Labor zusammen, das mit Tierkadavern experimentierte. Sie holte sich Rat bei Experten. Dann testete sie mit einem Verfahren, das auch bei der Herstellung von Instantkaffee und Astronautennahrung zum Einsatz kommt: Gefriertrocknung. Schließlich machte sie erste Versuche mit flüssigem Stickstoff und größeren Tieren. Es funktionierte: Die Schweine und Rinder wurden zu Granulat. Das Granulat wurde zu Humus. Susanne legte Rosenbeete darauf an. Die Blumen gedeihen heute noch hervorragend, sagt sie. Sie hatte einen Weg gefunden. Am 3. Dezember 1999 sicherte sie sich ihre Innovation und meldete ein Patent an. Und nun wollte sie vor allem wissen, ob ihre Gedanken auch verstanden wurden. Sie begann zu telefonieren. In zwei Jahren rief sie tausend Menschen an. Sie bat um 15 Minuten Zeit und erklärte ihren Zuhörern den Weg, wie ein Verstorbener wieder zu Erde werden kann und dabei nicht die Umwelt belastet. Alle bis auf drei der Befragten konnten sich schon damals vorstellen, auf diese Weise bestattet zu werden. Einer der Zweifler war ein Imam. Er sagte: «Was Sie da erzählen, ist Theorie. Doch was mit uns im Himmel passiert, das ist Tatsache.»

Durch die Umfrage fühlte Susanne sich bestätigt. Sie wollte die nächsten Schritte gehen. Doch sie wusste nicht, wie man eine Firma gründet oder einen Businessplan erstellt. Also las sie ein Buch darüber. 160 Seiten an einem Nachmittag. Dann schrieb sie das Unternehmenskonzept. Nun brauchte das Ganze noch einen Namen. Susanne wollte etwas Hoffnungsfrohes. Es gab viele Vorschläge, doch alle waren zu schwer, zu wenig optimistisch. Bis eines Tages ein Kunde in den Laden kam und eine Kiste eines italienischen Rotweins bestellte. Susanne las das Etikett und hatte einen Namen gefunden: *Promessa*. Italienisch für *Versprechen*. Sie rief den Winzer in Apulien an, der nichts dagegen hatte, dass sie den Namen in Schweden verwendet. Im Juli 2001 gründete sie *Promessa Organic*.

Doch nun musste auch noch eine Bezeichnung für die Art der Bestattung gefunden werden. Zunächst wollte sie es schlicht und einfach *Freeze-drying* nennen, Gefriertrocknen. Kein schöner Name. Viel zu technisch, viel zu unterkühlt für so ein sensibles Thema. Also spielte sie mit dem Wort Promessa und kam auf *promession.* Sie suchte im Internet: 300 Treffer. Darunter fand sich auch *promessione.* Sie rief eine italienische Freundin an, die ihr die Bedeutung des antiken Wortes, das kaum noch einer benutzte, erklärte: *Wenn eine Versprechung wahr wird.* Susanne wusste sofort: «Das war wie gemacht für uns.» Gibt sie heute *Promession* in die Suchmaschine ein, tauchen fast 100 000 Einträge auf.

Wenn Susanne etwas Kompliziertes einfach machen möchte, malt sie es auf ein Stück Papier. Das ist dann wie in der Berufsschule, wo sie seit einigen Jahren biologischen Anbau und Kompostieren unterrichtet. Jetzt holt sie einen Schreibblock aus dem Arbeitszimmer und skizziert den Prototyp des Promators, so wie er zurzeit gebaut wird: hier der Behälter, wo der Sarg mit dem Leichnam das Stickstoffbad nimmt, dort die Vakuumkammer, in der die Flüssigkeit entzogen wird. Sie malt einen Magneten, der die künstlichen Gelenke, Schrauben, Platten und Herzschrittmacher anzieht. Sie erklärt, dass Schallwellen Sarg und Körper in wenigen Sekunden in einer weißen Wolke aufgehen lassen und etwa ein Drittel des Körpergewichts zurückbleibt. Promession ist ein automatisierter Vorgang, der ganz nach Größe und Gewicht des Körpers etwa vier Stunden dauert. Die Kosten sind nicht höher als in einem Krematorium. Ein Sarg geht hinein, eine Urne oder ein kleinerer Sarg aus Mais- oder Kartoffelstärke kommt heraus. Die Überreste werden in den oberen, humusbildenden Erdschichten bestattet. «In lebender Erde», wie Susanne sagt, dort wo ausreichend Sauerstoff und Kleinstlebewesen sind. «Und die Pflanze, die daraus wächst, wird zum Symbol des beerdigten Menschen. Jeder, der eine Erinnerung haben möchte, kann sich einen Ableger in den Garten pflanzen. Ich finde, das ist ein harmonischer, fast schon romantischer Weg zurück zur Natur.» Es ist der Blick auf das Ende im Leben oder den Anfang nach dem Tod – das kann jeder für sich entscheiden.

Wo das erste Promatorium stehen wird, kann Susanne noch nicht sagen. Vielleicht in England, vielleicht in Südkorea. Sehr wahrscheinlich aber in Jönköping, 200 Kilometer östlich von Göteborg. In der größten Stadt Smålands wurde das Streichholz erfunden. Agnetha Fältskog, ein Viertel von *ABBA*, kommt dorther. Und nun könnte dort ein bestehendes Krematorium zu einem Promatorium umgebaut werden. In Schweden ist es möglich, Promession in das Bestattungsrecht zu integrieren, ohne die Gesetze groß ändern zu müssen. Und auch die katholische und die evangelische Kirche haben der neuen Bestattungstechnologie bereits ihren Segen gegeben. Mittlerweile ist Promession in über 30 Ländern patentiert, 30 weitere zeigen Interesse. Selbst Japan oder Indien, wo die Verstorbenen seit Jahrhunderten traditionell verbrannt werden, sind interessiert, weil sie wissen, dass Kremierung auf Dauer keine Lösung mehr sein kann.

Die Zeitverschiebung macht den Kontakt zu Lizenznehmern und Geschäftspartnern allerdings nicht einfach. Wenn Europa schlafen geht, stehen die Menschen in den USA und in Kanada auf. Dann gehen nacheinander Taiwan, China, Südkorea und Indien zur Arbeit. Und dann greifen auch schon wieder die ersten Europäer zum Hörer. Alle Drähte laufen auf einer kleinen schwedischen Insel zusammen. Susanne und ihr Mann sind rund um die Uhr auf Stand-by. 2005 bereits hatte Peter die Muschelzucht an den Nagel gehängt. Promessa war längst zu groß und zeitaufwendig geworden. Geldgeber finden, Vorträge halten, Technik entwickeln – die Hälfte des Jahres sind die beiden unterwegs. Und dann kehren sie zurück aus Seoul, Mexico City, London oder Johannesburg, zurück nach Lyr. Der Kontrast könnte kaum größer sein. Zwischen

Heckeschneiden, Blumenumtopfen und der Arbeit im Laden gibt Susanne dann Radiointerviews. Manchmal kommen auch Fernsehteams auf die Insel. Susanne hat schon viele Interviews gegeben. Wie viele, weiß sie gar nicht. Zurzeit sind es drei die Woche. Und es gibt Tage, an denen sie selber rätselt, woher sie die Energie nimmt. Dann fühlt sie sich wie die Hauptfigur in einer Romangeschichte, in der die alltäglichen Dinge aus dem Alltag verschwinden, in der die Heldin oder der Detektiv kaum etwas zu essen braucht und sich nie waschen muss, weil er die ganze Zeit nichts anderes tut, als an der einen großen Sache, an der Aufklärung des Falles zu arbeiten.

Susanne erzählt von einem Traum. Sie träumte, dass ihr Vater gestorben war. In seiner Jackentasche bewahrte er einen kleinen Zettel auf, darauf eine kurze Nachricht. Sein Letzter Wille: *Krematorium, danke!* «Das war natürlich ein Schock», erzählt sie. Noch am selben Tag fuhr sie zu ihren Eltern, um zu fragen, wie sie eines Tages bestattet werden wollten. Susanne war erleichtert, denn beide – bereits über 80 – hatten sich längst für die Erfindung ihrer Tochter entschieden. Ihr Vater starb 2006, ihre Mutter zwei Jahre später. Seither warten die Körper im Kühlraum des Krematoriums in Jönköping. Elf weitere warten mit ihnen. Die erste Frau war 2002 verstorben. Auch ihr letzter Wunsch: Promession. Und das schwedische Bestattungsgesetz sagt: Solange die Angehörigen sich nicht einigen können, wie beerdigt werden soll, müssen die Leichen aufbewahrt werden. «Jeder kann Verantwortung für die Umwelt übernehmen», sagt Susanne, «selbst nach seinem Tod.

Stattdessen behandeln wir unsere Leichen immer noch wie Sondermüll, der irgendwie entsorgt werden muss. Dabei könnten sie bestes organisches Material und Nahrung für die Erde sein. Die Menschen sind ja bloß die Spitze des Eisberges, dann kommen ja noch die ganzen Hunde, Katzen, Kühe und so weiter.» Susanne sagt, sie hätte auch kleiner anfangen können, mit Promatoren für den Haushalt, in dem Küchenabfälle gefriergetrocknet und zu Pulver verarbeitet werden könnten. Ideal für Städte, wo die Leute keinen Komposthaufen haben: Der Müll verliert 70 Prozent des Gewichts, stinkt nicht mehr und wird zu einem wertvollen Pulver, das man als Gartendünger verkaufen könnte. Organischer Hausmüll als Ressource. «Tolle Idee», sagt sie selbst, «doch mein Beitrag für eine bessere Welt ist ein anderer. Promessa hat ja weniger mit dem Tod zu tun als mit dem Leben, der Umwelt und der Zukunft.»

Und es hat mittlerweile auch sehr viel mit Geld und Macht zu tun. Die Bestattungsindustrie ist ein großes Geschäft, in dem es immer etwas zu verdienen geben wird. Erst recht mit einer Alternative, die ökologischer ist als die anderen. «Man muss aufpassen, dass man nicht von irgendwem geschluckt wird», weiß Susanne, «diese Sache ist viel zu groß und zu wichtig, sodass ich das kontrollieren möchte, da sonst die Gefahr besteht, dass etwas Schlechtes daraus gemacht wird. Ich will aber kein Geld damit verdienen und mache das auch nicht für mich oder für meine Eltern oder für Peter. Ich mache das für alle Menschen, für die ganze Welt.» Jedem anderen würde man wohl Ansätze von Größenwahn unterstellen, Susanne aber sagt das nicht wie jemand, der sich zurücklehnt und sich selbst gratulieren will. Sie sagt das auch nicht wie jemand, der dafür Anerkennung erwartet. Sie sagt es einfach. Denn vor einem steht eine Frau, die alles andere als größenwahnsinnig ist, die aber eine grandiose Idee hat, die vielleicht schon bald die Welt verändern wird – mehr nicht.

Einmal wurde Susanne bei einer ihrer Präsentationen gefragt, was sie so sehr daran glauben lässt, dass es Promession schon bald geben wird. Sie antwortete: «Ich habe mal in einem Buch gelesen, dass nichts so stark ist wie eine Idee, deren Zeit gekommen ist.»

Kilometer 18 182 **Ärzte, eine Axt und Arne**

Schweden ist ein tollwutfreies Land. Dass wir hier sind, haben wir einem deutschen, einem estnischen, einem finnischen und einem norwegischen Tierarzt zu verdanken. Es ist nicht ganz so einfach, mit Hund nach Schweden zu fahren. Dafür braucht man nicht nur einen blauen EU-Impfpass, einen Mikrochip mit Hundedaten unter dem Fell und Tabletten gegen Fuchsbandwurm, die unter Aufsicht gefressen werden müssen, was nicht länger als zehn Tage her sein darf. Man braucht auch eine Impfung gegen Tollwut und einen Bluttest, der die Bildung von Antikörpern nachweist. Dieser darf aber erst 120 Tage und spätestens 365 Tage nach der letzten Spritze gemacht werden. Der Deutsche hat geimpft, der Este Blut entnommen, der Finne den Test bestätigt und der Norweger die Tabletten gegeben. Und alles steht in Lockes Ausweis. Doch als ich den an dem kleinen schwedischen Grenzhäuschen vorzeigen wollte, war niemand da, der sich die vielen Unterschriften und bunten Stempel hätte angucken können.

Ich habe diese Reise lange geplant. Ich habe atmungsaktive Unterwäsche gekauft, eine Petroleumlampe für gemütliche Abende und eine Axt, um in den tiefen Wäldern Skandinaviens Brennholz zu hacken. Man möchte gut vorbereitet sein auf das Abenteuer. Und dann ist es wie so oft: Man hat einen Haufen Dinge, die man nie benutzen wird. Ich habe mir auch eine zweite Hupe einbauen lassen, die ich von hinten aus dem Bett per Knopf bedienen kann. Das ist meine Alarmanlage gegen allzu neugierige Menschen. Dreimal ist es mir auf früheren Reisen passiert, dass jemand sich am Bus zu schaffen machte, während ich drinlag. Dieses Mal werde ich alle paar Wochen aus Spaß hupen, um zu testen, ob sie noch geht. Denn ich habe ja Locke. Sie ist ein Hovawart, ein Hofhund. Und der Bus ist ihr Hof. Wer Locke kennt, hat keine Angst vor ihr. Wer Locke nicht kennt und sich dem Bulli nähert, könnte schnell Angst bekommen. Sie bellt nicht. Sie knurrt auch nicht. Es reicht der Blick: Sie starrt. Und sie ist groß. Und schwarz. Nur Japaner und Koreaner in großen Gruppen fürchten sich nicht vor ihr. Denn die haben das Foto-Gen, das alle Ängste vertreibt.

Nun sind wir auf dem Weg zu Arne. Er ist Fischer und lebt auf Ungskär, einer winzigen Insel an der Südküste. Acht Menschen wohnen dort. Lasse, ein Freund von Arne, hat zwei Bilder gemailt. Auf dem einen trägt Arne eine rote Wollmütze. Auf dem zweiten steht er in seinem Fischerboot, das sehr klein wirkt, weil er so ein stämmiger Kerl ist. Alles an ihm scheint groß zu sein, der Kopf, die Nase, vor allem der schwarze Vollbart. Arne muss bereits bärtig auf die Welt gekommen sein. Er sieht aus wie Bud Spencer. Er ist ihm wie aus dem Gesicht geschnitten. Er könnte sein Sohn sein. Oder sein Double. Oder beides. Ich habe einen Freund, der mal als Statist in einem Bud-Spencer-Film in Mexiko dabei war. Der hat erzählt, dass der Meister der senkrechten Faustschläge und Doppelbackpfeifen sehr nett ist. Aber das ist eine andere Geschichte. Arne jedenfalls hat vor einiger Zeit eine Flaschenpost gefunden. Er hat sie in seinem Netz aus der Ostsee gezogen. Thomas aus Sassnitz hatte sie geschickt. Auch Biruta Kerve aus Lettland hatte am Strand eine Nachricht von Thomas gefunden. Und das ist die Verbindung: Ich treffe eine Frau in Lettland, die mir eine Flaschenpost aus Deutschland zeigt, deren Absender mir von einem Fischer aus Südschweden erzählt. Manchmal ist es schön, sich von zufälligen Begegnungen leiten zu lassen. Ich bin gespannt, was Arne für ein Mensch ist. Ich glaube, er ist ein großer Schweiger. Vielleicht habe ich aber auch zu viele Bud-Spencer-Filme gesehen und vergleiche ihn schon jetzt zu sehr mit dem Original.

10

DÄNEMARK Das Ufo ist gelandet

Jedes Jahr pilgern 100 000 Menschen nach Roskilde, um eines der ältesten Musikfestivals zu feiern. Neun Tage Exzess, neun Nächte Ekstase. Wer einmal dort war, will immer wieder hin – wie Aage Gad Johansen, der seit 1977 kein Jahr verpasst hat.

Der Teufel ist eingeschlafen. Er hat Arme und Beine weit von sich gestreckt, ruht unter seinem roten Umhang auf der Erde und schnarcht. Der Dreizack liegt neben dem Gehörnten im Gras. Daneben sitzen zwei Engel in weißen Gewändern und rauchen einen Joint. Ihre Flügel wackeln im Wind. Süßlich harzige Wölkchen dampfen in den Nachmittagshimmel. Eine blonde Frau bleibt stehen und betrachtet das Trio. Sie sagt: «Das Gute hat gewonnen.» Einer der Engel nickt: «Ja, so scheint es, aber das Böse schläft nur.»

Zwei Männer haben sich als Kühe verkleidet. Nun saugen sie gegenseitig an ihren biergefüllten Eutern. Seifenblasen tanzen durch die Luft. Eine Gruppe Teddybären trifft auf eine Horde Bananen. Bären und Südfrüchte tanzen wild durcheinander. Eine der Bananen hat einen gegrillten Schweinekopf auf einen Besenstiel gesteckt und reckt das Zepter wie ein Stammeshäuptling in den Himmel. Ein zwei Meter großer, breitschultriger Kahlkopf – freier Oberkörper, komplett tätowiert – stellt sich einem bunt gekleideten Mann in den Weg. «Stopp!» Erschrocken bleibt sein Gegenüber stehen. Der Hüne: «Möchtest du eine kostenlose Umarmung?» Der Bunte: «Ja, warum eigentlich nicht!» Die Männer umarmen sich. Zwei Mädchen lassen durch einen Trichter, an dem ein langer Schlauch hängt, Bier in sich hineinlaufen. Ein dicker Mann mit sonnenverbranntem Körper und rotem Vollbart geht vorbei. Er trägt eine Sonnenbrille und eine Windel, sonst nichts. Eine junge Dänin, deren Hemd der Farbexplosion eines LSD-Rausches nachempfunden zu sein scheint, stellt fest, dass die Luft heute irgendwie anders schmeckt. Sie spitzt ihre Lippen und atmet tief ein, kaut dann ein wenig herum und sagt: «Lakritze.» Einer verbrennt seine unbezahlten Rechnungen. Ein anderer brüllt unentwegt wie ein Untoter auf der Suche nach seinem Grab. Es gibt keinen Grund, er will einfach schreien. Vor einem Wohnwagen sitzen sechs nackte Schweden und grillen. Drei Schlammwesen wälzen sich kichernd im Matsch. Später wird man sie wiedersehen, wie sie als lebende Tonfiguren durch die Gegend hüpfen.

«Roskilde ist ein Monster», sagen die Menschen, die mal dort gewesen sind. Sie meinen nicht die Stadt: Am Rande der gleichnamigen Kleinstadt, rund 40 Kilometer westlich von Kopenhagen, findet jedes Jahr das größte Musikfestival Nordeuropas statt. Neun Tage Exzess, neun Nächte Ekstase. Freakshow, Maskenball, Kindergeburtstag, Zirkus und Rockkonzert zugleich. Es kann berauschend und bezaubernd, verstörend und erschreckend sein, wenn über 100 000 Menschen die zeitweilig fünftgrößte Stadt Dänemarks gründen. Musik ohne genervte Nachbarn. Drogen ohne Strafe. Sex ohne gemeinsames Frühstück. Rituale ohne Religion. Es tobt ein Leben ohne Alltag und Tabus. Vulgär und schrill. Strapaziös und phantastisch. Die Leute entfesseln sich und versinken selbstvergessen im Rausch. Die Grenze zwischen Phantasie und Wirklichkeit verwischt. Roskilde ist wie ein gigantisches Theaterstück mit 100 000 Hauptrollen. Nüchtern sind hier bloß die Zahlen: 80 000 Besucher. 45 000 Zelte. 25 000 ehrenamtliche Helfer. 2500 Journalisten. 3500 Kilometer Toilettenpapier. 170 Bands. Sieben Bühnen. Es gibt eine eigene Tageszeitung, einen Radiosender, Kino und Theater, Supermärkte, Apotheken und einen eigenen

Bahnhof. Eine Oase der Vielfalt auf eineinhalb Quadratkilometern. Und die Bevölkerungsdichte des verrückten Partyplaneten ist höher als in Megastädten wie Shanghai, Mexico City oder in den Slums von Kalkutta.

Es riecht nach verschwitzten Menschen, Grillwurst und Bier. Es stinkt nach Urin, Müll und frisch Erbrochenem. Es schmeckt nach Staub. Die Schlangen vor den Toiletten sind lang. Das Essen kommt aus der Dose. Und überall sieht man glückliche Gesichter – die Leute lieben diesen Ausnahmezustand, weil sie wissen, dass er nicht von Dauer sein wird. «Es gibt ein Leben vor und ein Leben nach Roskilde», sagt Aage Gad Johansen, «doch wer einmal hier war, will immer wieder hin.» Kaum einer weiß das besser als Aage, seit 1977 kommt er jedes Jahr. Er sitzt in einem Campingstuhl vor seinem Zelt, das mit bunten Fabelwesen und einigen hundert Bandnamen bemalt ist. *Santana. Black Sabbath. Dead Kennedys. The Cure. The Ramones. Depeche Mode. Metallica.* Bands, die alle in Roskilde gespielt haben. Bands, die Aage – Spitzname «Ufo» – alle gesehen hat. Sein Zelt ist das älteste auf dem ganzen Gelände. 1971 war sein Schwager mit dem alten Ferienzelt der Eltern auf das erste Roskilde Festival gefahren. 10 000 Besucher. 30 Kronen Eintritt, was heute knapp vier Euro wären. Es war das erste Open Air Dänemarks, inspiriert durch die Hippiebewegung und legendäre Festivals wie *Monterey, Woodstock* oder *Isle of Wight.*

Aage sagt: «Das Zelt hat kein Jahr in Roskilde verpasst. Könnte es sprechen, es würde die tollsten Geschichten erzählen.» Mit einem dicken Filzstift hat er die Jahreszahlen auf die Stoffwand gemalt. *1977* zum Beispiel: Aage ist 13 und das erste Mal auf dem Festival. Seine Eltern wissen nichts davon, seine drei Jahre ältere Schwester Marian hat ihn mitgenommen. Nie zuvor hat er Musik so laut gehört. Nie zuvor hat er etwas so Aufregendes erlebt. Hippies sitzen im Kreis und rauchen Haschisch. Nackte Menschen tanzen zu *John Miles* und *Dr. Feelgood.* «Alle waren euphorisch und glücklich, es herrschte eine unglaubliche Energie.» Und für Aage ist schnell klar: Er will dieses Gefühl noch einmal erleben. Ein Jahr später ist er wieder da, dieses Mal mit einem Freund. Es ist der Abend des 1. Juli 1978 um kurz nach halb zehn. 30 000 Menschen warten auf *Bob Marley and The Wailers.* «Die Band», erzählt Aage, «war eine halbe Stunde zu spät. Also haben wir angefangen zu rufen. Ich: ‹Bob.› Mein Freund: ‹Marley.› Immer abwechselnd.» Einige Hundert stimmen mit ein, dann Tausende, minutenlang. Und dann kommt Bob Marley auf die Bühne, der Reggae-Bass beginnt zu spielen, und die Band eröffnet mit *Positive Vibration* das Konzert. Aage sagt: «In diesem Augenblick habe ich mich in Roskilde verliebt.»

1980 schenkt sein Schwager ihm das Zelt. 30 Jahre später baut Aage es noch immer auf, mittlerweile unter einem weißen Pavillon, da es den Regen nicht mehr verträgt. Ein Zelt für das Zelt sozusagen. Aage weiß nicht, wie oft er es schon flicken musste. Aber er weiß, dass es zu einem Teil des Festivals geworden ist. Und es hilft ihm dabei, sich an großartige Konzerte zu erinnern: *Santana* (1980). *U2* (1982). *The Clash* (1985). *Iggy Pop* (1991). *Kraftwerk* (1998). *Tool* (2001). *Roger Waters* (2006). Das Jahr 2000 hat er mit einem schwarzen Filzstift und etwas größer auf die Zeltwand geschrieben. Es ist das Jahr, als neun junge Männer beim Auftritt der US-Band *Pearl Jam* vor der Hauptbühne zu Tode gequetscht werden. Durch den Druck der zur Bühne drängenden Massen stürzen sie und liegen am Boden. Panik entsteht. Sie schaffen es nicht mehr aufzustehen. Sie ersticken. Neun junge Birken in Sichtweite der Bühne erinnern seither an den traurigsten Tag der Festivalgeschichte. In der Mitte der Bäume steht ein großer Feldstein mit einer Inschrift: *... how fragile we are.*

Aage lebt in Kokkedal, einer Vorstadt nördlich von Kopenhagen. Früher hat er dort in einer Brauerei gearbeitet. Heute ist er Frührentner. Von Geburt an ist seine Hornhaut geschädigt. Im Alter von 18 diagnostizieren ihm die Ärzte, in sechs bis acht Jahren blind zu sein. Doch eine Operation kann das Schlimmste verhindern. Jetzt trägt er eine Brille mit starken Gläsern, mit dem rechten Auge kann er fast alles scharf sehen. Mit dem linken blickt er wie durch eine Milchglasscheibe. «Zum Arbeiten langt das nicht», sagt er und grinst. Und wenn Aage grinst, wirkt das immer ein bisschen wahnsinnig. Dann sieht er aus wie einem Comic entsprungen. Er hat sehr große, sehr schiefe Schneidezähne, einer wackelt, wenn er mit der Zunge dagegen kommt. Seine braunen, zerzausten Haare lugen unter einem schwarzen Schlapphut hervor, an den er allerlei Amulette und Symbole gesteckt hat: den Hindu-Gott Shiva, Yin & Yang, ein Hanfblatt aus Zinn. Das ist sein Festivalhut, er trägt ihn nur in Roskilde. «Wie man vieles nur in Roskilde tut», sagt Aage, «das ist ein anderes Leben hier.»

Ein Leben, das nicht weniger gut vorbereitet sein muss. Das *Camp Ufo Aage* gibt es seit Mitte der neunziger Jahre. Aage hat es damals gegründet. Mittlerweile sind es fast 50 Leute, die jedes Festival miteinander verbringen. In diesem Jahr haben sie ein zehn Meter hohes Windrad aufgebaut, um ihren Strom selber zu erzeugen. Monatelang haben sie geplant. Nun kann jeder kommen und für ein paar Kronen sein Mobiltelefon oder die Batterien für den CD-Player aufladen. Das Geld wollen sie spenden. *Creative Camping* nennen Aage und seine Freunde das. Und auch viele andere Camps bereiten ihre Tage in Roskilde ähnlich gewissenhaft vor: Das Camp *Where is Holger?* besteht aus 20 Männern und Frauen. Alle tragen rot-weiß gestreifte Hemden, Pudelmützen und schwarzrandige Nickelbrillen. Sie sehen aus wie der Junge in den Kinderbüchern, der sich auf jedem Bild im Gewimmel großer Menschenmengen versteckt und gefunden werden muss. In Dänemark heißt er *Holger*, in

Deutschland *Walter*. Das *Brides' Camp* veranstaltet pausenlos Massenhochzeiten in Brautkleidern – «wir werden das ganze Festival heiraten», ruft eine der Bräute. Eine andere Gruppe hat Bauhelme mit Grubenlampen auf dem Kopf. Sie wollen einen Tunnel von ihrem Zeltplatz bis vor die Hauptbühne graben. Und das fünfköpfige *Simpsons Camp* kostümiert sich als gelbe Fernsehfamilie und lässt jeden Tag das Los entscheiden, wer *Homer, Marge, Bart, Lisa* oder *Maggie* spielen darf.

Roskilde schläft nie richtig, zwischen sechs und neun am Morgen aber erholt sich das Monster etwas. Es ist wie eine kurze Ohnmacht. Dann gibt es Momente, in denen die reale Welt und der absurde Mikrokosmos sich kurz begegnen. Wenn die Kirchenglocke aus der Stadt zu hören ist. Wenn die Möwen die menschenleere Fläche vor der Hauptbühne zurückerobern. Wenn Menschen duschen gehen. Im nächsten Augenblick aber kann es schon wieder passieren, dass das Monster erwacht und sich von seiner primitivsten Seite zeigt, wenn dein norwegischer Nachbar, der eine Wette verloren hat, auf seinen Frühstückstisch kackt und lauthals «Norge» brüllt. Zum Glück kann es aber auch passieren, dass ein anderer Nachbar dich zum Frühschoppen einlädt und du den ganzen Vormittag diskutierst, ob es einen fühlbaren Unterschied zwischen «schwer angetrunken» und «total besoffen» gibt. Und dann hält Roskilde auch wieder die vielen wunderbaren Geschichten bereit, für die man es liebt: An einem regnerischen, kalten Festivaltag fragt eine Frau einen Polizisten, ob er sie verhaften und in eine trockene, warme Zelle bringen würde, wenn sie ihm jetzt die Mütze vom Kopf klauen würde. Der Beamte schaut die Frau an, nimmt seine Dienstmütze und reicht sie ihr: «Die können Sie haben, aber die Zellen sind alle schon voll.» Oder: Acht Dänen spielen betrunken Fußball. Der Ball landet nun schon das zweite Mal im Frühstück einer in Schwarz gekleideten Frau, die vor ihrem Zelt sitzt. «Sorry, sorry», ruft einer der Männer, holt das runde

Leder und läuft lachend davon. Als der Ball erneut zwischen Brot und Käse einschlägt und den gefüllten Kaffeebecher umwirft, nimmt die Frau ein Messer. «Sorry, sorry», sagt sie und wirft den zerstochenen Ball zurück. Oder: Ein stämmiger Schwede erzählt, wie er als Soldat in Afghanistan war. Er erzählt, wie er Menschen sterben sah. Er erzählt, wie er nachts nicht mehr schlafen kann, weil die Schuld ihn auffrisst. Er beginnt zu weinen. Drei Freunde nehmen ihn in den Arm. Sie weinen gemeinsam. Es ist ein schöner, trauriger Augenblick.

Auf Festivals sind sich alle nah, näher als im echten Leben. Es ist eine kurzlebige, intensive Gemeinschaft, alles verschmilzt zu einem großen Ganzen. Und wenn man den Besuchern in Roskilde zuhört, merkt man, dass es die überwältigenden Gefühle sind, die alle teilen, die aber nur schwer zu beschreiben sind. «Es ist wie ein Leben an der langen Leine», sagt Kenneth aus Los Angeles, der das fünfte Mal in Roskilde ist. «Es geht sozialer und solidarischer zu als im Alltag, man hilft sich gegenseitig», sagt Gerd aus Hamburg, der seit 1982 dabei ist und die bunten Eintrittsbänder, die sich über die Jahrzehnte angesammelt haben, wie Trophäen um seine Handgelenke trägt. «Alle brechen aus und lassen sich treiben. So ein Festival ist wie eine Massentherapie, es zeigt dir deine Komplexe und Sehnsüchte», glaubt Alex aus Alterswil in der Schweiz, dass die Tage des Rausches auch gut als Psychogramm taugen können. Und Linda aus Göteborg sagt: «Wenn ich in Roskilde bin, spüre ich das Leben, weil nichts anderes als der Moment zählt.»

Aage holt jetzt tief Luft, als würde er sich auf einen langen Tauchgang vorbereiten, dann schüttelt er den Kopf. «Roskilde ist Roskilde», sagt er, «das kann man nicht erklären, man kann es fühlen. Und wenn ich wüsste, wie man dieses Gefühl kopieren könnte, wäre ich längst Millionär.» Seit Jahren sind die Veranstalter auf der Suche nach den passenden Worten für das, was jedes Jahr geschieht. Irgendwann haben sie es *Orange Feeling* genannt – die größte Bühne, vor der bis zu 60 000 Menschen Platz finden, wird von einem orangefarbenen Zelt überspannt, das seit 1978 Wahrzeichen und Logo des Festivals ist. Es gibt nicht viele Musik-Open-Airs, denen ein Ruf vorauseilt, deren Name einem Versprechen gleicht – *Glastonbury* in England, *Sziget* in Ungarn oder *Wacken* in Schleswig-Holstein gehören dazu. Und der durch Sex und Drugs angereicherte Rock-'n'-Roll-Dreiklang war auch den Veranstaltern von Roskilde nie genug. Sämtliche Überschüsse werden an soziale Einrichtungen wie Jugendzentren oder Kindergärten, an *Amnesty International,* die Welthungerhilfe oder *Ärzte ohne Grenzen* gespendet. Allein in 2010 waren das 2,3 Millionen Euro. «Das macht kein anderes Festival in Europa», sagt Aage.

Und dann erzählt er noch eine kurze, letzte Geschichte, die den Geist von Roskilde besser als viele Worte beschreibt: In über 30 Jahren hat Aage nur eine Schlägerei erlebt. Zwei nackte Männer rangen am Boden miteinander. 20 Minuten ging das so. Der Grund: Beide wollten, dass der andere sich etwas anzieht. Beide wollten der einzige Nackte sein.

Kilometer 19 261 **Land in Sicht**

Der Mann, den alle bloß «Fiede» rufen, stemmt seine Hände gegen rostiges Metall. Er schnauft, hat seine Seemannsmütze tief ins Gesicht gezogen. Er schwitzt in seiner wasserdichten Ölkleidung. Fünf Loren sind an diesem Morgen vor seiner geparkt – aus Holz und Stahl gebaute Fahrzeuge für vier Personen. Manche sehen aus wie geschrumpfte Loks und erinnern an die *Augsburger Puppenkiste* und die Abenteuer von Jim Knopf und Lukas, dem Lokomotivführer. Doch nun müssen die 500 Kilo schweren Minizüge nacheinander auf eines der beiden Nachbargleise rangiert werden. Fiedes Kopf läuft rot an vor Anstrengung. Auch die Weiche wird per Hand gestellt. Nach einer Viertelstunde ist der Weg frei. Er klettert auf seine Lore, setzt sich auf die Holzbank neben den Motor und reißt an einer Kordel. Scheppernd springt der Zweitakter an. Die Reise durch das Meer kann beginnen.

Entlang der Schienen sitzen Austernfischer und Meerstrandläufer. Sie warten darauf, dass die Ebbe das gehaltvolle Buffet im Watt eröffnet. Doch noch schlägt die Gischt über die Schienen, das Wasser steht bis an den Rand des Dammes, der daliegt wie ein Steg, als hätte er das Meer geteilt. Metall poltert auf Metall. Es ruckelt, wo zwei Gleisstücke von Nieten zusammengehalten werden. Das Tosen der Wellen und das Schreien des Windes werden vom monotonen Knattern des Acht-PS-Motors verschluckt, der einst in einem Rasenmäher steckte. «Andere fahren mit Motoren aus Kettensägen. Jeder baut seine Lore selbst», sagt Fiede, der mit seinem blonden Rauschebart, den buschigen Augenbrauen und seiner vom Wetter gegerbten Haut, in die Sonne und Wind beeindruckende Falten gegraben haben, tatsächlich wie ein naturverbundener Nordfriese aussieht.

Zehn Kilometer misst der einsame Schienenstrang zwischen Dagebüll, dem ersten Dorf am Festland, und der Hallig Langeneß, einem schmalen Fetzen Land mitten in der Nordsee, der wie eine lange Nase aussieht. Auf halbem Weg liegt Oland, eine weitere Hallig, wo 15 Häuser stehen und 20 Menschen leben. Alle sind auf ihre Loren angewiesen. Denn eine Fähre läuft Langeneß nur zweimal am Tag und Oland überhaupt nicht an. Pendler nutzen ihre kleinen Privatzüge, um zur Arbeit zu kommen. Andere zum Einkaufen und für Besuche beim Arzt oder bei Freunden. Es werden Möbel und Feriengäste transportiert. Denn wenn bei Nebel, Sturm oder Niedrigwasser keine Boote mehr fahren, fährt immer noch die Lore. Ganz nach Wind ist man in 45 Minuten hinterm Deich, wo die meisten ein Auto stehen haben, um mobil zu bleiben.

«Irgendwo da ist die Küste», ruft Fiede und deutet in die Dämmerung. Bei besserer Sicht kann er das Ziel seiner Reise schon bei Abfahrt erkennen. Das Sprichwort, dass bereits heute zu sehen ist, wer morgen zu Besuch kommt, müssen sich Leute aus Nordfriesland ausgedacht haben – so flach ist es, so wenig versperrt den Blick. Zehn Halligen gibt es auf der Welt, alle im Schleswig-Holsteinischen Wattenmeer. «Eine Insel hat Deiche, eine Hallig nicht», erklärt er den Unterschied, «eine Hallig wird überspült, eine Insel nicht.» So einfach ist das – wie vieles hier oben, wo klare Verhältnisse herrschen, wo alles mit dem Lineal gezogen zu sein scheint: die Küste, die Deiche, der rostrote Schienenweg, der einen in Gedanken bis hinter den Horizont reisen lässt. Nur ein bis zwei Meter liegen die Halligen über dem Meeresspiegel. Etwa 20-mal im Jahr werden sie bei Sturmflut überspült. Die Salzwiesen, der Fußballplatz und der Lorenbahnhof verschwinden dann. «Land unter» nennt man das hier oben im Norden. Einzig die Warften, die aufgeschütteten Erdhügel, auf denen die Häuser geschützt vor den Fluten stehen, ragen dann wie Trutzburgen der Einsamkeit aus der graublauen Nordsee. Dann müssen Schafe, Kühe und Loren auf den Höfen in Sicherheit gebracht werden. Dann schrumpft das Leben auf ein paar Meter zusammen und steht vollkommen still. «Dann sitzen wir fest», sagt Fiede. Und der «Blanke Hans», wie die stürmische Nordsee heißt, umarmt dich und lässt für Stunden nicht mehr los.

Es gibt nicht mehr viele Orte in Deutschland, wo Menschen bedingungslos den Launen der Natur ausgesetzt sind, wo das Meer jeden Schritt bestimmt, wo die Naturgewalten direkt vor der Haustür wüten und die eigene Winzigkeit einen ohnmächtig machen kann. Manch einer sagt, die Menschen von den Halligen seien sonderbar, eher einsilbig, gar einfältig, mit Macken und Marotten. Andere sagen, die Menschen vom Festland redeten zu viel. «Viel zu viel», sagt Fiede, der auf Langeneß geboren ist, wo etwas mehr als 100 Menschen leben, wo jeder jeden duzt und Geheimnisse nicht lange halten.

Doch nicht jeder ist gemacht für das Leben mitten im Meer, wo es schnell an Grenzen geht. Viele Zugezogene haben es versucht. Die meisten sind an der großen Stille, am ewigen Gleichlauf der Gezeiten gescheitert und zurück ans Festland geflüchtet. Für den einen sind die Halligen die letzte deutsche Wildnis, für den anderen eine einzige große Ödnis. Fiede sagt: «Wir haben viel Zeit zum Nachdenken.» Die Zeit bekommt eine andere Bedeutung, nicht auszudrücken in Stunden oder Tagen, eher durch den Rhythmus der Nordsee: Ebbe und Flut teilen sich den Tag auf. Das Wasser kommt und geht zuverlässig nach Fahrplan, kosmisch präzise. Die Gewissheit, dass man nichts daran ändern kann, lässt einen entspannter werden. «Man muss die Tide im Blut haben. Der Gezeitenkalender ist bei uns wichtiger als die Bibel.»

Da die Schienen zweimal am Tag bei Hochwasser vollständig überflutet sind und Fiede morgens meist als Erster rüberfährt, muss er besonders aufpassen. Er ist der «Postholer», wie man hier sagt. Seit über 30 Jahren schon bringt er den Leuten ihre Briefe und Pakete. Postleitzahlen 25863 und 25869. Oft aber versperrt auf den Damm geschwemmtes Treibgut den Weg – Schiffstaue, Holz oder die alten Netze der Fischer. Übersieht er diese, kann es passieren, dass die Räder aus der Spur springen und die Lore entgleist. «Eine Fahrt vergesse ich nie», erzählt Fiede. Vor über 30 Jahren war das: Eine Welle hatte seinen Motor außer Betrieb gesetzt. Alleine stand er in der Nordsee. Es stürmte und das Wasser stieg. «Das war es dann wohl», dachte er damals, doch zum Glück hatte er Rückenwind. Er konnte gerade noch nach Hause schieben, bevor die See ihn schluckte.

Seit mehr als 80 Jahren sind die Gleise die Nabelschnur zum Festland. Und die Menschen von den Halligen sind froh, dass es keine komfortablere oder schnellere Verbindung gibt. «Dann wäre es auch schnell vorbei mit der Ruhe bei uns», sagt Fiede und stellt den Motor aus. Land in Sicht. Die Lore rollt scheppernd am Langeneßer Bahnhof ein. Zwei Kisten mit Briefen, einige Pakete und Tageszeitungen an Bord. Hier enden die Schienen an einem Prellbock. «Endstation Langeneß», ruft Fiede. Das macht er oft, wenn er nach Hause kommt. Kein Mensch steht am Bahnhof, der ihn hören könnte. Niemand wartet, um ihn abzuholen.

IM SÜDEN

Europäisches Nordmeer
Nordsee
Ostsee
Atlantischer Ozean
Mittelmeer
Adria
Norwegen
Schweden
Finnland
Estland
Lettland
Litauen
Dänemark
Großbritannien
Irland
Nieder-lande
Belgien
Deutsch-land
Polen
Tschechien
Slowakei
Österreich
Schweiz
Frankreich
Italien
Portugal
Spanien
1
2
3
4
5
6
7
8
9
10
11
12
13
14
15
16
17
18
19
20
21
22
23
24
25
26
auf die Kanarischen Inseln

11

FRANKREICH Im Namen der Schote

Im Südwesten Frankreichs wächst ein einzigartiger Chili: «Piment d'Espelette» – das pikante Herz der baskischen Küche. Stolze Chilibauern wie André Curutchet lieben das Gefühl, wenn die Schote zurückbeißt. Sie sagen: «Diese Frucht steht für unser ganzes Volk.»

An diesem Tag hängen die Wolken wie schmutzige Laken am Himmel. Sie drängen sich so dicht aneinander, als ob ihnen kalt ist. Manch bleigrauer Bauch wölbt sich bis auf die Hügel hinunter, die hier zwischen Atlantik und Pyrenäen noch so sanft geschwungen und voller Felder sind. Nur vereinzelt sind ein paar Höfe in Sicht. Manchmal reißen die Schüsse der Jäger Löcher in die Stille, wenn sie Ringeltauben und Rebhühnern auflauern. Meist aber sind nur die Glocken der Schafe zu hören, die aus der Ferne auf den satten Wiesen wie weiße Flusen auf einem grünen Wollpullover aussehen. Es ist einer der letzten Erntetage. André Curutchet steht auf seinem Acker und wischt sich den Schweiß aus dem Gesicht. Er hat es eilig, vor dem ersten Frost muss die letzte Schote gesammelt sein. Auch seine Tochter Virginie, der Schwiegersohn und ein Freund helfen mit. In schnurgeraden Reihen wachsen die fleischigen Früchte, die längst so schwer sind, dass die Pflanzen an mancher Stelle durchhängen und mit Holzpflöcken gestützt werden müssen. Ein mit Strom geladener Draht auf Knöchelhöhe rahmt das kleine Feld ein und soll vor den gefräßigsten Feinden schützen: Kaninchen. «Sie lieben es scharf», sagt André.

André, Jahrgang 1943, ist Chilibauer – nicht in Mittelamerika oder Asien, sondern im Südwesten Frankreichs. «Im Westen der

Atlantik, im Osten die Pyrenäen, im Süden Spanien, im Norden Frankreich», wird André genauer, «dazwischen wir, Euskadi», wie die Basken ihr Land am Golf von Biscaya nennen. Gut eine halbe Stunde südöstlich des sonnenverbrannten Badeortes Biarritz liegt das Örtchen Espelette, wo keine 2000 Menschen leben und das mit seinen mit Kalkmilch geweißten Steinhäusern, den roten Ziegeldächern und den dunkelbraunen Fensterläden und Holzbalkonen so typisch für die baskische Provinz Labourd ist. Das Wappen des Dorfes ziert eine rote Schote auf weißem Grund. Denn Espelette ist die Heimat einer ganz besonderen Würze, des pikanten Herzens der baskischen Küche: *Piment d'Espelette*, einer weltweit einzigartigen Chilisorte.

André ist ein kleiner Mann mit einer eher sanften Stimme, kommt er aber auf seine Schoten zu sprechen, wird es schlagartig laut. Der gesamte Körper ist nun in Bewegung. Seine Hände wirbeln durch die Luft, wenn er ihre Form beschreibt. Seine Worte sind voller Leidenschaft, wenn er ihre Farbe mit den «Lippen einer wunderschönen Frau» vergleicht. «Unsere Schoten sind freundlich», sagt er. Denn der Chili der Basken ist lange nicht so scharf wie seine indische oder mexikanische Verwandtschaft. Bei Gourmetköchen ist *Piment d'Espelette* für seine aromatische Note beliebt. «Wir nehmen ihm die Schärfe», erklärt André. Denn sind die zinnoberroten Früchte, die bis zu 14 Zentimeter lang werden können, erst einmal geerntet, getrocknet und zu Pulver zermahlen, verlieren sie an Bissigkeit. Je länger sie trocknen, desto mehr entwickeln sie ihr komplexes Aroma. Das rotorange Pulver duftet fruchtig-süß nach Tomaten und Paprika und leicht rauchig nach gebratenen Bohnen, frisch gemähtem Heu und getoastetem Brot. Im Mund entfaltet sich das Prickeln erst langsam, wird aber nie böse. «Alle Sinne werden verführt», schwärmt André, für den *Piment d'Espelette* viel mehr als ein Gewürz ist. Er ist das tiefrote Symbol für die Einzigartigkeit der baskischen Kultur. Seeleute brachten

Mitte des 17. Jahrhunderts die Pflanze aus Mexiko mit nach Frankreich. Doch nur in Espelette und Umgebung fand die Feuerfrucht das ideale Klima, leicht säurehaltige Böden, eine hohe Luftfeuchtigkeit durch die Nähe zum Atlantik und ausreichend warme Sommertage.

«Diese Frucht steht für unser ganzes Volk», sagt André, der mit seiner schwarzen Baskenmütze und dem, was er sagt, so vortrefflich das Klischee des stolzen Basken bedient. Er spricht viel von Treue und Tradition. «Ein Baske verkauft sein Haus und sein Land nicht», sagt er zum Beispiel. Also überlegte er damals, was auf dem seit Jahren brachliegenden Familienacker geschehen sollte, den er als ältester Sohn geerbt hatte. Fast 40 Jahre hatte er als Entwickler für landwirtschaftliche Maschinen gearbeitet. Auf seine alten Tage wollte er noch einmal etwas anderes versuchen, sagt er. 2002 entschied er sich für den Anbau des milden Scharfmachers. Und obwohl er mit einer halben Tonne pro Jahr zu den Kleinproduzenten zählt, ist seine Ware begehrt. Die Qualität ist hervorragend, die Lage seines schmalen Streifens – eines Südhangs mit viel Sonne – optimal. Der Chili braucht es warm und trocken, er muss lange reifen. Er sagt: «Grün sind die Hügel, weiß sind unsere Häuser, und rot sind die Schoten – das sind die Farben des Baskenlandes.»

Laurent Bessouat trägt ein T-Shirt, auf dem ein übergroßer Chili mit einem lustigen Gesicht gedruckt ist. *Made in Espelette,* sagt die Schote in einer Sprechblase. Auch Laurent – Jahrgang 1976 – könnte das sagen, auch er ist in Espelette geboren. Der Vater seines Vaters hat schon *Piment d'Espelette* gepflanzt. «Bei uns im Norden ist es das wichtigste Lebensmittel», sagt er, «es hat den schwarzen Pfeffer ersetzt.» Wenn die Menschen in Espelette vom Norden sprechen, meinen sie den französischen Teil, erzählen sie vom Süden, ist von der spanischen Seite des Baskenlandes die Rede. Beide Seiten träumen davon, eine vereinte Nation zu sein. In Frankreich aber macht man sich der Basken wegen keine großen Sorgen. Zwar fordern sie die Unabhängigkeit der drei Provinzen Soule, Basse-Navarre und Labourd. Doch verglichen mit ihren unruhigen Brüdern und Schwestern auf spanischem Gebiet, sind sie eine stille Minderheit. Laurent sagt: «Der Süden hat uns lange Probleme bereitet.» Denn auch in Spanien wächst Chili. Auch wenn dieser nicht so schmackhaft wie der französische Nachbar ist, hat man ihn dort noch bis in die späten neunziger Jahre unter dem Namen Espelette verkauft. «So war an Qualität nicht zu denken. Alles wurde zu billigen Preisen auf den Markt geschmissen», blickt der junge Landwirt zurück, «wir standen kurz vor dem Aus.»

Drei Buchstaben haben geholfen, das Problem zu lösen: Seit *Piment d'Espelette* im Jahr 2000 das nationale Markenschutzsiegel *AOC* erhalten hat, das für *Appellation d'Origine Contrôlée* steht, ist die Schote reif, auch finanziell ein Erfolg zu werden. Lange haben Laurent und seine Kollegen dafür kämpfen müssen. Fast zwei Jahre hat es gedauert, bis die Qualitätsmerkmale der eigenen Sorte festgelegt und durchgesetzt waren. Nun gilt der baskische Chili als Spezialität, der Name ist geschützt. Es gibt strenge Auflagen für Herkunft, Anbau und Verarbeitung. Wie der Champagner aus der Champagne und der Roquefort-Käse aus der Umgebung des Dorfes Roquefort-sur-Soulzon kommen muss, darf *Piment d'Espelette* nur in Espelette und neun weiteren Dörfern der Region so genannt werden. Anfang Mai werden die im Gewächshaus gezogenen Setzlinge gepflanzt, frühestens im August beginnt die Ernte, die bis in den November dauern kann. Wie leuchtend rote Teppiche sehen die Früchte aus, wenn sie auf Drahtböden verteilt mindestens 15 Tage zum Trocknen ausgelegt und per Hand von den Stielen befreit werden. Die Restfeuchte wird im Ofen entzogen, erst dann zerreibt man die nun rotbraunen Schoten zum beliebten Feinschmeckerpulver. Aus acht Kilogramm frischem Chili werden ein Kilo Puder. Die Bauern beliefern Restaurants, Supermärkte und

Hobbyköche, die für ein Gläschen mit 50 Gramm fünf bis sechs Euro zahlen.

Laurent sitzt an einem Tisch aus massivem Eichenholz in der Küche seines Hofes. Er schiebt frisch gepflückte Schoten zu Häufchen zusammen. Jeder Haufen steht für ein Jahr, jede Schote für eine geerntete Tonne. Hier das Jahr 2000 mit insgesamt sieben, dort das Jahr 2008 mit 69 und 2009 mit 98 Früchten. «Die letzten Jahre waren gigantisch», sagt er, «die Produktion ist regelrecht explodiert.» Nie hat es mehr Chilibauern gegeben, nie ist die Nachfrage größer gewesen. Waren es Mitte der neunziger Jahre kaum mehr als 20 Produzenten, sind es heute über 160. Darunter viele junge, die die Höfe ihrer Eltern übernommen und die Betriebe umgestellt haben. In Zeiten, da allein mit Viehzucht und Milchwirtschaft nicht mehr zu überleben ist, geht der Trend zurück zu den Wurzeln, zurück zum Chili. «Manch einem retten die Schoten nun den Hof», weiß Laurent, der seit 1996 dabei ist. Allein auf seinen Feldern erntet er jedes Jahr rund 40 Tonnen. Niemand produziert mehr als er. Und vielleicht wäre heute kein Chilibauer mehr übrig, wenn er und die anderen nicht so einen langen Atem bewiesen hätten. «Vielleicht», sagt er, der stolz darauf sein könnte, dem Chili zu einer Renaissance verholfen zu haben. Er ist aber ein Mann, der das nie zeigen würde. «Noch sind wir ganz am Anfang, irgendwo zwischen Trend und Tradition», sagt er, «selbst in Frankreich wissen noch immer viele nicht, dass bei uns etwas ganz Besonderes wächst.» Während er erzählt, ist seine Großmutter mit ihrem von tiefen Falten durchzogenen Gesicht hinter einer Zeitschrift abgetaucht. Hinter der Titelseite mit dem Gesicht der französischen Präsidentengattin Carla Bruni-Sarkozy sagt sie: «Für viele sind wir die Leute mit der Mütze, wenige wissen mehr über das Baskenland.» Auch wenn sie längst etwas schwerer hört, scheint sie das Gespräch die ganze Zeit aufmerksam verfolgt zu haben. Für einen kurzen Augenblick lässt die weit über 90-Jährige noch einmal ihre Bruni-Maske sinken: «Hören Sie mal, unser Piment d'Espelette ist schon immer exzellent gewesen. Und nun sorgen unsere Kinder dafür, dass er die Aufmerksamkeit bekommt, die er verdient. Es ist ein stolzer Chili. Schreiben Sie das!» Sie liest weiter, als ob sie nie etwas gesagt hätte.

Am Dorfeingang von Espelette / Ezpeleta stehen für gewöhnlich zwei Ortsschilder, eines auf Französisch, eines auf Euskara, der baskischen Sprache, die als eine der ältesten Europas gilt. Das französische Schild aber ist verschwunden. Vor langer Zeit soll es jemand abgeschraubt und per Post nach Paris geschickt haben. Einige Meter weiter die Hauptstraße entlang sind große weiße Buchstaben an die verwitterte Bretterwand einer Scheune gemalt: *EUSKAL HERRIA EZ DAGO SALGAI!!!* Das Baskenland ist nicht zu verkaufen. Die Dörfer des Hinterlandes sind lange unberührt geblieben vom Tourismus. Der Gedanke, sich Urlaubern des Geldes wegen zu unterwerfen, hat vielen nicht gefallen. Heute leben sie vom Chili und von den Besuchern. Einmal im Jahr, immer am letzten Wochenende im Oktober, putzt sich Espelette sogar besonders heraus. Die Bauern feiern sich selbst und die Arbeit einer ganzen Saison, die *Fête du Piment*. Chilifans und Gourmets aus halb Europa schieben sich massenweise durch die engen, mit Naturstein gepflasterten Gassen. 20 000 Menschen in zwei Tagen – das Dorf sieht Rot.

Die Straßen sind schon am Morgen zugeparkt, die wenigen Unterkünfte seit Monaten ausgebucht. An den Dachsparren der Häuser baumeln Girlanden aus frischen Schoten zum Trocknen. Die schönsten Früchte, makellos in Form und Farbe, werden als Zöpfe zu je 20 Stück an den Ständen verkauft. Es gibt Chili als Pulver, Gelee oder Püree, in Käse, Schokolade, Senf, Apfelmus und sogar im Espresso. Und Szenen wie diese passieren auf dem Erntefest immerzu: Ein Mann tritt an einen der Stände und kündigt vollmundig an, dass die Schärfe ihm nichts anhaben werde. Beherzt beißt er in eine der Schoten. Es dauert nicht lange, bis der Chili zurückbeißt und das Feuer des Baskenlandes zu brennen beginnt. Seine Zunge steht schon in Flammen. Der Schmerz frisst sich weiter den Rachen hinauf in die Nebenhöhlen, bis dem Mann die Tränen in die Augen schießen und die Nase zu laufen beginnt. Er schnauft und schnappt nach Luft. «Tja», kommentiert der Verkäufer knapp, «so sind sie, die Übermütigen.» Die oberste Regel sollte man besser nicht außer Acht lassen, sagt er: Nie in eine frisch gepflückte, rohe Schote beißen! Für nicht abgehärtete Gaumen sind das die Finger des Teufels, wie er es nennt. Dann klopft er seinem Gast auf die Schulter und reicht ihm eine Schale mit kaltem Joghurt, der den Brand schon bald löschen wird.

Ein Stückchen weiter den Hügel aufwärts hat André die letzte Kiste mit Schoten gefüllt und in seinen Kastenwagen geladen. Er ist müde, seine Schuhe sind staubig, seit Tagen hat es nicht geregnet. Doch nun hat der Wind aus Westen geweht und neue Wolken vom Atlantik mitgebracht, die das Grün der Hügel verblassen lassen. Es ist einer dieser Momente, in denen es von der einen auf die andere Sekunde anders riecht. Jetzt riecht es nach Meer. Die ersten Tropfen fallen wie in Zeitlupe, dann bricht das Gewitter los und verwandelt den steilen Acker in schlammige Rinnsale. Neben seiner Mütze hat ein Baske immer auch einen Schirm dabei, erzählen die Basken, «damit die Mützen auf unseren Köpfen keine Wurzeln schlagen», sagt André und lacht. Eigenwillig sind sie, die Menschen im französischen Südwesten, und stolz darauf, ganz anders zu sein als der Rest des Landes. «Wir sind wie unser Chili», sagt André, «auch den gibt es nirgends sonst auf der Welt.»

Kilometer 24 658 **Galicien**

Die Sonne scheint, doch darauf kann man sich nicht verlassen in Galicien, der wetterlaunischen Provinz in Spaniens Nordwesten. Im nächsten Moment kann es stürmen, dann die Welt untergehen. Corme, das Fischerdorf 100 Kilometer westlich von La Coruña, geht vor der Wucht des Atlantiks in einer kleinen Bucht in Deckung. Die Hafenmauer ist aus meterdickem Beton, sie ist kräftiger als anderswo gebaut. Die Menschen in Corme sind sehr gläubig, wie die meisten in Galicien, wie die meisten in Spanien. Und die Geschichten, die hier erzählt werden, haben immer mit dem Meer zu tun. Geschichten vom Atlantik, der Leben geben und Leben nehmen kann, der mächtig wie Gott ist. «Wir glauben an Gott und das Meer», sagt Suso Lista, ein stämmiger Mann mit Vollbart und Seemannsmütze. Und schon der Name dieser Küste lässt erahnen, dass die Menschen große Ehrfurcht vor den Launen des Ozeans haben. Sie nennen sie «Costa da morte», Todesküste.

In Corme hat alles seine Zeit. Die Flut, die Ebbe, die Menschen. «Wir gehen mit den Gezeiten», sagt Suso, der 1961 im Dorf geboren ist, «unser Leben wird vom Meer bestimmt.» Seit mehr als 30 Jahren schon sammelt er Percebes, die schmackhaften Entenmuscheln, die als teuerste Spezialität des Atlantiks gelten. Nur wenige Tage im Monat ist dies möglich, immer um Voll- und Neumond, wenn die Ebbe besonders niedrig fällt und die Meerestiere für wenige Stunden freilegt. Ein Wettlauf mit der Zeit beginnt, wenn die Percebeiros, an Seilen gesichert, die Delikatesse von den schwarzgrauen Felsen kratzen. Allein in Corme sind in den letzten 100 Jahren 150 Menschen ertrunken. An manchen Stellen, wo Fischer spurlos verschwanden, stehen heute Steinkreuze. Jedes Jahr am 1. November, dem Tag zum Gedenken der Toten, werden sie von den Witwen frisch gestrichen. Es sind weiße Kreuze. Es sind nasse Gräber.

«Es gibt das Meer und sonst nicht viel», sagt Suso. «Hier wird man mit dem Koffer unter dem Arm geboren – entweder du wirst Fischer oder du gehst.» Heute leben 800 Menschen in Corme, noch vor 30 Jahren waren es dreimal so viele. Für viele sind die Entenmuscheln eine der wenigen Möglichkeiten, in dieser abgelegenen Region überhaupt Geld zu verdienen. Und gerade die größten Exemplare wachsen tief unten am scharfkantigen Fels in der Gezeitenzone. Dort sprießen sie büschelweise, ernähren sich von Plankton, das sie aus dem Wasser filtern. Sie sehen aus wie runzlige Finger, und selbst die Fischer sagen, dass es hässliche Dinger sind. Doch schmecken, ja, das tun sie wunderbar. Das zarte, salzige Muskelfleisch verbirgt sich unter der dickhäutigen Elefantenhaut des Fußes, darauf sitzt der Kopf aus glitzernden Hornplatten.

Es gab aber auch Zeiten, da kletterte niemand auf die Felsen, niemandem war es erlaubt, fischen zu gehen. Auch diese Geschichten handeln vom Meer, doch sie erzählen auch von Schiffen, die vor der Küste havarierten und untergingen, aus deren Bäuchen der Tod floss. Sie trugen Namen wie *Cason*, *Aegian Sea*, *Urquiola* oder *Prestige*, ein schrottreifer Öltanker, der im November 2002 unter der Flagge der Bahamas versank. Damals war das Meer pechschwarz, obwohl die Sonne schien. Es spuckte das Öl zurück an Land, das sich wie ein schmieriges Leichentuch über die Küste legte und alles verklebte – Sand und Steine, Kiemen und Schnäbel, Federn und Flossen. Soldaten kamen, auch viele freiwillige Helfer. Suso zeigt Fotos, auf denen er und die anderen in weißen, ölverschmierten Schutzanzügen zu sehen sind. Alle tragen einen Mundschutz gegen den ätzenden Gestank. Überall schwarz glänzende Flecken, überall traurige, angestrengte Gesichter. «Sonst kratzten wir Percebes von den Felsen, nun das Öl.» Er schüttelt noch heute den Kopf. Rund 1200 Euro Entschädigung bekam jeder Fischer monatlich vom Staat. «Viel Geld», sagt Suso, «auf das jeder gerne verzichtet hätte.» Niemand konnte arbeiten, zwei Jahre lang. Und noch immer sind die Auswirkungen der schlimmsten Umweltkatastrophe der spanischen Geschichte spürbar. «Das Meer verzeiht nicht so schnell», sagt Suso, «früher waren die Percebes sehr viel größer.» Irgendwo da draußen, 130 Seemeilen vor der Küste, liegt das Wrack der *Prestige* noch immer, zerbrochen in zwei Teile, 3600 Meter tief. Auch heute noch werden manchmal schwarze Klumpen an den Strand gespült.

Suso steht am Leuchtturm von Corme, dort wo auch viele der weißen Steinkreuze den Stürmen trotzen. Sonne und Wolken tuschen riesige Schatten auf das Meer. Der Himmel hat sich binnen Minuten schwarz gefärbt. Die Fischer haben den Wellen Namen gegeben. «La mala» ist eine böse Welle, eine sehr hohe, gefährliche. Ist die Welle eher klein, heißt sie «La callada», eine schweigende Welle. Jetzt sind viele böse Wellen dabei. Der Seegang wird rauer. Suso weiß, dass es besser ist, die Suche für heute bleibenzulassen. Seit das Meer seinen besten Freund Jaime holte und ihn einfach verschluckte, ist er vorsichtiger geworden, erzählt er. Dann hält er einen kurzen Moment inne, doch dieser Augenblick scheint ewig zu dauern. Als er wieder ansetzt, ist seine Stimme gegen den Wind kaum zu hören, mehr flüstert er zu sich selbst: «Das Meer gibt uns alles, was wir brauchen», sagt er, «doch manchmal, dann nimmt es uns auch alles.»

12

PORTUGAL Falscher Figo

Er ist ein Unbekannter. Er ist ein Dieb. Er bricht in Lissabon Autos auf. Auch unser Bus stand zur falschen Zeit am falschen Ort. Es folgte eine Verfolgungsjagd durch die Gassen der Altstadt. Zwei Minuten, die ewig dauerten. Das Ende: Zwei Männer und ein Messer.

Lissabon soll eine der schönsten Städte Europas sein, sagen viele. Doch das stimmt nicht. San Sebastián zum Beispiel oder selbst das unglaublich hässliche Odda in Norwegen sind sehr viel schöner. Denn es kommt natürlich immer auf die Menschen an, denen man begegnet. Und mit diesen Begegnungen verknüpft man die Erinnerungen und Gefühle, die man für eine Stadt entwickelt. Für mich kann Lissabon also gar nicht schön sein – es ist böse.

Im *Lonely Planet Western Europe,* der Bibel aller Rucksacktouristen, steht über die portugiesische Hauptstadt Folgendes: *Most crimes against foreigners involve car break-ins, pickpocketing or bag-snatching.* Wirklich ernst genommen habe ich diesen Hinweis allerdings nie, da im selben Reiseführer über die Hamburger Reeperbahn dieser Satz zu lesen ist: *It's usually crowded, so there should be little danger so long as you keep moving and don't take pictures or ask too many questions.* Was Lissabon betrifft, hätte ich dem Lonely Planet besser glauben sollen.

Beinahe zehn Jahre bin ich nicht hier gewesen. Und fast hätte ich auch jetzt einen großen Bogen um die Stadt am Atlantik gemacht. Seit dem 3. Oktober 2001 verbinde ich mit Lissabon nämlich vor allem vier Buchstaben – nicht Fado oder Tejo. Denke ich an Lissabon, denke ich an Figo. Nicht, weil Luís Figo hier geboren ist. Auch nicht, weil der ehemalige Fußballstar im Mittelfeld von Sporting Lissabon seine Karriere begonnen hat und noch heute an jeder Straßenecke von ihm die Rede ist. Meine Erinnerungen an Figo und Lissabon haben einen anderen Grund: Er hat dort meinen VW-Bus aufgebrochen.

Und so ist das damals gekommen: Seit einigen Wochen schon rollen mein Freund Peter und ich ziellos durch Europa – bis nach Lissabon. Es ist ein Mittwoch, früh am Nachmittag. Doch wir haben Pech. Dunkle Wolken, schwerer Regen. Ein kalter Wind zieht vom Meer den Tejo hinauf, an dessen Ufer wir in der Rua do Instituto Virgílio Machado einen Parkplatz finden. Die Stadt wirkt verkatert wie nach einer durchzechten Nacht. Grau und träge schleppt sich der Tag voran. Kein Wetter für einen Stadtrundgang. Nach einer Stunde sind wir nass bis auf die Haut und schleichen zurück zum Bus. In Sichtweite gibt es gleich drei schlechte Nachrichten: Die Beifahrertür steht offen. Ein Kerl wühlt in unseren Sachen. Ein anderer entleert seine Blase gegen den Kühlergrill. Der eine – der, der pinkelt – trägt eine weiße Jacke und Jeans, hat lange schwarze Haare. Er ist dürr und bleich wie der Tod. Sein Drogenproblem ist nicht zu übersehen. Der andere – der, der die Schubladen aufreißt und alle Sachen durcheinanderwirft – trägt Jeans, weiße Turnschuhe und ein dunkelrotes Fußballtrikot. Er hat schwarze Haare bis über die Ohren. Jetzt zündet er sich in aller Ruhe eine Zigarette an. Und Peter und ich tun etwas, was man nie tun sollte, wenn man jemanden überraschen und zu fassen kriegen will: Mit lautem Geschrei stürzen wir los. Doch noch sind wir sicher 40 Meter entfernt. Die beiden Autoknacker nehmen Reißaus. Peter bewacht den Bus. Ich entscheide mich für den im Trikot und hefte mich brüllend an seine Fersen. Der entkommt mir nicht, denke ich, den schnappe ich mir.

Er hat einen deutlichen Vorsprung, 30 Meter mindestens. Wir rennen die Straße hinunter. Er läuft rechts um eine Hausecke. Für

Sekunden verliere ich ihn aus den Augen. Als ich die Kreuzung erreiche, hat er schon die Straßenseite gewechselt. Ich weiche einem Auto aus und überquere die Rua da Alfandega. Das Kopfsteinpflaster glänzt, es ist rutschig. Doch jetzt bin ich an ihm dran. Wir spurten an einem Restaurant vorbei. Nur vereinzelt sitzen Gäste an den Tischen. Nun erkenne ich auch das Trikot. Es ist ein Hemd der portugiesischen Nationalelf mit der Nummer 7. Es trägt den Namen eines der besten Fußballer aller Zeiten in großen goldenen Buchstaben: *FIGO*. Was «Haltet den Dieb!» auf Portugiesisch heißt, weiß ich nicht. Jetzt fällt mir nichts Besseres ein, als abwechselnd nach der «Polícia» und nach «Figo» zu rufen.

Doch Lissabon hat sich schlafen gelegt. Es sind kaum Menschen unterwegs, was am Regen liegen mag, aber auch an der Mittagspause, die hier bis in den späten Nachmittag dauert. «Polícia! Polícia!» Ich hole auf, komme immer dichter ran. Figo blickt sich um. Ich bin jetzt sein Schatten, gleich werde ich ihn packen können. Geschickt umkurvt er ein Pärchen und hat wieder ein paar Meter Vorsprung. Um uns herum verwischt alles, nur gelegentlich tauchen klare Bilder und Gesichter auf, wie Figuren in einem Traum: Ein Kellner sitzt gelangweilt vor einem Café. Eine Frau schlurft mit Einkaufstüten durch den Regen. An einem Kiosk unterhalten sich ein paar Männer. Ihre Blicke bleiben regungslos, als wir an ihnen vorbeijagen. Wie stumme Statisten starren sie so teilnahmslos, als ob sie so etwas jeden Tag geboten bekommen. Alles Komplizen, denke ich, die stecken alle unter einer Decke.

Man kommt auf komische Gedanken, wenn man einen Einbrecher, der das Trikot von Luís Figo trägt, wenige Schritte vor sich hat, man aber nicht weiß, was man mit ihm anstellen wird, wenn man ihn zu fassen bekommt. Also beschimpfe ich ihn auf Deutsch und Englisch. Dass er was erleben könne, wenn ich ihn erwischen werde und so weiter. Ich versuche, möglichst böse zu klingen. Ich schreie: «Gleich hab ich dich! Fuck you!» Das versteht er, da bin ich mir sicher. Als mir nichts mehr einfällt, ändere ich wütend meine Taktik. Figo soll nicht einfach so davonkommen und sich wenigstens auf seine vier Buchstaben setzen. Ich habe 23 Jahre lang Fußball gespielt, ich weiß, wie man jemanden treten muss, um ihm sehr weh zu tun. Es gibt jetzt einen Plan: Ich bin fest entschlossen, Figo so rüde von den Beinen zu holen, dass keinem Schiedsrichter der Welt eine Wahl bleiben würde. Wer so ein Trikot trägt, muss damit rechnen, von hinten umgegrätscht zu werden, denke ich. Und nun warte ich auf eine günstige Gelegenheit. Zweimal setze ich zum Sprung an, traue mich aber doch nicht. Und dann kommt alles ganz anders.

Figo biegt ab in eine Seitenstraße. Für einen Augenblick schlittert er über das unebene Pflaster, er stürzt aber nicht. Die Straße wird zu einer dunklen Gasse, der Arco de Jesus. Wir laufen durch einen Torbogen. Hier beginnt die Alfama, das älteste Viertel der Stadt. Hunderte Gassen gibt es hier. Ein Labyrinth, das von oben wie das Netz einer kranken Spinne aussieht. Und plötzlich ist es ganz ruhig. Keine Autos und keine Menschen mehr. Der Lärm bleibt hinter uns. Jeder Schritt ist nun zu hören. Es hallt zurück von den Wänden, die himmelblaue Fliesen mit weißen Blumen schmücken. An einigen Stellen sind sie abgeplatzt. Der Putz blättert von den Häusern. Die Arco de Jesus wirkt wie eine Filmkulisse. Und einen kurzen Moment lang fühle ich mich wie ein Zuschauer. Ich beobachte mich selbst, wie ich einen Dieb durch die Straßen Lissabons verfolge und hysterisch nach der Polizei rufe. Und ich frage mich, was ich da mache, ob ich noch ganz bei Trost bin. Denn das ist kein Film, und es gibt auch kein Drehbuch, in dem man nachlesen könnte, was hinter der nächsten Ecke passieren wird, wie viele Brüder, Cousins oder Freunde dort auf mich warten werden. Figo hat Heimvorteil, denke ich, der kennt hier jeden Stein. Die Alfama ist sein Revier. Ich aber bin hier bloß irgendein Touristentrottel. Solche Sachen überlege ich mir tatsächlich in diesen Sekunden.

Noch laufen wir, doch in Gedanken bin ich längst dort, wo wir ankommen werden.

In Lissabon, heißt es, gibt es nur zwei Himmelsrichtungen: oben und unten. Nun geht es nach oben. Eine schmale Steintreppe führt hinauf. Grätschen geht nun nicht mehr. Figo nimmt schwerfällig die ersten Stufen. Er schnauft. Gleich ist er oben. Doch schlagartig bleibt er stehen und dreht sich um. Ich bin jetzt vielleicht noch drei Meter entfernt. Er zieht etwas aus seiner Hosentasche. Mit hochrotem Kopf faucht er mich an, fuchtelt mit einem Springmesser. Die Klinge schnappt heraus. Das ist das Ende, denke ich. Mit erhobenen Händen gebe ich ihm zu verstehen, dass ich nun keine Lust mehr habe, ihm weiter zu folgen. Er schmeißt mir Sch-Laute entgegen, die ich nicht verstehe. Etwas stimmt mit seinen Schneidezähnen nicht, das fällt mir noch auf. Sie stehen weit und schief auseinander. So sieht einer nach einem lebensgefährlichen Sturz vom Fahrrad aus, denke ich. Figo dreht sich um, hechtet die letzten Stufen hinauf und zeigt mir triumphierend den Mittelfinger. Ich sehe ihm zu, wie er um die nächste Ecke läuft. Dann ist er verschwunden.

Mein Herz rast. Mein Mund ist trocken. Der Puls dröhnt in meinen Ohren. Ich stehe auf der Treppe, bin wütend, voller Angst und Adrenalin. Dann höre ich eine Stimme. Sie kommt von oben. Ganz leise spricht jemand mit mir. Eine alte Frau, die in Waschkleid und Schürze die Breite des Fensters einnimmt und zwischen Topfpflanzen und weißer Kochwäsche ihre Arme auf das Geländer des nur wenige Fußtritte breiten Balkons gestützt hat, steht im ersten Stockwerk. Von ihrem Logenplatz aus muss sie uns beobachtet haben. Schwer zu sagen, wie alt sie ist, 80 mindestens, eher weit über 90. Mit meinen wenigen portugiesischen Worten versuche ich ihr zu erklären, dass ich gerade ausgeraubt worden bin, den Dieb – «Figo!» – bis hier verfolgt habe und sie nun bitte die Polizei rufen soll. Ich werfe wild die Arme in die Höhe, zeige abwechselnd die Treppe hinauf und hinunter. Wenn überhaupt, begreift sie nur so viel, dass es Luís Figo gewesen sein muss, der mich gerade beklaut hat. Sie schüttelt den Kopf, zeigt auf ihre Ohren. Die Polizei wird nicht kommen, denke ich. Ratlos laufe ich die Stufen wieder hinunter und zurück auf die Straße, an den Cafés und Restaurants vorbei. Da stehen die Männer am Kiosk. Da sitzt der Kellner und langweilt sich noch immer. Peter wartet vor unserem Bus. Ein tragbares Radio und eine Sonnenbrille sind alles, was Figo und sein Komplize mitgenommen haben. Wir räumen das Chaos auf und fahren durch die nächste Waschstraße. Die Polizei rufen wir nicht – was sollte das bringen, die Beschreibung des Täters würde in etwa so ausfallen: männlich, Mitte zwanzig, schwarze Haare, schiefe Zähne, ein Meter fünfundsiebzig groß, nicht sehr schnell und ein Trikot von Figo. Merkmale, die auf jeden dritten Portugiesen zutreffen. Das dunkelrote Hemd soll viele Millionen Träger auf der Welt haben – keine schlechte Tarnung für einen Langfinger.

Es kann sein, dass die Erinnerung einiges verzerrt. Auch kann ich heute nicht mehr mit Gewissheit sagen, wie lange ich Figo wirklich verfolgt habe – vielleicht sind es zwei Minuten gewesen, wohl eher weniger. Gefühlt hat es ewig gedauert. Sekunden sind zu Minuten, Minuten zu Stunden geworden. Und nun, Jahre später, habe ich mir den Weg, den wir damals gelaufen sind, endlich noch einmal angesehen. Es sind keine 500 Meter gewesen. Dort, wo Figo das Messer gezogen hat, ist heute ein angesagter Jazzclub. Die alte Frau vom Fenster lebt nicht mehr. Das hat mir der Besitzer des Clubs erzählt. Und Figo, der in Wahrheit vielleicht João, Miguel oder Nuno heißt, bricht vermutlich noch immer Autos auf, weil das für ihn wie arbeiten ist. Vielleicht sitzt er auch irgendwo im Gefängnis, vielleicht hat er aber auch einen richtigen Job gefunden und die Kurve gekriegt – auch wenn ich das nicht so recht glauben mag. Und natürlich ist Lissabon eine der schöneren europäischen Städte. Eine Stadt, mit der ich seit dem 3. Oktober 2001 aber vor allem vier Buchstaben verbinde.

Kilometer 28 006 **Aussteigen**

Zunächst hört der Asphalt auf. Die Straße wird zur Sandpiste, windet sich Kurve um Kurve kilometerweit durch die steinige, von Kakteen, Agaven und einigen Palmen bewachsene Landschaft. Je weiter man fährt, desto schlechter wird der Belag. Dann endet der Weg abrupt – an einem Abgrund. An diese Stelle La Gomeras, der zweitkleinsten der Kanarischen Inseln, verirrt sich nur selten jemand mit dem Auto. Denn hier, wo die Straße aufhört, beginnt die Welt von Ernst, dessen Nachname «jetzt mal egal ist», wie er sagt. Es ist eine einfache Welt, «ohne viel Schnickschnack», sagt Ernst. «Es ist meine Welt.» Auf einem selbstgemalten Schild steht: *Herzlich willkommen beim Eremiten! In 80 Metern Kräutertee und Kaktussuppe!*

Ernst sitzt auf seiner Terrasse, fingert eine Zigarette aus der Schachtel und zündet sie an. Er lebt alleine, seit zehn Jahren, in einem halbverfallenen Haus aus Naturstein, das sich in einem grünen Meer aus dickblättrigen Kakteen versteckt. Ohne Post, Telefon und Strom. Mit Hund und fünf Hühnern. Vielleicht ist dieser Ort einer der entlegensten der gesamten Insel. Und dennoch sagt der Mann mit den tiefen Lachfalten und dem mächtigen Schnauzbart: «Ich bin kein Aussteiger, ich bin ein Einsteiger ins Leben.»

Das Haus steht auf einem Hügel. An klaren Tagen kann man weit über den Ozean bis zur Nachbarinsel El Hierro blicken, wo am Abend die Sonne verglüht, wo häufig Wale vorbeiziehen. Seit Ernst ein gutes Fernglas hat, steht er oft Stunden auf seiner Terrasse. Doch jetzt sind keine Tiere zu sehen. In der Ferne gräbt bloß die Expressfähre, die die Inseln verbindet, eine weiß schäumende

Furche in das tiefe Blau des Meeres. Das Geräusch der Motoren ist auch hier oben – auf fast 700 Metern – noch deutlich zu hören. Mit den Geräuschen ist das eh so eine Sache, sagt Ernst, «mit den Geräuschen fing nämlich alles an. Sie helfen dir, deine Einsamkeit zu verstehen.» Er sagt, wenn man in der Ferne etwas hört, ist man gedanklich bei diesem Geräusch, also in der Ferne. Doch ist es vollendet still, ist man nur noch bei seinem eigenen Atem, bei dem eigenen Tun. «Also ist man ganz bei sich, und da bin ich oft», erzählt Ernst, der sich «Eremit» nennt. Auch wenn das Alleinsein in den ersten Monaten gar nicht so einfach war. «Das musste ich erst lernen. Ich habe viel geweint.» Und es gab Tage, da glaubte er, verrückt zu werden. Ernst sagt: «Da du nichts hörst, hörst du alles, und ich war ganz erschrocken, wo die vielen Geräusche plötzlich alle herkommen, bis ich merkte, dass das meine eigenen Därme waren.»

Aus einem Bauerndorf in Oberösterreich kam Ernst mit 18 nach Düsseldorf. Er blieb 27 Jahre, leitete viele Jahre eine Grillstube mit zwölf Angestellten. «Der Laden lief richtig gut, sieben Tage die Woche, 60 bis 80 Mittagstische», erzählt er, «doch ich hatte Beton im Kopf und trat auf der Stelle. Ich brauchte frische Gedanken.» Also tat er das, wovon viele ihr Leben lang reden, es aber nie tun: Er begann ein neues Leben. Eigentlich wollte er in die Toskana, doch ein Freund erzählte ihm von La Gomera, der Sommerinsel mitten im Atlantik, die das Aussteigertum zelebriert wie keine zweite der Kanaren, wo Menschen freiwillig für ein paar Wochen zurück in Höhlen ziehen und das unabhängiges, naturverbundenes Leben nennen. Ernst packte das Nötigste zusammen, hatte 40 000 Mark in der Tasche, seine gesamten Ersparnisse. Er lebte gut, feierte jeden Abend in den Kneipen des Valle Gran Rey, des Tals des Königs an der Westküste, wo viele wie Könige leben wollen, wo oft von «Erleuchtung» und «Selbsterkenntnis» die Rede ist, wo Deutsch gesprochen wird. Das Ersparte war schnell weg. Auf einer Wanderung in den Bergen aber entdeckte er die Reste eines Hirtenhauses. Eine Ruine, fast 30 Jahre hatte sie leer gestanden. Acht Monate dauerte es, bis er die Besitzerin gefunden hatte. Eine alte Dame, die heute auf Teneriffa lebt. Er renovierte und pachtete das Gemäuer mit dem verwilderten Grundstück für fünf Jahre, dann für fünf weitere und schließlich auf Lebenszeit. Nun kann er bleiben, solange er möchte.

Wer mit einem Eremiten Enthaltsamkeit und Einsamkeit verbindet, wird sich bei Ernst wundern. Oft stehen unerwartet Fremde bei ihm im Garten. Da sein Häuschen an einem der Wanderwege der Insel liegt, hat er häufiger mal Besuch, «vermutlich mehr als manch einer in der Stadt», sagt er. Der Grünenpolitiker Jürgen Trittin und Campino, Sänger der Punkpopband *Tote Hosen*, sind auch mal da gewesen. Ernst hat gerne Gäste. Auch, da er eine Leidenschaft aus seinem früheren Leben mitgenommen hat: «Ich liebe es, für andere zu kochen.» Meist bereitet er drei Gänge: Als Vorspeise gibt es heute würzige Kaktussuppe aus den fleischigen Blättern, die er schält, in Streifen schneidet und die ein wenig nach Gurke schmecken. Als Hauptgang folgt Tafelspitz mit Schnittlauchsoße, als Dessert in Rotwein eingelegte Feigen. Dazu Zitronengras-Lavendel-Tee aus dem eigenen Garten. Aus den Früchten der Kakteen macht er Marmelade und den eigenen Schnaps auf Wodkabasis, der monatelang reift, eine fruchtige Zimtnote hat und beim Verdauen helfen soll.

Seine Gäste geben ihm dafür, was sie geben möchten – davon lebt er. Doch seine Besucher sind noch viel mehr, sie sind sein Kontakt zur anderen Welt. Am Esstisch erzählen sie von den Neuigkeiten «da draußen», wie er es nennt. Geschichten, die zwischen den Kakteen und mit dem Blick auf den Atlantik belanglos klingen. Die Nachricht, dass Barack Obama zum neuen US-Präsidenten gewählt worden war, erreichte ihn fünf Tage später. Doch dann kommt lange kein Wanderer vorbei, manchmal vier Wochen oder länger.

«Dann wird es gefährlich», sagt Ernst, «dann muss ich aufpassen, dass ich in meiner Einsamkeit nicht zum Spinner werde. Ich bin ja für alles verantwortlich und kann niemandem außer mir einen Vorwurf machen, wenn etwas schiefgeht.» In der Welt von Ernst gibt es keine Ausreden. Er ist jetzt Mitte fünfzig. Er sagt, wenn er noch 15 Jahre hier oben leben könnte, wäre das gut. Wenn es noch 20 Jahre funktionieren würde, wäre das sehr gut. Freunde, die ihn regelmäßig besuchen, sagen, sie haben Angst davor, dass sie ihn eines Tages tot auf der Couch oder in der Ecke finden. «Dann wäre das auch gut», sagt Ernst, «das dauert aber noch.»

Bis es so weit ist, wird er noch oft am Tisch auf seiner Terrasse sitzen, in den Tag hineinhorchen und im Kreuzworträtsel auf den Einsiedler mit sechs Buchstaben stoßen. «Das bin ich selber», sagt Ernst, doch *ERNST* passt nicht, das ist zu kurz – dann eben *EREMIT*. Und manchmal fragt er sich dann, wie Helmut Kohl das wohl macht, wenn im Rätsel nach einem Altbundeskanzler mit vier Buchstaben gefragt wird. Der schreibt doch auch nicht einfach *ICH* in die Felder, sondern *KOHL*, sagt Ernst. Und dann grinst er und schweigt wieder – bis zu seinem nächsten unerwarteten Gast.

13

SPANIEN Der kleine Finger Gottes

Es gibt nur wenige Spieler, die Fußballwunder vollbringen können. Lionel Messi vom FC Barcelona ist so einer. Der Argentinier gilt als bester Fußballer der Welt. Ihn zu entführen, ist allerdings einfacher, als ihn zum Sprechen zu bringen.

Es kommt nicht alle Tage vor, dass Lionel Messi entführt wird. Doch jetzt, als er im Hotel der argentinischen Nationalelf gerade aus dem Fahrstuhl steigen will, ist die Chance gekommen. «Leo, Zeit für ein kurzes Interview?» Schüchtern mustert der kleine Mann mit der großen Nase sein Gegenüber. Er zögert. Ein schneller Druck auf einen der Knöpfe im Fahrstuhl nimmt ihm die Entscheidung ab. Die Tür schließt sich wieder. «Na gut», sagt er, «aber ich habe nicht viel Zeit.» In der ersten Etage setzen wir uns in eine ruhige Ecke an einen Tisch. Später, beim Abhören des Diktiergerätes, wird seine Stimme kaum zu verstehen sein. Er flüstert beinahe, nuschelt und verschluckt dabei die Hälfte seiner eh schon kurzen Sätze. In wenigen Tagen wird er Weltmeister mit dem Team der unter 20-Jährigen sein. Er wird zum besten Spieler des Turniers gewählt werden. Ein Abgesandter des FC Barcelona, seines Clubs, wird Hals über Kopf in die Niederlande reisen, um den Vertrag des 18-Jährigen aufzubessern, bevor andere Vereine lukrativere Offerten machen können. Und: Er wird der beste Fußballer der Welt werden. Doch all das weiß Leo, wie ihn die ganze Welt nennt, in diesem Augenblick noch nicht. Und das Interview, das die ganze Zeit nicht so richtig in Schwung kommen will, ist schneller vorbei als gedacht: Der Pressesprecher des argentinischen Fußballverbandes steht am

Tisch. «Leo, hier bist du! Wir haben dich überall gesucht. Und wer sind Sie? Warum haben Sie das Interview nicht angemeldet?» Leo steht auf, reicht die Hand und geht.

Vier Jahre später kann er sich an die kleine Entführung in Holland nicht erinnern. Er mag noch immer nicht reden, das hat sich nicht geändert. Und wie damals auch gibt es nur wenige Momente, in denen Leo seine Beine wirklich still halten kann. Auch jetzt nicht, als er in Jeans, dunkelblauer Trainingsjacke und schwarzen Badelatschen in einer VIP-Loge des ehrwürdigen Camp Nou, des Stadions des FC Barcelona, in einem braunen Ledersessel sitzt. Während sein Oberkörper fast bewegungslos verharrt und er mit ruhiger Stimme antwortet, scheint seine untere Hälfte einem anderen Menschen zu gehören. Er schlägt die Beine übereinander. Zunächst das rechte über das linke, dann das linke über das rechte. Und wieder das rechte über das linke. Immer wieder zieht er die Badelatschen an und aus. An und wieder aus. An und wieder aus. Während er oben redet und die immer gleichen Sätze der Fußballprofis sagt, erzählen seine Füße unten eine andere Geschichte. Latschen an und wieder aus. An und wieder aus. Es ist die Geschichte einer Zweiteilung: oben die Gelassenheit eines erfahrenen Profis, unten die nervöse Spielfreude eines Schuljungen. Die Wahrheit ist, dass Leo beides ist: ein Profi mit dem Spieltrieb eines Kindes. In Zeiten, da die Grenzen zwischen Sporthelden und Popstars mehr und mehr verschwimmen, bleibt er einfach das, was er am liebsten ist: ein Fußballer. Nicht irgendeiner, da ist sich die Welt längst einig. Lionel Messi, Jahrgang 1987, 1,69 Meter klein, keine 70 Kilo schwer, ist mehr als nur ein Fußballprofi – er ist der neue Fußballgott.

Seine plötzlichen Richtungswechsel in höchstem Tempo. Seine fast magisch erscheinende enge Ballführung, als hätten seine Füße Finger. Das präzise Passspiel. Der explosive Antritt. Bei ihm geht das alles nicht schnell, es geht furchtbar schnell. So schnell, dass für das bloße Auge oft nicht mehr zu erklären ist, was er mit seinen flinken Beinen und dem Ball anstellt. Er spielt in Übergeschwindigkeit. Wo andere einen Schritt machen, macht er drei. Bewegungen, die regelmäßig auch seine Gegenspieler überfordern, die ihn meist nur mit unfairen Mitteln zu bremsen wissen. «Es ist okay, wenn sie mich foulen», sagt er, und beinahe klingt es so, als hätte er Mitleid mit seinen Widersachern. Denn er weiß, dass sie ihn nicht aufhalten werden. Es gibt ein Video, das ihn auf einem Bolzplatz seiner Heimatstadt Rosario zeigt. Ein Video, wie es viele stolze Fußballväter von ihren Söhnen haben. Unten links in der Ecke steht das Datum: *29. 05. 1993*. Es sind etwas verwackelte, unscharfe Bilder, dazu eine schlechte Tonqualität. Leo ist der Kleinste unter den Kleinen, läuft aber allen mit dem Ball am Fuß davon und erzielt Tor um Tor. «Keiner konnte ihn stoppen», hat sein Vater Jorge mal in einem Interview gesagt. «Im Grunde spielt er heute noch wie damals und immer Richtung Tor. Manchmal», hat Jorge Messi verraten, «manchmal habe ich geglaubt, mein Sohn ist ein Außerirdischer.»

Was an jenem kühlen Aprilabend im Jahr 2007 gewiss viele gedacht haben müssen, die das Halbfinale der Copa del Rey, des spanischen Pokals, zwischen dem FC Barcelona und dem Madrider Vorstadtclub FC Getafe gesehen haben. 54 000 offene Münder. 54 000 Menschen, die um Fassung rangen. Denn sie sahen viel mehr als ein Fußballspiel, sie sahen, wie ein 19-Jähriger eines der unglaublichsten Tore der Geschichte schoss. Es gibt Fußballer, die muss man nur einmal spielen sehen und wird sie nie wieder vergessen. Leo ist so einer, da er einer der ganz Wenigen ist, die mit ihrer atemberaubenden Spielweise dem Fußball etwas Neues, noch nie Dagewesenes geben. Wie an jenem Abend im April: Es läuft die 29. Minute, als er in der eigenen Hälfte den Ball bekommt und die ersten beiden Gegenspieler aussteigen lässt. Selbst mit Ball ist er schneller als die anderen. Seine langen Haare wehen wie der Schweif eines Kometen, als er unaufhaltbar in Richtung Tor stürmt.

Die nächsten beiden Statisten warten an der Strafraumgrenze, er sieht sie nur flüchtig, als sie an ihm vorbei ins Leere grätschen oder umfallen, weil sie die Balance verlieren. Auch den Torwart umkurvt er, und dann lupft er den Ball über den sechsten Verteidiger aus spitzem Winkel ins Tor zum 2:0. Ein Tor wie eine Erleuchtung. 13 Ballberührungen, über die die Welt auch in Jahrzehnten noch reden wird. Hoch oben, unter dem zugigen Tribünendach, wo Zuschauer sich wie Vögel fühlen, knallt der Reporter von Radio Catalunya immer wieder mit der flachen Hand auf den Tisch. Und dann bricht es aus ihm heraus: «O mein Gott, o mein Gott, o mein Gott! Dieser Junge ist nicht echt! Dieser Junge ist nicht echt! Dieser Junge ist nicht echt!» Er ruft es immer wieder: «Dieser Junge ist nicht echt!» In diesem Augenblick haben auch die Letzten begriffen, auch die, die gar nichts von Fußball verstehen, dass dieser Junge nicht bloß von einem anderen Fußballplaneten stammen muss. Er muss von sehr viel weiter her kommen, aus seinem eigenen Sonnensystem.

Es dauert einige Zeit, bis man sich dem Phänomen Lionel Andrés Messi genähert hat. Ein bisschen so wie mit einem Puzzle, bei dem erst Teil für Teil gefunden werden muss, ehe man es zusammenfügen kann. Um das ganze Bild zu bekommen, braucht es viele Gespräche. Weniger mit Leo selbst, er redet ja nicht gerne. Er spricht derart leise, als wäre jedes seiner Worte voller Geheimnisse, die nicht von Dritten gehört werden dürfen. Er erzählt, wie er im Alter von 13 mit seinen drei Geschwistern und den Eltern vor der argentinischen Wirtschaftskrise flüchtete und nach Barcelona zog. Wie fremd und verloren er sich ohne seine Freunde fühlte. «Meine Eltern wollten in Spanien arbeiten», sagt er, «und ich war krank.» Eine hormonell bedingte Krankheit behinderte sein Wachstum, er maß gerade mal 1,46 Meter. Die Medizin kostete 900 Dollar im Monat, doch seine Familie hatte das Geld nicht. Und kein argentinischer Club wollte für die ärztliche Behandlung eines 13-Jährigen aufkommen. Also versuchte er sein Glück in Barcelona. In nur einem Probetraining überzeugte er die Trainer und erhielt einen Vertrag. Barças damaliger Sportdirektor Carles Rexach kritzelte die Vereinbarung symbolisch auf das nächstbeste Stück Papier, auf eine Serviette. Leo zog in die Jugendakademie des Clubs. Und das Medikament, das er sich zwei Jahre lang jeden Abend injizierte, wirkte. Er wuchs, jeden Monat einen Zentimeter. Ab jetzt sollte es rasant nach oben gehen für den Teenager.

Der Mann mit den silbergrauen Haaren und dem wuchtigen Bauch sieht aus wie ein katalanischer Buddha. Wenn Männer wie Albert Benaiges Trainingsanzüge tragen, sieht das nicht sportlich aus – es sieht gemütlich aus. Seiner ist himmelblau. Albert wiegt sicher 120 Kilo, Schuhgröße 47. Er hat riesige Hände und einen Handschlag, den man nie wieder vergisst. Jedes seiner Worte klingt wie fett gedruckt, als halte er gerade die Teamansprache vor dem wichtigsten Spiel der Karriere. Auch der Klingelton seines Mobiltelefons passt zu ihm, es ist die Hupe eines Lastwagens. Albert ist eine Respektsperson, kein Zweifel. Er ist eine Art Vaterfigur beim FC Barcelona. Seit 1993 leitet er dort die Ausbildung der jüngeren Talente. Er hat sie alle aufwachsen sehen, die heutigen Superstars: Andrés Iniesta, Xavi Hernández, Gerard Piqué, Víctor Valdés, Carles Puyol und auch Lionel Messi. Doch was dachte er, als er ihn das erste Mal spielen sah? Albert zeigt den kleinen Finger seiner rechten Hand. «Ich dachte, o ist der dünn, ist der klein, was für ein Zwerg.» Auf den vielen Mannschaftsfotos kniet oder sitzt der Argentinier immer ganz vorne in der ersten Reihe. Das ist heute noch so. So fällt es weniger auf, dass er viel kleiner ist als die anderen. Zu Beginn, erinnert sich Albert, sprach Leo kein Wort. Er kam in die Umkleidekabine, setzte sich schüchtern in eine Ecke, zog sich um und ging auf den Trainingsplatz. Monatelang war das so. Zwar verstand er sich später mit seinen Mitspielern, doch wenn die anderen abends ausgingen oder ins Kino wollten, blieb er lieber zu Hause. Er interessierte sich nur für Fußball. Einmal, sie spielten im spanischen Pokalfinale gegen den Stadtrivalen Espanyol, musste Leo eine Gesichtsmaske tragen, da er sich das Jochbein gebrochen hatte. Wenige Minuten nach Anpfiff lief er zur Außenlinie und bat den Trainer, die Maske für einige Minuten absetzen zu dürfen, er könne nichts sehen. Zehn Minuten später hatte er zwei Tore geschossen. Barça gewann 3:0. «Seine Spielweise ist mit Worten nicht zu erklären», sagt Albert, «Messi ist Messi – da lohnt auch kein Vergleich.»

Von außen wirkt das größte europäische Fußballstadion mit seiner tristen Betonfassade eher wie ein riesiges Parkhaus. Fast 100 000 Menschen können hier Fußball sehen. Jede Sightseeingtour führt auch irgendwann zum Camp Nou, neben der Sagrada Família, dem Parc Güell und dem Picasso-Museum die meistbesuchte Sehenswürdigkeit der Stadt. Denn das Estadi del Futbol Club Barcelona ist nicht bloß eine Fußballarena, es ist sein eigenes Museum. Auch an Tagen ohne Spiel bildet sich am Morgen eine lange Schlange, die bis zum Abend in Bewegung bleibt. Rund 1,5 Millionen Besucher im Jahr lassen sich für elf Euro durch die leere Sportstätte führen. Im Vereinsmuseum bestaunen sie die Trophäen, die in Vitrinen unter Designerleuchten lagern. In den weiß gefliesten Katakomben, die eher den Charme der Umkleide eines Schwimmbades haben, verlieren sich die Fans in ihrer Phantasie. Sie malen sich aus, wie ihre Idole im Entmüdungsbecken sitzen oder auf den Massagebänken liegen, wie sie sich auf große Schlachten vorbereiten und sich ihre Trikots überstreifen.

Vor dem Haupteingang stellen Wachleute in blauen Uniformen jetzt gelbe Absperrgitter auf. Das Zeichen für die Schaulustigen, dass die Stars schon bald in ihren noblen Karossen nach Hause fahren werden. An einem der Fanartikelstände deckt sich eine italienische Familie aus Turin mit Trikots ein. Die beiden Söhne streiten noch, wer von beiden Messi sein darf. Am Ende sind sie es beide. Am Rande des Trainingsplatzes im Schatten des Camp Nou, wo immer einige hundert Fans warten, wo Kinder die Namen der Spieler rufen und Unterschriften möchten, wo junge Frauen kreischen und Kinder von den Spielern wollen, erfüllt Leo noch geduldig jeden Wunsch der Autogrammsammler. Er lächelt brav in Fotoapparate, nimmt Kinder in den Arm, unterschreibt alles, was man ihm entgegenstreckt, jetzt sogar eine Fahrkarte. Die Messimanie kennt keine Grenzen, warum sollte sie auch. Er ist der Spieler, auf den sich Fußballfans in aller Welt – auch die Anhänger anderer Vereine – problemlos einigen können, da sie sich seinem Zauber nicht entziehen können.

Lionel Messi gibt es nicht mehr. Auch Andrés Iniesta ist ausverkauft. Aber Carles Puyol und David Villa sind noch da. Und sogar einige Thierry Henrys lachen noch aus dem roten Pappkarton auf dem Tresen aus braunen Fliesen und grauem Beton. Der Franzose spielt zwar schon länger nicht mehr für den Verein, doch das Verfallsdatum der Lutscher mit seinem Gesicht ist noch nicht erreicht. «Eigentlich müssten wir die Lollis auswechseln», sagt Marta Cruellas, «aber die schmecken ja noch.» Ihr Mann Joan nickt, dreht einen der Henrys zwischen Zeigefinger und Daumen. Er sagt: «Im Fußball geht alles so schnell, manchmal etwas zu schnell für mich und meine Frau.» Vielleicht ist es aber auch genau andersherum, und es fehlt dem Fußball an Beständigkeit. Joan und Marta sind so etwas wie die personifizierte Verlässlichkeit und eine der wenigen Konstanten beim FC Barcelona. Sie haben Hunderte Spieler kommen und gehen sehen, Dutzende Trainer wurden entlassen, einige Präsidenten abgewählt. Doch sie selber sind geblieben. Seit über 30 Jahren steht das Ehepaar hinter dem Tresen ihres Kiosks im sogenannten Mini Estadi, dem kleinen Stadion des Clubs, gleich neben dem großen, es sind keine 300 Meter Luftlinie. Manchmal, wenn die Profis hier trainieren, treffen sich auf den Balkonen der benachbarten Hochhäuser die Bewohner, um den Stars bei der Arbeit zuzusehen. Einer der exklusivsten Blicke der Stadt im Mietpreis inbegriffen. Das Wohnzimmer als Ehrenloge. Heute steht niemand auf dem Balkon. Im 15 000 Zuschauer fassenden Rund verlieren sich gerade mal 500 Interessierte. Barça B spielt gegen den AEC Manlleu in der dritten spanischen Liga. Manche Sitzschalen sind herausgebrochen, auf der Tribüne steht das Wasser. Bei den Heimspielen der Nachwuchsteams verkaufen Marta und Joan hier Getränke, Wurst mit Brot, Süßes und Kartoffelchips. Die Chipstüten tragen das geschichtsträchtige Wappen und die Farben des FC Barcelona: Blau und Granatrot. Es sind kräftige, stolze Farben. Es sind stolze Kartoffelchips.

Leo ist schon als 13-Jähriger an ihren kleinen Kiosk gekommen. «Er konnte kaum über den Tresen gucken», erinnert sich Marta, «früher war er ein kleiner Junge, heute ist er Millionär. Aber er ist normal geblieben und immer noch genauso freundlich und zurückhaltend wie damals.» Joan nickt wieder: «Ich kenne kaum jemanden, der so bescheiden ist. Ein Star will der gar nicht sein.» Es gibt Menschen, die vieles dafür geben würden, nur ein Wort mit Lionel Messi sprechen zu dürfen. Es gibt Menschen, die die Geschichten, die sie mit den Stars erlebt haben, ungefragt erzählen – auch denen, die sie nicht hören wollen. Die Cruellas sind da anders. Sie könnten viele Geschichten von den umjubelten Profis verraten, etwa die, als sich einer der Spieler hinter ihrem Tresen vor Fans und Journalisten versteckte. Oder die, dass sie schon häufiger von Andrés Iniesta und Xavi Hernández, den Chefkonstrukteuren des wunderbaren Kurzpassspiels, zum Essen eingeladen wurden. Oder eben auch die, dass der beste Fußballer der Welt noch heute manchmal an ihrem Kiosk vorbeischaut, um zu fragen, ob es ihnen gutgeht. Doch sie erzählen diese Geschichten nicht jedem. Sie können die Hysterie, die um den Fußball und seine Stars gemacht wird, nicht verstehen. «Aber sehen Sie selbst», sagt Joan und zeigt einen Ort hinter der kleinen Arena. Dort führen schmale Steinstufen hinauf zu einem Kunstrasenplatz. Regelmäßig kommen Messitouristen aus der ganzen Welt hierher, um das Übungsgelände zu begutachten. Auch jetzt stehen zwei Engländer in kurzen Hosen am Maschendrahtzaun. «Hier hat alles angefangen», sagen sie, «hier hat er gespielt.» Seit der FC Barcelona sich vor den Toren der Stadt ein modernes Ausbildungszentrum für seine Talente hat bauen lassen, wird hier allerdings nur noch selten trainiert. Manche der Messianer stehen dennoch fast ehrfürchtig da und fotografieren immer wieder den menschenleeren Fußballplatz.

Leo selbst findet so viel Verehrung noch immer etwas befremdlich. Er ist der Antistar unter den Weltstars. Er sagt: «Dieser ganze Trubel ist nicht mein Fall.» Dann blickt er durch das große Panoramafenster der Loge in das leere Stadion. 100 000 freie Plätze, nur ein paar Tauben sitzen auf dem kurzgeschorenen Grün auf Höhe der Mittellinie. Aus dieser Entfernung sind sie als kleine graue Punkte zu erkennen. Fast sehnsüchtig schweift sein Blick durch die Arena. Und als würde ihm das jetzt zum allerersten Mal auffallen, sagt er: «Es ist sehr ruhig hier ohne Zuschauer.» Seine Füße schubbern dabei heftig über den edlen Teppichboden.

Kilometer 32 880 **Engel am Wegesrand**

Sie wird auf Weltreise gehen. Wie fast jeden Tag in den letzten Jahren. Sie hat es nicht weit. Sie braucht nur die Tür ihres Hauses zu öffnen, die Steinstufen hinunter und die wenigen Schritte zu ihrem alten Schreibtisch zu gehen, der am Wegesrand steht. Dort setzt sie sich unter den knorrigen Feigenbaum, der an heißen Tagen etwas Schatten und bei Regen einen trockenen Platz bietet. Und dann wartet sie. Sie wartet auf die Menschen, die täglich an ihrem Haus vorbeilaufen. An ihren Fingern beginnt sie aufzuzählen: «Frankreich, Spanien, Brasilien, Südkorea, Japan, USA, Kanada, Australien, Deutschland.» Sie macht eine Pause – «wissen Sie, was? Menschen aus der ganzen Welt kommen bei mir vorbei.»

In weiten Teilen führt der Jakobsweg auf seinen rund 800 Kilometern von der französischen Grenze nach Santiago de Compostela durch den wilden Westen Europas, über endlose Hügel mit fernem Horizont. Kurz vor Logroño, einer Stadt mit 120 000 Menschen im Nordosten Spaniens, wohnt Maria Mediavilla. Sie ist eine kleine Frau mit kurzen, grauschwarzen Haaren, einer Brille und herzlichen Augen. Das Leben hat Spuren hinterlassen in ihrem Gesicht, doch es sind schöne Falten. Noch bevor die Pilger den Ebro erreichen, der sich braun und schlammig durch die Stadt schlängelt, laufen sie durch Weinberge und an Marias Haus vorbei. Hier wachsen die weißen und roten Trauben des berühmten Rioja, dazu einige Olivenbäume. Es ist ein schwerer, zäher Boden. An Regentagen sammelt er sich zu einer zentimeterdicken Schlammschicht unter den Füßen. Nur schwer bekommt man die lehmige Erde wieder von den Schuhen gekratzt. Jeder Schritt wird schon hier zur

Herausforderung – dabei sind es noch 602 Kilometer bis zum Grab des heiligen Jakob.

Maria kann die Menschen mit den Rucksäcken und Wanderstöcken schon aus einiger Entfernung sehen, wenn sie den kleinen Hügel hinunterkommen. Vor ihrer Haustür ist der Jakobsweg eine schmale asphaltierte Straße. Vor ihr auf dem Tisch liegen ein Stempel, ein Stempelkissen, ein Stift, ein Zettel und ein Gästebuch. Eine Plastikfolie schützt es vor dem Regen. Zwei schwere Backsteine sorgen dafür, dass der Wind die Folie nicht fortreißt. Doch das Wichtige ist nicht das Buch, es ist der Stempel. Maria sitzt hier, um den Familienstempel in das *Credencial del Peregrino,* den offiziellen Pass der Pilger, zu drücken. Jeder muss diesen Ausweis mitführen und unterwegs – meist in den Herbergen – immer wieder stempeln lassen, um in Santiago de Compostela die finale Urkunde seiner Pilgerschaft zu erhalten.

Maria ist eine Stemplerin. Sie hat diese Aufgabe von ihrer Mutter übernommen. Sie spricht viel über ihre Mutter und erzählt, wie das damals alles anfing, dass ein Priester aus der Stadt in das Haus in den Weinbergen kam und Señora Mediavilla um Hilfe bat. Man wollte wissen, wie viele Jakobspilger nach Logroño kamen. Immer wenn sie konnte, sollte sie die Menschen zählen. Denn hier oben, zwei Kilometer vor der Stadt, war alles viel übersichtlicher als unten im Gewirr der Straßen. Da sie nicht lesen und schreiben konnte, zählte sie anders. Sie legte kleine Steine in eine Schale auf dem Tisch – für jeden Pilger einen Stein. Am Ende des Tages zählte die Tochter die Steine und notierte eine Zahl. 20 Jahre lang saß Felisa Rodriguez Medel vor ihrem Haus und bot den Menschen Wasser, Feigen und ein schattiges Plätzchen an. Als ihre Mutter im Jahr 2002 starb, erbte Maria den Stempel, der ursprünglich ein Geschenk eines Pilgers aus Madrid war. *Felisa, Higos, Agua y Amor* steht darauf – der Name der Mutter, Feigen, Wasser und Liebe. «All das, was sie gegeben hat und was ich nun fortführe», sagt Maria, die einst auf den Höfen der Gegend Trauben und Oliven geerntet hat und heute von einer geringen Rente und den Spenden der Pilger lebt. Vor 30 Jahren noch nahmen nicht mehr als ein Dutzend Menschen jährlich die mittelalterliche Wallfahrt auf sich. Inzwischen – Paulo Coelho, Shirley McLaine und Hape Kerkeling lassen grüßen – sind in manchen Jahren weit über 100 000 auf dem Pilgermarsch. Und Maria führt Buch: Im August zählte sie 7569, im September 5143, im Oktober 2196, im November 1873 und im Dezember bislang 531, heute 14. Sie macht Striche auf einem Zettel. Einer für jeden Pilger. Und jeder Strich sieht gleich aus. «So ist das auch auf dem Weg», sagt sie, «er macht keine Unterschiede, es ist egal, ob du reich oder arm, ob du dumm oder klug bist – alle sind gleich.»

Sie selber ist die Strecke nach Galicien noch nicht gelaufen. Wird sie auch nicht mehr, sagt sie, «aber ich gehe den Weg jeden Tag aufs Neue, durch die Pilger und ihre Erzählungen». Und jeder darf sich bei ihr ausruhen und berichten. Die meisten bleiben nur kurz, bitten um einen Stempel und legen eine kleine Spende in die Jakobsmuschel auf dem Tisch. Andere gehen wortlos vorüber, grüßen nicht mal. Wieder andere stehen eine Stunde oder länger bei ihr, reden ohne Unterlass, als ob sie dafür bezahlt würden. Und manche setzen sich auf eine der Bänke gegenüber in den Schatten, sprechen kein Wort und beginnen zu weinen. «Oft weine ich mit ihnen», sagt Maria, «wenn sie sich dann öffnen, ich mir ihre Probleme anhöre, sie von Krankheiten oder der Familie erzählen.» Viele bedanken sich dafür mit einem kurzen Gruß im Gästebuch. *Ein Engel am Wegesrand* schreibt ein Mann aus Kiel. *Kurz vor dem Lärm der Stadt eine Oase der Ruhe* eine Frau aus München. *Danke für den Kaffee* eine Frau aus Kanada. 22 Bücher sind in fast 30 Jahren zusammengekommen. Einmal brach eine Pilgerin vor Erschöpfung vor ihrem Tisch zusammen. Maria rief den Notarzt. Vor vielen Jahren war das. Noch heute schreibt die Frau aus Barcelona jedes Jahr eine Grußkarte.

Maria sagt, dass die meisten, die den «Camino» auf sich nehmen, auf der Suche nach etwas sind – nach einer Aufgabe, nach Anerkennung, nach einer Erklärung für etwas, vielleicht nach der eigenen großen Wahrheit, dem Glück. Sie selber scheint vieles von dem bereits gefunden zu haben. Sie sitzt einfach da und wartet, gibt jedem ein «Buen Camino!» mit auf den Weg. Und jedem, der möchte, drückt sie mit größter Sorgfalt einen Stempel in den Pass, als sei es das allererste Mal. Immer wirft sie noch einen kurzen, prüfenden Blick auf den Abdruck und achtet darauf, dass die Farbe nicht verschmiert. Dann schreibt sie das Datum daneben. Sie sagt: «Das ist meine Aufgabe.» Und der Stempel ist die Verbindung zwischen ihr und den Pilgern, zwischen zwei Welten. Denn auch wenn diese Begegnungen oft nur wenige Augenblicke dauern, könnten beide Seiten nicht grundverschiedener sein: Hier die Pilger, immer unterwegs, jeden Tag an einem anderen Ort. Dort die alte Frau, daheim vor ihrem Häuschen im Schatten des Feigenbaumes, längst angekommen, wo viele noch hinwollen – bei sich selbst.

Sie ist klein, die Welt der Maria Mediavilla. Alles liegt ganz nah beieinander. Das Haus, der Tisch, der Weg. Von hier oben hat sie einen schönen Blick auf die Stadt, auf den Fluss, auf die Türme der Kathedralen, auf die hochmoderne Stierkampfarena. An manchen Tagen trägt der Wind das «Olé» der Zuschauer zu ihr hinauf. An anderen Tagen, bei Rockkonzerten, wummern die Bässe bis in ihr Schlafzimmer. «Bumm, bumm, bumm», bläst sie die Backen auf und schmunzelt. Sie ist 1931 geboren, sie macht sich nichts aus Stierkampf und lauter Musik. Ob es nicht langweilig ist, immer hier zu sitzen, hatte ein junges Mädchen aus Österreich einmal gefragt. «O doch, manchmal schon», hatte Maria geantwortet, «doch jeder Tag ist anders, denn jeden Tag treffe ich andere Menschen und andere Geschichten.» Und wenn mal drei Stunden niemand kommt, hatte die Besucherin weitergebohrt. «Dann liegt es an mir, aus meiner Zeit etwas zu machen, nachzudenken, zu kochen, zu lesen oder einfach die Stille zu genießen.» Zeit ist das, was man aus ihr macht – einfacher und schöner könnte diese Geschichte nicht enden. Und ein Blick auf die Uhr am Handgelenk der alten Frau verrät, dass diese seit Stunden stehengeblieben ist.

14

SEBORGA Die Prinzenrolle

In den Bergen hinter San Remo liegt ein fast 1000-jähriges Reich. Wir gehören nicht zu Italien, behaupten seine Bewohner und haben das kleine Dorf zu einem Fürstentum erklärt. Das Erstaunliche: Historische Dokumente belegen diese Unabhängigkeit.

Jean-Philippe Arnotte ist ein Mann, den man nur schwer übersehen kann. Er trägt einen gepflegten kaiserlichen Backenbart – weiße, geschwungene Koteletten, die über der Oberlippe in einem Schnauzer münden. Dazu ein weißes Hemd mit blauen Streifen, eine rot-weiß-gold gestreifte Krawatte, eine schwarze Hose und strahlend weiße Turnschuhe. Er hat einen beachtlichen Bauch und bewegt sich immer leicht tänzelnd durch die Welt. Ein bisschen sieht er aus wie Hercule Poirot, der Meisterdetektiv aus den Romanen von Agatha Christie. «Ich habe Beweise», hatte Jean-Philippe am Telefon gesagt und wichtige Dokumente angekündigt.

Jetzt sitzt er in einem Restaurant in Seborga, einem Bergdorf mit 300 Bewohnern im italienischen Nordwesten. Er ist gekommen, um bei der Inthronisierung des neuen Prinzen dabei zu sein. Morgen soll Marcello der Erste in einer feierlichen Zeremonie zum Nachfolger von Giorgio dem Ersten in den Fürstenstand erhoben werden. Heute aber bringt die Kellnerin erst mal einen riesigen Salatteller und Medaillons vom Kaninchen. Und Jean-Philippe beginnt zu essen und schiebt seinen Pass über den Tisch. Das Stück Papier ist für ihn so etwas wie die amtliche Beglaubigung, dass die Geschichte wahr ist, die er gleich erzählen wird. «Ich bin Luxemburger», sagt er schmatzend, «kein Franzose.» Wegen seines Akzents werde er häufiger für einen Franzosen gehalten. Der Pass aber ist keiner aus dem Großherzogtum Luxemburg, er zeigt dafür ein Wappen mit weißem Kreuz auf blauem Grund, darüber die Krone des Heiligen Römischen Reiches. Auf dem Ausweis steht *Passaporto Principato di Seborga.*

Seborga liegt in der Provinz Ligurien am Schaft des italienischen Stiefels. Es gibt nur eine Straße in das versteckte Dorf im Hinterland der Riviera dei Fiori, der Blumenküste, die schöner klingt, als sie ist. Dort blüht kaum noch etwas, was nicht gewollt ist, meist Zierblumen in Gewächshäusern für die europäischen Großmärkte. Lärmig und prospektgepriesen ist die verbaute Gegend um San Remo. In Seborga geht es noch beschaulicher zu. Einige Kilometer führen schmale Serpentinen durch mit Pinien, Eukalyptus und Ginsterbüschen bewachsene Hänge hinauf auf rund 500 Meter. Jeder Olivenhain, jeder Rebstock gilt hier als kleiner Sieg über den steinigen Grund. Bei guter Sicht kann man bis nach Korsika gucken, bei schlechter ist immerhin noch Monaco mit seinen Hochhausblöcken und Betonfassaden zu sehen, wo die Küste längst Côte d'Azur heißt.

Wie eine Festung thront Seborga über dem Meer. Die Häuser drängen sich dicht an dicht, als hätte sie jemand auf die felsige Kuppe geklebt. Das Dorf soll über 1000 Jahre alt und seit jeher schwer zu erobern gewesen sein. Ansatzweise ist das heute noch so: Denn wer die verwitterten Steinhäuser und das Labyrinth der mittelalterlichen Gassen erreichen will, muss zunächst die seborgische Grenze passieren. Das Wappen mit der goldenen Krone ist dort auf den Asphalt gemalt. Daneben steht ein winziges Wachhäuschen, weiß gestrichen und mit blauem Dach. Darin hockt ein uniformierter Grenzposten. Er sieht gelangweilt aus. Er gähnt. Er sagt: «Ich habe Hunger, es ist heiß.» Viele Autofahrer sind irritiert, sie wissen nicht, ob sie ohne Kontrolle weiterfahren dürfen, und stoppen vor dem Wachmann, der einen Säbel und ein blaues Barett trägt. Er winkt sie durch. Wenige Meter weiter begrüßt ein Schild die Besucher in vier Sprachen: *Willkommen in Seborga, dem antiken Fürstentum.*

«Satt», sagt Jean-Philippe im Restaurant und klopft zufrieden mit der Hand auf seinen Bauch. Viele Jahre hatte er für die Europäische Kommission als Computerexperte gearbeitet. Mit 50 ging er in Rente. Heute lebt er von einigen Immobilien und ist ehrenamtlich für die diplomatischen Kontakte Seborgas in Luxemburg zuständig. «Wir haben Botschafter in elf Ländern», sagt er und tupft sich mit einer Serviette den Mund ab, «es gibt Konsulate in Moldawien, Spanien, Deutschland oder Indonesien.» Es sind Menschen wie Jean-Philippe, die von der jahrhundertealten Vergangenheit des Principato fasziniert sind und nicht bloß Zeuge, sondern Teil dieser Geschichte sein wollen, darunter ein Zahnarzt aus Belgien, ein Chirurg aus der Ukraine, ein Rechtsanwalt aus Rom. Und jeder von ihnen hat immer gleich zwei Visitenkarten dabei – eine für den Alltag, die andere für die Aufgabe als *Ehrenamtlicher Vizekonsul* des selbsternannten Fürstentums.

Im Jahr 2000 hatte Jean-Philippe eine Dokumentation über Seborga im Fernsehen gesehen. Wenige Monate später war er das erste Mal nach Ligurien gereist. Heute steht auf seinem Kärtchen *Konsul,* außerdem ist er der offizielle Übersetzer. Er hat auch den Text der Nationalhymne geschrieben, die wie ein Militärmarsch klingt und von großer Liebe, Loyalität und den schönen Seiten des Lebens in Seborga erzählt. Er spricht sieben Sprachen fließend – so fließend, dass er manchmal von einer in die andere wechselt, ohne es zu merken. Er beginnt in Deutsch, gleitet ins Englische ab und beendet seine Gedanken auf Französisch. Dabei redet er auch immer etwas schnell, sodass es so wirkt, als ob er es ständig eilig hat. Doch trotz seiner Fahrigkeit ist Jean-Philippe ein guter Redner. Er weiß, wie man das Wichtige betont – durch eine kaum vernehmbare Pause, danach kommt das Bedeutsame. Er sagt: «Seborga» – kurze Pause – «ist keine Phantasie. Wir sind echt, das belegt die Geschichte.» Angesprochen auf die Beweise, die er angekündigt hatte, blickt er sich argwöhnisch um, als ob ihn jemand belauschen würde. Verschwörerisch legt er eine Hand an den Mund und flüstert: «Wissen Sie, was» – wieder folgt eine dieser flüchtigen Pausen –, «wir sind einfach vergessen worden.» Nun hält er einen Monolog. Er jongliert mit historischen Daten, spricht vom Jahr 954, als der Graf von Ventimiglia das Dorf an Benediktinermönche verschenkte. 1079, als das Gebiet zum Fürstentum des Römischen Reiches erklärt wurde und schon bald ein souveräner Staat entstand. Und dann, 1729, als Mönche das Land an den Herzog von Savoyen verkauften. «Und nun wird es interessant», ruft Jean-Philippe: «Der Verkauf wurde nämlich vom Kaiser verboten, vom Papst nie erlaubt, dann von beiden annulliert und sowieso nirgendwo registriert.» Er grinst, als ob man sofort verstehen müsse, was das bedeute. «Der Kaufvertrag war also nie gültig!» Im nächsten Augenblick ist er schon weiter im Jahr 1815 beim Wiener Kongress, als Seborga sich nicht dem Königreich Sardinien anschloss, dann 1861, als man auch Italien nicht beitrat. Und als 1946 die Italienische Republik verkündet wurde, fehlte Seborga noch immer in den Dokumenten – bis heute. Jean-Philippe sagt: «Wir haben nie zu Italien gehört, es gibt kein Schriftstück, das das Gegenteil belegen kann.»

Nicht er will all das herausgefunden haben, sondern ein gewisser Giorgio Carbone, ein bärtiger Blumenzüchter aus dem Dorf. Der hatte sich in den frühen Sechzigern bereits ausführlich mit den geschichtlichen Wurzeln seines Heimatortes beschäftigt. Sein Ergebnis: Das Fürstentum lebt. Das Einzige, was noch fehlte, war ein Fürst. Mit großer Mehrheit wählten die Einwohner Giorgio den Ersten zu ihrem Prinzen auf Lebenszeit. 1993 rief er das *Souveräne Fürstentum Seborga* aus. Italien aber will diese Unabhängigkeit nicht anerkennen – viel schlimmer noch: In Rom nimmt man den angeblichen Fürstenstaat gar nicht ernst, man schweigt. Und die Seborghini kämpfen unbeirrt weiter, nicht für eine Abspaltung, sondern einzig für eine Anerkennung ihrer Souveränität. Schließlich hat jeder einen italienischen Pass und möchte diesen behalten, auch die Steuern werden an Italien gezahlt. «Das soll auch so bleiben und wäre wirtschaftlich gar nicht anders zu machen», weiß Jean-Philippe. Giorgio der Erste soll auf seiner Steuererklärung daher demonstrativ den Beruf *Fürst* eingetragen haben und in einem schwarzen Mercedes mit dem seborgesischen Kennzeichen *0001* gefahren sein. Und er soll, so erzählt man sich, mindestens achtzig Zigaretten am Tag geraucht haben. Der 73-Jährige starb im November 2009. 46 Jahre hatte er regiert. «Mit seinem Tod ist dieses Kapitel beendet», dachte und sagte der offizielle italienische Bürgermeister Seborgas damals. Viele Entscheidungen hatte er gemeinsam mit dem etwas sturen und knurrigen Monarchen treffen müssen. Und nach dessen Tod glaubte er sich alleine an der Macht. Doch so einfach war das nicht – denn die Bürger wollten einen neuen Fürsten wählen.

Jean-Philippe hat eine gute Nachricht: Marcello der Erste, den er «Seine Hoheit» nennt, ist zu einem Interview bereit. Marcello Menegatto, wie er mit bürgerlichem Namen heißt, sitzt in einer stillen Ecke der Taverna. Ursprünglich stammt er aus Lugano, lebt seit einigen Jahren in Monaco und in Seborga, wo ihm fünf Häuser gehören. Der Sohn eines Schweizer Bauunternehmers ist 1978 geboren. Er ist ein großer Mann, sicher 1,90 Meter. Er hat kurze Locken und Pausbacken, es wölbt sich ein zufriedener Bauch unter seinem Polohemd. Einige Wochen zuvor hatte er sich gegen seinen Kontrahenten durchgesetzt, den italienischen Regisseur Pepi Morgia aus Rom. Für sieben Jahre hat man ihn gewählt. Er sagt: «Ich fühle mich hier zu Hause, das ist der Grund, warum ich Prinz werden wollte.» Dann erzählt er von seinen Plänen, ein Fünfsternehotel zu bauen. Einen Golfplatz und Arbeitsplätze hat er auch versprochen. Marcello verbringt viel Zeit in Monte Carlo, dort macht man das so. Er sagt: «Das ist meine Vorstellung von einem modernen Fürstentum.» Vielen aber ist das zu viel Veränderung im ruhigen Bergort. «Der neue Prinz liebt es schnell», spotten sie hinter verschlossenen Türen – in seiner Freizeit fährt er gerne Speedboat-Rennen. Und dennoch ist der junge Schweizer so etwas wie eine neue Hoffnung. Gerade hat der Kindergarten schließen müssen, auch die Grundschule hat nur noch wenig Nachwuchs. Das uralte Dorf veraltet. Und auch Touristen waren mal mehr da. Knapp 10 000 Besucher kommen jedes Jahr den Weg hinauf, da sie von dem seltsamen Fürstenstaat gehört haben. «Ein neuer Prinz wird wieder mehr Aufmerksamkeit bringen», hoffen viele. «Seborga braucht den Tourismus zum Überleben», sagt Marcello.

In den meisten Nachbardörfern findet man nicht mal mehr ein Lebensmittelgeschäft, Seborga aber hat zehn Läden, die allerhand Souvenirs verkaufen. Es werden Pässe ausgestellt, mit denen man nirgendwohin reisen kann. Es wird eine eigene Währung – der Luigino – gewechselt, mit der man nirgendwo bezahlen kann. Und es gibt Briefmarken, die man auf keine Postkarte klebt, da diese nie ankommen würde. Fingerhüte, Feuerzeuge, Führerscheine – und schnell fragt man sich, ob das Fürstentum vielleicht doch nicht mehr als eine gut inszenierte Folklore für Touristen ist. Wenn Jean-Philippe das hört, wird er zappelig. Dann sprudeln noch mehr Jahreszahlen und Namen aus ihm heraus, dann spricht er von einer großen Aufgabe und einer kleinen Revolution. Er sagt: «Seborga ist das Monaco Italiens.» Manchmal schweift der Blick tatsächlich etwas neidvoll hinüber in das 25 Kilometer entfernte Fürstentum, das nach dem Vatikan der zweitkleinste Staat der Welt ist. Denn das mondäne Monte Carlo hat all das, was das provinzielle Seborga nicht hat: Reichtum, Luxus, Übermut und eine international anerkannte Souveränität.

Am nächsten Tag verwandelt sich das Dorf tatsächlich für einige

Stunden in eine Art monegassische Miniaturausgabe. Knapp 300 Gäste sind zur Inthronisierung des neuen Fürsten gekommen. Männer in Nadelstreifenanzügen mit Sonnenbrillen. Frauen in Designerkleidern mit storchenhaftem Gang. Fernsehteams, ehrenamtliche Konsuln. Die Säbel der Gardisten blitzen in der Sonne. Eine Parkwächterin verteilt weiß-blaue Fähnchen. Ein langer roter Teppich ist ausgerollt, doch die Gäste vermeiden es, auf die edle Auslegeware zu treten, manche springen sogar darüber. Als ein Mann versehentlich kurz seinen Fuß auf den Teppich setzt, entschuldigt er sich. Der König von Jirmania hat Grüße geschickt, auch die Prinzessin der Sozialistischen Republik Zandrovia hat Marcello dem Ersten Glückwünsche übermittelt – beides Phantasiestaaten, die ein ähnliches Dasein wie Seborga fristen, die nicht anerkannt sind.

Und nun wird Marcello in einer kurzen Zeremonie mit einem Schwert zum *Principe* geschlagen. Zwei Leibgardisten in Uniform, die wie unsichere Statisten wirken, weichen ihm nicht von der Seite. Sieben Staatsflaggen sind gehisst, eine weitere wird hochgezogen. Aus Lautsprechern knarzt die seborgische Hymne. «Viva Marcello!» Applaus. «Bravo!» Applaus. Der Prinz muss viele Hände schütteln. Er lächelt und winkt in die Menge, die schwere goldene Fürstenkette baumelt vor seinem Bauch. Auf der großen Piazza, die sonst ein Parkplatz ist, stehen gedeckte Tische. Eine kleine Bühne ist aufgebaut, wo ein schwarzbärtiger Mann, der wie Luciano Pavarotti aussieht, aber viel kleiner als der verstorbene Startenor ist, klassische Oper singt. Der Rest ist, wie andere Feste auch sind: Essen, Trinken und ein bisschen Smalltalk.

Stunden später, etwas oberhalb des Dorfes auf einem schmalen Bergrücken – von hier hat man einen schönen Überblick: Gerade kann man sehen, wie Marcello mit dem Pavarotti-Doppelgänger spricht. Daneben hüpft Jean-Philippe aufgeregt von einem Bein auf das andere, wieder sieht es so aus, als würde er tanzen. Ein Hund steht auf einem der verwaisten Tische und macht sich über die Reste her. Und auf der kurvigen Straße sind bereits die ersten Autos unterwegs hinunter zur Küste, gleich werden sie die Grenze mit dem Häuschen passieren, wo der Wachmann längst nach Hause gegangen ist. Von Seborga kann man über drei Grenzen gucken, sagen die Seborghini – die nach Italien, die nach Frankreich und die nach Monaco. Vielleicht sind es auch bloß zwei, das ist Ansichtssache. Nur eines ist gewiss: Die Grenze zwischen Theater und Realität wird in Seborga noch lange verschwommen bleiben.

Kilometer 35 018 **Auf den Ätna**

Wie die meisten hatte auch ich noch nie vom Eyjafjallajökull gehört. Dass der isländische Vulkan ausgerechnet jetzt seine feine Asche in die Atmosphäre speit und den europäischen Luftraum leer fegt, ist Zufall. Denn Locke und ich sind am Ätna und aufgeregt wie junge Hunde – Locke, weil sie ein junger Hund ist, und ich, weil ich mich wieder wie ein Fünfjähriger fühle. Damals wusste ich einige Vulkane auswendig, vor allem die mit den lustigen Namen: Fujiyama. Krakatau. Kilimandscharo. Llullaillaco. Popocatépetl, auch El Popo genannt. Und den mit seinen 3323 Metern höchsten Feuerberg Europas kannte ich natürlich auch – ich habe schon immer auf den Ätna gewollt.

Wer den sizilianischen Dauerbrenner besucht, wird früher oder später auf Nino Corsaro treffen. Er ist eine echte Größe hier am Berg und Besitzer eines Restaurants, das nicht größer als eine Hütte ist und *La Capannina* heißt, was *Die Hütte* bedeutet. Es liegt auf 1900 Metern, dort wo Reisebusse im Minutentakt Menschenmassen ausspucken. Nino verkauft auch allerlei Kram für Touristen: Hüte, die wie Vulkane aussehen, und scheußliche Aschenbecher, die jemand aus heißer Lava geformt hat – herausgewürgt von Mutter Natur. Wenn Nino von Lava redet, klingt das wie «Lover». Er ist Anfang 70 und spricht kein Wort Englisch. Er weiß nicht, was «Lover» bedeutet. Und nun steht eine junge Russin vor ihm. Sie sagt: «You are a hero.» Nino lächelt. Sie bittet um ein Autogramm. Auf Italienisch schreibt er: *Für Olga. Dein Nino*. Olga quiekt vor Glück und fällt ihm um den Hals. Jetzt lächelt Nino noch etwas mehr. Er hätte auch *Hero* schreiben können.

Es war der 18. Juli 2001, als Nino berühmt wurde. Der Ätna war bereits Tage zuvor ausgebrochen, doch jetzt kroch ein schmieriger Fluss aus Feuer gierig auf sein Restaurant zu. Nino sah das Unheil wie in Zeitlupe kommen, der Glutstrom schob sich mit 50 Metern pro Stunde voran. Pausenlos spritzte er Wasser auf die Ränder der 1000 Grad heißen Lavazunge. Ein Freund fuhr mit einer Planierraupe immer wieder in die Flanken des Schmelzflusses. Und tatsächlich, sie schafften es, die Lava einige Meter umzulenken. Sie stoppte direkt vor einem der Fenster, erkaltete und türmte sich in den wunderlichsten Formen meterhoch auf. Mehrere Häuser und die Talstation der Seilbahn wurden in diesen Tagen zerstört, Ninos Restaurant aber blieb stehen.

Von seiner Hütte aus kommen die Touristen in drei Etappen zum Gipfel: mit der Seilbahn auf 2500 Meter, weiter mit einem Unimog auf 2900 Meter und schließlich zu Fuß bis an den Rand des Hauptkraters. Ein junges Pärchen will in Flip-Flops nach oben laufen und dreht nach zehn Minuten um. Unser kleines Expeditionsteam schafft es mit Guide in zwei Stunden. Hier oben ist die Erde nackt, eine Bergwüste. Heißer Atem steigt aus Spalten auf. Faule Schwefelschwaden vernebeln die Sinne, lassen die Augen tränen und lösen Brechreiz aus. Locke drückt sich flach auf den Boden. Auch die dünne Luft sind wir nicht gewohnt, der höchste Hügel bei uns im bergfreien Schleswig-Holstein hat nur 168 Meter.

Vier Stunden dauert der Abstieg, dann sitzen wir wieder bei Nino. Unser Ausflug hat Spuren hinterlassen: Lockes Pfoten sind vom scharfkantigen Basalt aufgerissen, ihr Fell wird auch in einigen Tagen noch nach verfaulten Eiern stinken. Als ich Nino auf Englisch frage, ob er mir mehr über den 18. Juli und seine Heldentat erzählen möchte, zeigt er sein gönnerhaftes Lächeln. «Selbstverständlich», sagt er auf Italienisch, «überhaupt kein Problem.» Er nimmt eine der Postkarten aus dem Ständer, schreibt seinen Namen darauf und reicht mir das Autogramm.

15

ITALIEN Pizza ohne Pizzo

Es geht um Francesca Vannini Parenti und ihre Freunde, die Mut haben. Es geht um das älteste Restaurant der Stadt und seine Besitzer, die Angst haben. Und es geht um Palermo und die Mafia, die nicht zu trennen sind – noch nicht.

«Angst?» Francesca Vannini Parenti zieht ihre dunklen Augenbrauen hoch und schüttelt den Kopf, der lange, schwarze Pferdeschwanz zappelt dabei nervös in ihrem Nacken. Nein, Angst hat sie keine mehr, sagt sie, die Zeiten sind vorbei. Man kann ihren Mut tatsächlich hören, sie hat eine feste Stimme. Ihre Überzeugung ist zu sehen, sie hat einen entschlossenen Blick. Und auch die Energie dieser jungen Frau ist zu spüren, wenn sie sagt: «Die Mafia zu bekämpfen, kann nicht nur die Aufgabe der Polizei sein, das geht uns alle an.»

Palermo ist ein einziger großer Widerspruch: Es ist schön und hässlich. Es duftet und stinkt. Man liebt es und hasst es. Palermo ist alles zugleich. Die rußgeschwärzten Fassaden der barocken Altstadt haben breite Risse, der Putz bröckelt. Die sizilianische Hauptstadt ist auffällig baufällig. Eine brüchige Schönheit. Rund 700 000 Menschen versuchen auf wenig Platz miteinander auszukommen. Palermo liegt am Meer, doch in den düsteren, schmalen Gassen, wo meist nur ein Auto durchpasst, ist davon nichts zu spüren. Es ist stickig, die Luft steht. Der Atem der Stadt riecht nach Benzin, heißem Asphalt und Abfall. An Tagen wie diesem, wenn die Müllabfuhr streikt, wird Palermo zu einem Meer aus Müll. Plastiksäcke, Kartons und Einkaufstüten stapeln sich zu meterhohen

Bergen. Und die Atmung wird immer flacher, je länger der abgasgeschwängerte Tag dauert.

Die Via Emerico Amari führt geradewegs zum Hafen, dort wo die Fähren aus Genua und Tunis anlegen. Hier wird der Atem frischer. Nicht ohne Grund hat sich Francesca in diesem Café treffen wollen. Bis vor zwei Jahren hatte die *Antica Pasticceria Bristol* noch der *Cosa Nostra* gehört, wie die sizilianische Mafia genannt wird, da sie ihre Angelegenheiten gerne mit «Unsere Sache» beschreibt. Dann aber wurde die alte Konditorei vom Staat beschlagnahmt. Ein kleiner Sieg gegen das organisierte Verbrechen. «Wer heute hier einen Kaffee trinkt, zahlt keinen Cent mehr an Kriminelle», sagt Francesca. Sie hat nun etwas Triumphierendes in ihrer Stimme. Am Nachbartisch sitzen drei ältere Männer. Qualmende Zigaretten klemmen zwischen ihren Daumen und Zeigefingern. Als sie hören, über was Francesca spricht, verstummen sie und reden minutenlang kein Wort. Sie sitzen einfach nur da, rauchen und schweigen – und lauschen. Und Francescas Sätze fallen wie Steine in ihre Gesichter. «Die Mafia», sagt sie, «ist tief verwurzelt in unserer Gesellschaft. Palermo ist total verseucht.» Sie spricht laut und öffentlich über *La Mafia* – vor wenigen Jahren noch hätte sich das kaum jemand getraut. Francesca ist in Palermo geboren, Jahrgang 1980. Der Vater stammt aus Florenz, die Mutter aus Lausanne. Sie sagt: «Ich bin Sizilianerin, ich liebe Palermo.» Sie sagt aber auch: «Ich schäme mich für diese Stadt.»

Die Blicke der Herren nebenan werden jetzt strenger. Doch Francesca merkt das gar nicht, sie redet einfach weiter. Und wenn sie erst einmal beginnt mit dem Erzählen, hört sie auch so schnell nicht mehr auf. Sie kann dann wie ein Vulkan sein. «Palermo ist noch immer eine Geisel», sagt sie, «die Stadt ist fremdbestimmt durch den Einfluss der Mafiosi.» Denn *La Piovra,* der Krake, wie die *Ehrenwerte Gesellschaft* auch genannt wird, hat viele Tentakel und viele Gesichter. «Sie ist längst Teil des Bürgertums, beschäftigt Ärzte, Anwälte, Ingenieure und Politiker», sagt Francesca, «es wird mit allem gehandelt, was Geld bringt: Frauen, Waffen, Drogen, Giftmüll, Zement.» Ein kriminelles Wirtschaftsimperium, das nicht zu sehen, aber überall zu spüren ist. Es gibt Stadtviertel, wo ganze Straßen keine Arbeit haben, wo selbst Polizisten keinen Fuß mehr hineinsetzen, da sie nicht mehr sicher sind. Dort lebt der Bodensatz der Gesellschaft, dort hat die Mafia den Staat längst abgelöst, dort rekrutiert sie ihre Handlanger, die für wenig Geld jeden Auftrag erledigen. Francesca erzählt, wie in den achtziger und frühen neunziger Jahren auf Palermos Straßen fast täglich gemordet wurde, Menschen spurlos verschwanden. Es war die Zeit des zweiten großen Mafia-Krieges. Es war die Zeit der Mordanschläge auf Untersuchungsrichter, Journalisten und Unternehmer. «Doch niemand sprach über die *Cosa Nostra,* auch bei uns zu Hause war das ein Tabu.» Es herrschte die *Omertà,* das Gesetz des Schweigens, das sich wie ein Leichentuch über Palermo gelegt hatte. «Dieser Zustand muss endgültig ein Ende haben», sagt Francesca, «die Mafia muss weg – auch wenn das Jahrzehnte, vielleicht sogar Generationen dauern wird.»

Pizzo steht in schwarzen Buchstaben auf ihrer weißen Kapuzenjacke: Schutzgeld. Darüber ist eine Schere gedruckt. Öffnet sie den Reißverschluss, wird das Schutzgeld symbolisch zerschnitten. Francesca hat Kommunikationswissenschaften studiert. Heute arbeitet sie hauptberuflich als Anti-Mafia-Aktivistin für die Bürgerinitiative *Addiopizzo – Tschüs, Schutzgeld!* Denn in Palermo gibt es noch immer kaum eine Pizza ohne *Pizzo*. Man schätzt, dass rund 80 Prozent der Ladenbesitzer eine feste monatliche Summe an lokale Mafiabosse zahlen. Es ist ein gekaufter Friede. Es ist ein Pakt mit dem Bösen. Denn wer zahlt, unterwirft sich. Je nach Umsatz muss eine Bäckerei vielleicht 200 Euro im Monat berappen, ein Hotel bis zu 1000 Euro, ein Einkaufszentrum rund 5000 Euro. Die Sonderabgabe belastet am Ende die Kunden, die auf Sizilien teurer einkaufen als anderswo. Lange Zeit hat man den *Pizzo* als eine Art zusätzliche Steuer ertragen und den gefräßigen Parasiten stillschweigend als Ordnungsmacht neben einem schwachen Staat anerkannt. «Eine moralische Krise» nennt es Francesca. Und es hat Jahre gebraucht, bis auch Politiker und führende Geschäftsleute einsahen, dass es *Il Sistema*, wie Einheimische auch sagen, wirklich gibt. Ein System aus Gewalt, Angst und Korruption, das die Menschen durch Drohen, Bezahlen und Schweigen gefangen hält. «Wir aber weigern uns, das Schutzgeld von unseren Eltern zu erben», sagt Francesca, «wir wollen unsere Freiheit zurück.»

Der erste Protest regt sich im Juni 2004, als sieben Freunde eine Kneipe in der Altstadt eröffnen wollen. Einer kalkuliert die Kosten und plant wie selbstverständlich einen fixen Betrag für die Mafia ein. Sofort beginnen die Diskussionen. Schnell wird klar, dass man kein Schutzgeld akzeptieren würde. Wenige Tage später rätseln die Palermer über weiße Aufkleber mit schwarzem Trauerrand, die an Hauswänden, Mülleimern und Ampeln kleben: *Un Intero Popolo Che Paga Il Pizzo È Un Popolo Senza Dignità – Ein ganzes Volk, das Schutzgeld zahlt, ist ein Volk ohne Würde.* Ein erstes Signal. Eine kleine Revolution. So etwas hat es in Palermo noch nie gegeben. Sogar das Fernsehen berichtet. Und die Aktionen häufen sich. Schon bald läuft auch Francesca das erste Mal mit tief ins Gesicht gezogener Kapuze durch die Nacht und beklebt die Stadt. *Zeigt die Mafia an, wir unterstützen euch!*

Vieles hat sich seither verändert. Aus geheimen Treffen in versteckten Hinterhöfen und feuchten Kellern hat sich in wenigen Jahren eine öffentliche Bewegung gegen die *Cosa Nostra* entwickelt: *Addiopizzo* – eine Initiative mit über 40 Aktiven und Tausenden Unterstützern. Es ist die junge, furchtlose Generation der Sizilianer, die den Widerstand organisiert. Und nie sind die Aktivisten bislang bedroht worden. «Wenn die Mafia einem von uns etwas tun würde, wäre das wie ein Bumerang. Der Aufschrei des Volkes wäre inzwischen zu groß», glaubt Francesca. «Und nun wollen wir die Herren dort treffen, wo es ihnen am meisten weh tut: beim Geld. Wir müssen unser Konsumverhalten ändern.» Also steht *Addiopizzo* zahlungsunwilligen Geschäftsleuten zur Seite und ermutigt sie, sich nicht mehr erpressen zu lassen. Für Touristen hat man einen Stadtplan herausgegeben, auf dem über 400 pizzofreie Shops, Unterkünfte und Restaurants verzeichnet sind. Francesca sagt: «Wir haben einen neuen ethischen Wert eingeführt: Mafiafrei.»

Längst werden auch regelmäßige Anti-Mafia-Führungen für Schulklassen und Touristen veranstaltet. Es werden Orte gezeigt, wo Menschen ermordet oder Verbrecher verhaftet worden sind. Ungewöhnliche Stadtrundgänge, die immer auch in die Via Alessandro Paternostro führen, eine der unzähligen Gassen im Straßengewirr des historischen Zentrums. Gleich gegenüber einer gotischen Basilika und einer kleinen Piazza liegt hier seit 1834 die *Antica Focacceria San Francesco*. Es ist das älteste Restaurant der Stadt. Es ist ein Juwel, ein Relikt des ursprünglichen, des verträumten Palermo. Die Jugendstileinrichtung ist über 100 Jahre alt. Es gibt palermische Spezialitäten wie *Panino con la milza,* gebratene Kalbsmilz im Brötchen mit frischem Ricotta, oder panierte Schwertfischroulade mit Pinienkernen. An den Wänden hängen Fotos prominenter Besucher wie Sophia Loren, Hillary Clinton oder Richard Gere. Die Focacceria ist aber immer eines gewesen: ein Lokal des Volkes und ein Aushängeschild der Stadt. Dass nun täglich ein Carabiniere vor dem Eingang steht, verrät viel über Palermo und die sizilianische Seele. Der junge Polizist muss Wache halten, da zwei Männer eine mutige Entscheidung getroffen haben. Und er steht vor allem dort, weil man auf Sizilien noch immer in Angst lebt.

Im Restaurant sitzt Fabio Conticello vor einem Espresso. Er hat kurze dunkelblonde Haare, grüne Augen und eine erstaunlich große Nase. Gemeinsam mit seinem älteren Bruder Vincenzo hat er

2001 die Focacceria vom Vater in die fünfte Generation übernommen. Jetzt holt der Mittvierziger tief Luft. Angst? Ja, er habe irrsinnige Angst, sagt er. Er hat Angst, wenn er sein Auto startet. Er hat Angst, wenn er alleine auf die Straße geht oder ihm ein Mann mit Motorradhelm gegenübertritt. An manchen Tagen lastet die Angst so schwer auf seinem Brustkorb, dass es ihm schwerfällt zu atmen. Und in manchen Nächten reißt ihn die Angst aus dem Schlaf. Fabio sagt: «Das ist alles nicht gesund.»

Es ist der 25. November 2005, an dem sich das Leben der Conticellos von Grund auf ändern wird. Ein Freitag. Der sizilianische Herbst hat begonnen, es ist bewölkt und keine 20 Grad warm. Gemeinsam mit seinem Bruder sitzt Fabio im Büro, als gegen 17 Uhr das Telefon klingelt. Eine Mitarbeiterin vom Empfang sagt, dass einer der Gäste etwas Geschäftliches besprechen möchte. Vincenzo setzt sich mit dem Unbekannten an einen Tisch. Und der Mann gibt ihm schnell zu verstehen, warum er gekommen ist: «Freunde schicken mich. Zahlt jeden Monat 1500 Euro und ihr bekommt keine Probleme. Verstanden?» Zusätzlich fordert er 50 000 Euro für die vergangenen Jahre. Vincenzo überlegt nicht lange und setzt ihn vor die Tür. Denn Schutzgeld hatte die Focacceria noch nie gezahlt. In den Jahrzehnten zuvor hatten die Großmutter und auch der Vater das stets anders geregelt. Wenn stadtbekannte Mafiosi für mehrere hunderttausend Lire im Restaurant gegessen hatten, gewährten sie ihnen einen satten Rabatt. So ließ man die Conticellos in Ruhe.

Erst als Fabio und Vincenzo in kurzer Zeit die Umsätze vervierfachen, wird das Familienunternehmen auch für die Mafia interessant: Eines Morgens beginnt der Terror, als sie die Türen nicht mehr aufschließen können. Jemand hat die Schlösser mit Klebstoff gefüllt. Kurze Zeit später wird ein Abwasserrohr gesprengt und das Restaurant überflutet. Stromleitungen werden gekappt und Autos angezündet, Scheiben eingeschmissen und Kunden belästigt – alles nichts Ungewöhnliches in Palermo. So gibt die *Cosa Nostra* einem zu verstehen, dass nun die Zeit gekommen ist, «etwas in Ordnung zu bringen», wie es in der Sprache der Mafia heißt: *La messa a posto*. Und längst hat die geheime Gesellschaft damit begonnen, langjährige Lieferanten des Restaurants zu verdrängen und durch eigene Firmen zu ersetzen. «Sie wollten auch Arbeitsplätze für Angehörige», erzählt Fabio, «sie wollten uns abhängig machen und das Geschäft übernehmen.» Als die Conticellos sich weigern, wird ihre Katze ermordet. Sie finden das Tier in Vincenzos Bett, im Haus klebt überall Blut an den Wänden.

Nun haben die Brüder das erste Mal Angst um ihr Leben. Die Warnungen wirken. Sie sind eingeschüchtert und überlegen – das Restaurant ist ihr ganzer Stolz, seit über 170 Jahren in Familienbesitz. Dann kommt der 25. November, und der Unbekannte verlangt zum ersten Mal Schutzgeld. Doch sie haben Glück: Zwei Pärchen, die am Tisch nebenan sitzen, verfolgen das Gespräch und nehmen es mit einem Diktiergerät auf, es sind Polizisten in Zivil. Auch die Überwachungskamera des Restaurants liefert ein brauchbares Bild des Mannes, der als Giovanni di Salvo identifiziert wird. Am nächsten Tag zeigen sie ihn an. Die Polizei aber wartet noch ab und observiert fast vier Monate die Focacceria, um auch die Hintermänner zu überführen. Kameras und Wanzen werden versteckt, Telefone abgehört. Am 16. März 2006 sind ausreichend Beweise gesammelt, di Salvo und drei weitere Mafiosi werden verhaftet. «Als mein Bruder den Mann im Gerichtssaal identifizieren sollte und mit dem Finger auf ihn zeigte, war es totenstill», erinnert sich Fabio. Dass ein privater Unternehmer seine Anschuldigungen Auge in Auge mit der Mafia wiederholt, hatte es in einem sizilianischen Gericht noch nie gegeben. Giovanni di Salvo wird zu 14 Jahren Haft verurteilt, seine Komplizen zu 16, zehneinhalb und acht Jahren. An diesem Tag ist der Geschichte der *Cosa Nostra* ein neues Kapitel beigefügt worden.

«Ohne *Addiopizzo* hätten wir nicht durchgehalten», glaubt Fabio, «sie sind als Nebenkläger und Prozessbeobachter aufgetreten. So waren wir nicht alleine.»

Das Verfahren haben die Conticellos gewonnen. Und dennoch haben sie viel verloren. Es folgten Morddrohungen gegen Fabio und seinen Bruder. Bis heute stehen beide unter Polizeischutz, sie verlassen das Haus nicht ohne Bodyguards. Seit der Fabrikbesitzer Libero Grassi sich geweigert hatte zu zahlen und in einem offenen Brief auf der Titelseite einer Tageszeitung seine Erpresser angeklagt hatte, hatte es niemand mehr gewagt, sich dem Würgegriff des Kraken zu entziehen. Grassis Mörder schossen ihm mehrmals in den Kopf, als er am Morgen des 29. August 1991 in der Via Vittorio Alfieri 28 vor seine Haustür trat. Heute erinnert an der Wand des Wohnblocks eine Gedenktafel an Libero Grassi, der zur Symbolfigur der Anti-Mafia-Bewegung geworden ist. Auf dem Bürgersteig davor hat jemand mit dunkelroter Farbe einen großen Fleck auf das Pflaster gemalt. Es sieht aus wie eine offene Wunde, die niemals heilen wird.

Seit dem erfolgreichen Prozess der Conticellos haben *Addiopizzo* und Geschäftsleute mehr als 60 Fälle von versuchter Erpressung angezeigt. Im April 2010 hat ein Kronzeuge ausgesagt, dass die Betriebe und Shops, die Mitglied bei *Addiopizzo* sind, in Zukunft nicht mehr erpresst werden sollen, da den Mafiosi das Risiko einer Anzeige zu groß geworden sei. Ein Jahr später sind es bereits 700 Ladeninhaber, die sich den orangefarbenen Sticker mit dem schwarzen X als Symbol der Verweigerung an ihre Eingangstüren geklebt haben. «Unser Aufkleber schreckt die Mafia ab. Der Widerstand wächst», brüllt Francesca vor dem Café am Hafen gegen das Dröhnen der Straße an. Sie setzt den Helm auf und steigt auf ihre blaue Vespa. Sie muss noch durch die halbe Stadt. Am Abend werden sie wieder losziehen, um eine neue Nachricht zu verbreiten: *Liberazione in Corso. Continuiamo A Denunciare Il Pizzo – Die*

Befreiung läuft. Wir werden das Schutzgeld weiter anzeigen. «Es geht weiter», ruft Francesca. Dann braust sie davon, der Feierabendverkehr hat sie schnell verschluckt. Was bleibt, ist ein Gefühl: Diese Frau hat wirklich keine Angst mehr.

Kilometer 35 966 **Schlangenfest**

Der Tag beginnt mit einem Schlangenbiss. Die Frau hält ein blutgetränktes Taschentuch in der Hand. Sie zeigt die frischen Wunden an ihrem Finger. Äskulapnattern können blitzschnell sein, sie sind aber nicht giftig. Diese hat gleich mehrmals zugeschnappt. Einige Meter weiter hängt eine Schlange träge wie ein Gartenschlauch um den Hals eines blonden Mädchens. Furchtlos hat sie die Streifennatter mit beiden Händen gepackt, als wäre sie bloß ein Kuscheltier. Bedächtig wiegt das Reptil seinen schmalen Kopf hin und her, immer wieder schnellt dabei die schlanke Zunge hervor. Dort schlängeln sich zwei Vipern zwischen den knochigen Fingern eines zahnlosen Alten. Auf den Schultern und durch das lange Haar einer Frau winden sich gleich mehrere Schlangen. Einem Mann im karierten Sonntagszwirn haben sich zwei Schlingnattern in ihrer ganzen Länge um Arme und Hände gewickelt. Es herrscht ein Andrang wie bei einem Fußballspiel der italienischen Serie A, nur tragen die Tifosi keine Fanschals, sondern lebende Schlangen als Zeichen ihrer Zugehörigkeit.

Auf halber Strecke zwischen Rom und Pescara versteckt sich das Bergdorf Cocullo in einer Schlucht der zerfurchten Abruzzen. Weniger als 300 Menschen leben hier. Jedes Jahr am ersten Donnerstag im Mai aber feiern Einheimische und Tausende Zugereiste ein seltsames Ritual, den *Rito dei serpari,* das Fest der Schlangenfänger. Vor 4000 Jahren soll eine schlangenbeschwörende Fruchtbarkeitsgöttin der Ursprung gewesen sein. Im 16. Jahrhundert wurde aus dem heidnischen ein katholisches Zeremoniell, als die Menschen begannen, den heiligen Dominikus zu ehren, einen Kapuzinermönch, der vor 1000 Jahren oder mehr in den Abruzzen gelebt hat. Um San Domenico ranken sich die wundersamsten Legenden. Es heißt, er soll giftige Schlangen in Fische verwandelt und so die Gegend von einer Plage befreit haben. Bis heute gilt er als Schutzheiliger der Bauern und Schäfer.

Am Mittag beginnt der traditionelle Bittgang. Vier Männer schultern die lebensgroße, hölzerne Statue des heiligen Dominikus und tragen sie über die ausgetretenen Steinstufen der kleinen Kirche hinaus auf die mit Menschen überschwemmte Piazza. Schwaden aus Weihrauch entweichen der Kapelle und verhüllen den Vorplatz mit einem süßlichen Duft. Sofort drängen die Schlangenfänger zur Figur und behängen sie mit den in den Tagen zuvor gefangenen Tieren, die sich nun um den Kopf mit dem schwarzen Haarkranz und dem Heiligenschein winden. Die Schlangen sind die Hoffnung der ganzen Region. Ihr Verhalten wird als Zeichen für die kommende Ernte gedeutet: Rekeln sie sich um den Kopf und die Schultern, bleiben Hagel und Unwetter aus. Kriechen sie aber um den Unterkörper oder gar ins schwarze Gewand hinein, droht großes Unglück.

Eine Blaskapelle beginnt zu spielen, als der Pilgerzug sich gemächlich in Bewegung setzt. Polizisten schreiten voran und sorgen für eine schmale Schneise. Die Augen der Gläubigen sind starr auf San Domenico gerichtet. Einzelne weinen. Sie halten die Schlangen wie Rosenkränze zwischen ihren Fingern, beten und bekreuzigen sich. Beständig wispern sie ein «San Domenico, beschütze uns vor dem Gift der Schlangen». Kinder werden aus der Menge gehoben und auf Schultern gesetzt, um freie Sicht zu haben. Mehrere Stunden quillt die Menge durch die verwinkelten Gassen und hinaus auf die umliegenden Felder, stets gefolgt von Tausenden Pilgern und Schaulustigen, die wie Statisten im Schauspiel einer höheren Macht wirken.

«Machen Sie ein Foto mit sich und der Schlange», ruft ein

Mann und wedelt mit einem fast zwei Meter langen Exemplar. Er vermietet die Tiere an Touristen. Ein Foto, ein Euro. Bereits Wochen zuvor ist er auf den umliegenden, mit Büschen bestandenen Hügeln auf Schlangenfang gegangen. Ende März sind die gerade aus dem Winterschlaf erwachten Nattern noch einfacher zu greifen. Dann ist ihre Körpertemperatur, die sie während des Winters gesenkt hatten, noch zu niedrig für schnelle Bewegungen. Viele liegen dann steif in ihrem Versteck unter Steinplatten und in Felsspalten. Nun windet sich ein dickes Knäuel in einem Leinensack, ineinander verschlungen wie Spaghetti. Er fährt mit der Hand in den Beutel, holt eines der Tiere heraus und reicht es einer Frau, die das züngelnde Reptil zögerlich entgegennimmt und festhält, als würde sie mit rohen Eiern hantieren. Ihr Mann hält den mutigen Moment mit einer Videokamera fest. Und dann tut die Frau etwas, was sie später, wenn sie die Aufnahmen zu Hause stolz vorführen werden, selber verwundern wird: Sie küsst das Schuppentier.

Abseits der Massen in einer Seitenstraße stehen Elena de Sanctis, ihr Mann Tito und Sohn Francesco vor ihrem Haus. Das Dach ist halb eingestürzt, ein breiter Riss zieht sich quer durch eine der Mauern. Das Beben kam in der Nacht des 6. April 2009. Nur etwa eine Minute hat es gedauert, schätzt sie, vielleicht auch länger. Sie weiß es nicht. «Wie lang ist eine Minute, wenn man um sein Leben fürchtet?» Sie erzählt, wie sie aus dem Schlaf gerissen wurden und ins Freie laufen konnten. «Es war wie ein böser Traum.» Nie wieder wird sie vergessen, wie es in dieser Nacht nach Staub geschmeckt hat. Dabei sind die Menschen der Abruzzen daran gewöhnt, mit den Gewalten der Natur leben zu müssen. Häufiger zittert die Erde hier im Herzen Italiens, oft mehrmals im Monat.

60 Kilometer nordwärts in L'Aquila, der mittelalterlichen Provinzhauptstadt, steht heute kaum ein Stein mehr dort, wo er einst stand. Das Epizentrum hatte etwas südlicher im Dorf Onna gelegen, das es heute nicht mehr gibt. Die Erdstöße der Stärke 6,3 ha-

ben es von der Karte gewischt. 308 Menschen sind in jener Nacht unter den Trümmern gestorben. Cocullo aber hat Glück gehabt. Niemand ist verletzt worden. Nur wenige Häuser sind zerstört. Hier führt eine Treppe ins Nichts, dort glotzen dunkle, leere Fensterhöhlen. Teile des Glockenturms sind beschädigt, die Zeiger der Uhr sind stehen geblieben. Es ist nun immer kurz nach halb vier in Cocullo. Familie de Sanctis wohnt jetzt im drei Kilometer entfernten Nachbardorf Casale. Sie warten noch auf das Geld, das der Staat versprochen hat, um das Haus wieder aufbauen zu können. «Im nächsten Jahr», sagt Elena, «werden wir wieder zu Hause wohnen.» Woher sie ihren Optimismus nimmt, weiß sie nicht. «Ich glaube fest daran», sagt sie, «das hilft.»

Am frühen Abend erreicht der Strom der Pilger den Vorplatz der Kirche, die Prozession geht zu Ende. Erschöpft berühren einige noch ein letztes Mal das Gewand der Statue und dann die eigene Stirn, bevor San Domenico von den Schlangen befreit wird. Einige rekeln sich bereits herrenlos unter den Tischen zwischen den Füßen der nun ausgelassenen Festgemeinde. Auch Tito und Francesco haben am Tag zuvor eine Streifennatter gefangen. Sie haben sie am hinteren Ende mit einem schwarzen Klebeband markiert. So ist sie besser zu erkennen. Morgen, gleich nach Sonnenaufgang, werden sie in die Berge gehen und die Natter wieder freilassen. «Dann haben die Schlangen wieder ein ganzes Jahr Ruhe», sagt Tito, «und wir in unserem Dorf auch.»

16

SAN MARINO Klein, aber fein

In Deutschland wäre Francesco Amici ein Star. Er hat an vier Olympischen Spielen teilgenommen. In seiner Heimat arbeitet er als Plakatierer. San Marino ist so klein, dass fast jeder jemanden kennt, der schon mal bei Olympia war.

Sporthelden können wie Götter sein. Sie laufen schwebend durch das Leben. Die ganze Welt himmelt sie an. Sporthelden aus San Marino sind anders, eher wie du und ich. Man kann sie überall treffen, ohne es überhaupt zu merken. Sie werden nicht von einer undurchdringlichen Aura oder gar von Bodyguards begleitet. Sie haben keinen besonders durchtrainierten Körper und auch keine Autogrammkarten bei sich. Sie leben ein ganz normales Leben, gehen einkaufen, ins Kino oder sitzen in Bars, um sich die Zeit zu vertreiben. In San Marino kann es also passieren, dass man keine halbe Stunde im Land ist und bereits drei Fußball-Nationalspieler kennengelernt hat.

Die alte Schießsportanlage wird schon seit Jahren nicht mehr genutzt. Der Bau verfällt und wird von Unkraut überwuchert. Der Putz blättert von den Wänden. Die Eingangstore rosten. Im Gebäude aber gibt es noch eine kleine Bar. Der junge Mann am Tresen heißt Fabrizio – Vater Italiener, Mutter von der Elfenbeinküste. Fabrizio ist neugierig: «Du bist nicht von hier, woher kommst du?» Aus Deutschland. «Warum bist du in San Marino?» Ich bin Journalist und möchte ein Interview mit einem Sportler machen. «Mit welchem denn?» Francesco Amici. Fabrizio nickt und tut so, als hielte er ein Gewehr in den Händen. Er kneift ein Auge zu und krümmt seinen Zeigefinger am erdachten Abzug. «Schießen», sagt er. «Jeder hier kennt Francesco. Ich kenne auch Marino Cardelli, der ist bei den Spielen in Vancouver Riesenslalom gelaufen. Jeder kennt hier irgendjemanden, der schon mal bei Olympia oder bei Weltmeisterschaften war. Der da zum Beispiel», er deutet auf einen vielleicht 25-Jährigen am Flipperautomaten, «der spielt Fußball und hat mal ein Tor in einem Länderspiel geschossen.»

Mit glasigem Blick verfolgt Manuel die Flipperkugel. Er hat schon etwas getrunken an diesem Abend. Er ist Stürmer der sanmarinesischen Nationalmannschaft. «Es war ein Fehler des Torhüters», sagt er und zeigt noch einmal, wie das damals kam mit seinem Tor. Es war das 1:1 im EM-Qualifikationsspiel gegen Irland, kurz vor Schluss. Carlo und Fabio – zwei seiner Freunde, beide auch Nationalspieler – übernehmen jetzt die Aufgabe der irischen Verteidiger, Barkeeper Fabrizio spielt den Torwart. Der Tresen ist das Tor, eine zerknüllte Tageszeitung dient als Ball. Mit einer schnellen Bewegung umkurvt Manuel die beiden Gegenspieler und rudert etwas unbeholfen mit den Armen. Er stolpert – wie damals auch. Im Fallen aber spitzelt er die Zeitung, die ja der Ball ist, an allen vorbei gegen den Tresen, also ins Tor. Bauchwärts liegt er zwischen Tischen und Stühlen auf dem Boden der Bar. Alle jubeln.

Auch wenn die Iren damals noch mit 2:1 gewonnen haben, zählt dieser Treffer bis heute wie ein Sieg. In rund 20 Jahren hat San Marino erst ein Spiel gewonnen – 1:0 gegen Liechtenstein. Die Nationalelf, in der es keine Profis, aber viele Studenten oder Bankangestellte gibt, schießt sehr selten mal ein Tor. Dafür bekommt man umso mehr Gegentreffer. Einmal waren es dreizehn gegen Deutschland. Manuel hatte damals gegen Per Mertesacker und Christoph Metzelder spielen müssen, diese giraffenartigen Innenverteidiger. «So groß sind die», sagt er, zeigt in Richtung Decke und winkt ab, «keine Chance.» Fabio, Carlo und Manuel, die drei Nationalkicker, setzen sich nun an einen Tisch und spielen Karten.

Und Barmann Fabrizio will helfen, ein Treffen mit Francesco Amici zu vereinbaren, dem viermaligen Olympiateilnehmer im Sportschießen. Es dauert nicht lange, bis er die Telefonnummer herausgefunden hat. Zwei Minuten später ist alles geklärt: Morgen um zehn Uhr, unten im Tal bei der neuen Anlage der Sportschützen.

San Marino ist sehr klein, nach dem Vatikan und Monaco kleiner als jedes andere Land in Europa. Viel zu klein, um große sportliche Erfolge haben zu können, heißt es oft. Geographisch mag das stimmen, Kiel zum Beispiel ist doppelt so groß. Und alle 30 000 San-Marinesen würden auch bequem in ein eher kleines Fußballstadion passen. Aber geschichtlich betrachtet ist das Land, das in den sanften Ausläufern des östlichen Apennin liegt, größer als alle anderen. Die Republik wurde im Jahr 301 gegründet und gilt als älteste der Welt. Als erste Nation überhaupt schaffte man 1865 die Todesstrafe ab. Drei mittelalterliche Festungen thronen auf dem steil aufragenden Monte Titano, dem einzigen Berg mit über 750 Metern. Dort zwängt sich auch die Hauptstadt Città di San Marino an den Fels, wo sich Restaurants, Boutiquen und Friseure, Waffenläden, Juweliere und noch mehr Cafés aneinanderreihen. Es ist ein verwinkeltes Nest mit vielen Tagestouristen und vielen Treppen. Sprache und Essen sind italienisch. Keine 20 Kilometer sind es bis an den Strand von Rimini an der Adria. Früher gab es sogar mal einen Formel-1-Grand-Prix, den man *Großer Preis von San Marino* nannte. Das Ganze wurde allerdings im 100 Kilometer entfernten Imola ausgetragen. Dort hatte man zwar schon ein Formel-1-Rennen, die ferrarigeilen Italiener wollten aber zwei – deshalb der Trick mit dem Namen. San Marino wäre natürlich viel zu klein gewesen für einen solchen Zirkus.

Einen Euro für eine Minute zahlt der, der oben auf dem wuchtigen Titano durch eines der Touristenteleskope in Richtung Norden gucken möchte. Die neue Anlage der Sportschützen ist aber auch mit bloßem Auge gut zu erkennen. Das weite Halbrund mit den dunkelgrünen Netzen und Sicherheitszäunen wirkt wie ein Amphitheater. Es liegt in einem grauen Industriegebiet, nur wenige 100 Meter sind es bis zur italienischen Grenze. Das Schützenhaus sieht aus wie eine Ranch. Dunkles Holz, Westernstil. Der Rasen ist akkurat geschnitten. Drei Millionen Euro hat der san-marinesische Verband sich den hochmodernen Komplex kosten lassen. Das ist viel Geld für 150 Sportler. Bereits seit Jahrzehnten aber sind es die Sportschützen, die als Aushängeschild gelten. Und Francesco Amici – Jahrgang 1960, Frau und zwei Töchter – ist einer der Besten in der Trap-Disziplin. Das heißt, er schießt auf Tontauben, kaum größer als eine Kinderhand. Trap ist Englisch und bedeutet «Falle» – sehr viel früher waren noch lebende Tauben das Ziel, die man aus Käfigen ließ. Francesco macht einen Sport, von dem die Welt nur alle vier Jahre Notiz nimmt. Denn sind die Zuschauer an den Fernsehgeräten erst einmal im Rausch der Ringe angekommen, gucken sie alles, was bei Olympia läuft – vom Dressurreiten bis hin zum Aufwärmprogramm der Synchronschwimmerinnen aus Bahrain. Kein Sportler aus San Marino ist häufiger bei Olympischen Spielen gewesen als Francesco. 1992 in Barcelona belegte er Platz 21. 1996 in Atlanta landete er auf Rang 31, vier Jahre später in Sydney auf Rang 32. Oft denkt er an Athen 2004, als er nur knapp das Finale der besten sechs verpasste und am Ende Neunter wurde.

Heute kommt er eine halbe Stunde zu spät zum vereinbarten Termin. Er entschuldigt sich, er sagt: «Ich musste noch kleben.» Halbtags arbeitet er als Plakatierer. Im Kofferraum seines kleinen Fiat hat er Quaste, Bürsten und Gummirollen an langen Stangen, Eimer mit Tapetenkleister und diverse Plakate liegen, die Konzerte, Fußballspiele und Diskussionsabende mit Politikern ankündigen. Er klebt sie an die Werbeflächen entlang der Hauptstraßen. Francesco sieht aus wie ein tapsiger Knuffbär, den man gerne mal in den Arm nehmen würde. Sein Name passt zu ihm – Amici bedeutet

Freund. Er hat ein rundes Gesicht, schwarzgraue Haare und einen Dreitagebart. Im Verhältnis zu seinem Gewicht – sicher 100 Kilo – ist er mit seinen knapp über 1,70 Meter ein ziemlich kleiner Mann. Man könnte nicht sagen, dass er dick ist, eher kompakt. Er braucht diese Masse, um dem Rückstoß der Waffe etwas entgegensetzen zu können. Viele der Sportschützen, die größere Flinten im Anschlag haben, bringen auch etwas mehr auf die Waage. Wer zu schmächtig ist, dem reißt der gewaltige Schlag das Gewehr aus der Hand. Francesco schießt mit einer *Beretta S05*, einem fast vier Kilo schweren Jagdgewehr. Dachse, Fasane, Kaninchen und kleinere Vögel – auf die Jagd ist er schon als 14-Jähriger gegangen. Mit dem Sportschießen hat er erst spät, 1988, angefangen. Doch vor allem eine seiner Eigenschaften hat diesen Rückstand immer ausgleichen können: Ihn bringt nichts so leicht aus der Ruhe. Er ist eher der Gemütliche.

Francesco trainiert viermal die Woche vier Stunden. Am Wochenende ist Wettkampf. Er trägt Ohrenschützer, dazu eine Brille mit roten Gläsern. Geschossen wird mit daumendicken Schrotpatronen. Für eine Scheibe hat er zwei Schuss. Seine Wange wölbt sich etwas über den kurzen, hinteren Schaft, wenn er anlegt. Ein bisschen sieht es so aus, als schmiege er sich sanft an sein Gewehr. Kurze Konzentrationsphase. Dann spricht er sein Signal – ein kurzes «U». Die Wurfmaschine löst aus und schleudert die 100 Gramm leichte Scheibe mit über 100 Stundenkilometern los. Es bleibt eine Sekunde. Ziel erfassen. Schuss. Der Teller zerplatzt. Der Knall wird von den umliegenden Hügeln zurückgeworfen. Es qualmt aus der Beretta. Es riecht nach Schwarzpulver. Eine flüchtende Ente zu treffen, ist vergleichsweise einfach.

Fünf mal fünf Scheiben sind ein Durchgang. Sechs Durchgänge schießt er an diesem Vormittag. 150 Scheiben, von denen er fünf verfehlt. Das ist viel auf seinem Niveau. Francesco ist nicht zufrieden. «Gute Reflexe, Präzision und die Kunst, die Konzentration zu halten», sagt er, «das macht es aus.» Und er braucht Ausdauer, um das Adrenalin und den Stress zu verkraften. Wenn Francesco im Weltcup startet, verliert er zwei Kilo pro Wettkampf. In diesem Jahr ist er schon in Mexiko, Russland und China, in Monaco und in London gewesen. Bei der Weltmeisterschaft in Nikosia, das ist die Hauptstadt von Zypern, hat er sogar mal die Bronzemedaille gewonnen. 1995 war das. Im selben Jahr wurde er bei einem Weltcup-Schießen in Nikosia Zweiter. Und bei einem Weltcup 2008 in Belgrad war er mal Dritter. Das sind seine Erfolge in über 20 Jahren Sportschießen. «Das ist nicht viel», sagt er, «aber jedes Mal bin ich sehr glücklich gewesen.»

Sobald Francesco beginnt, von den Olympischen Spielen zu erzählen, wird der sonst so ruhige Mann lebhaft. «Das ist das Größte», schwärmt er, «das ist die größte Bühne, die ein Sportler bekommen kann.» Francesco weiß dann, dass seine Familie zu Hause vor dem Fernseher sitzt und seine beiden Enkelinnen rufen: «Guck mal, das ist Opa!» Er weiß dann auch, dass die ganze Welt zuschaut, wenn Athleten aus 200 Ländern bei der Eröffnungsfeier in das Stadion einmarschieren. Und irgendwann – zwischen sehr vielen Russen und einer Menge Schweden – kommt die Delegation des winzigen San Marino, von dem viele glauben, dass es eine Insel irgendwo im Mittelmeer ist. Die Olympiamannschaft besteht meist nur aus einer Handvoll Sportlern. Eine kleine, illustre Runde. Zu den letzten Winterspielen hatte das nationale Komitee einen einzigen Teilnehmer nach Kanada geschickt. Wenn dann also San Marino, Andorra oder Dschibuti ins Olympiastadion einlaufen, sieht das für viele immer niedlich aus – ach guck mal, wie nett, San Marino hat auch mal wieder ein paar tapfere Athleten dabei. Dabei zu sein, ist eben alles bei Olympia, wirklich toll! «Oft werden wir auch mit San Remo verwechselt», erzählt Francesco. Im olympischen Dorf ist er regelmäßig gefragt worden, wo seine Heimat denn eigentlich liege, wie die Flagge aussehe und solche

Sachen eben. Doch für Francesco sind es trotzdem wertvolle Begegnungen gewesen. Er hat viele Fotos mit den Athleten aus aller Welt gemacht. Er hat einen großen Karton mitgebracht, in dem er alle Erinnerungsstücke aufbewahrt. Seit Jahren hat er die Kiste nicht mehr hervorgeholt, es liegt etwas Staub darauf. Andere würden die Bilder und Souvenirs in ein Album kleben oder in Klarsichthüllen stecken, damit sie geschützt sind. Ihm ist das nicht so wichtig. Zwischen den Wimpeln und Zeitungsausschnitten findet er auch ein Autogramm des großen Muhammad Ali. Den hat er in Atlanta am Flughafen getroffen. Sie haben auch ein gemeinsames Foto gemacht. Francesco kramt es hervor. «Hier haben wir es» – er mit Ali, der damals die olympische Flamme entzündet hatte und von seiner Parkinson-Krankheit bereits schwer gezeichnet war. Francesco zeigt jetzt noch mehr Bilder. Er im Bus auf dem Weg zu den Wettkämpfen. Er beim Wettkampf mit der Startnummer 139. Er mit einem lustigen, viel zu großen Hut, dazu ein hellblaues Jackett und eine weiße Hose – die Farben seines Landes. Alles sieht sehr offiziell aus. Und es steht auch immer ein Offizieller der sanmarinesischen Delegation neben ihm. Bei Olympia gibt es viele dieser sogenannten Funktionäre. Und San Marino hat regelmäßig mehr Funktionäre als Sportler dabei. Doch niemand weiß so recht, warum die eigentlich da sind, weil sie ja in keiner Sportart starten.

Was man generell sagen kann: San Marino ist sehr beliebt bei Sammlern in aller Welt. Die Briefmarken und Münzen aus der Zwergrepublik gelten als echte Raritäten. Bei Olympischen Spielen ist das nicht anders. Dort gibt es Pins, die unter den Athleten als eine Art Währung gelten. Das sind diese kleinen Abzeichen mit den olympischen Ringen oder den Flaggen der Länder drauf, die man sich an die Jacke, den Hut oder an den Rucksack stecken kann. Jedes Land gibt seinen Sportlern einen kleinen Plastikbeutel mit vielleicht 100 dieser Nadeln mit auf den Weg. Und die Anstecker der kleinen Nationen sind besonders begehrt, da es davon nur wenige gibt. «Für einen meiner Pins habe ich mal drei aus den USA bekommen», erzählt Francesco, der eigentlich gar kein Sammler ist. Die Nadeln hat er aber trotzdem getauscht. «Das haben ja alle gemacht», sagt er, «und hinter jedem Pin steckt ein Sportler, dem ich begegnet bin – das ist schön.» Francesco hat sicher 300 der winzigen Abzeichen in seinem Karton, hier eines aus Kuwait, von der Inselgruppe St. Kitts und Nevis und aus Costa Rica, da welche aus Norwegen, von den Fidschi-Inseln und eines mit der kubanischen Fahne.

Die meisten bei Olympia gewinnen gar nichts – doch die wenigsten gehen damit so um wie Francesco. Es sind Gesichter wie seines, die von der antiken olympischen Idee erzählen, die Menschen in einer friedlichen Atmosphäre zusammenbringen soll. Sieht man dann die gigantische Werbemaschine, in der es um Milliarden geht, die Eröffnungsfeier, die von Mal zu Mal pompöser wird, das olympische Dorf, das sich zu einem Hochsicherheitstrakt mit Scharfschützen auf den Dächern entwickelt hat, oder den Medaillenspiegel, der minütlich aktualisiert wird, könnte man meinen, dass die Idee längst eine andere ist und dass die Spiele gar keine Spiele mehr sind, sondern eine schlimme Show. Francesco sagt: «Für San Marino zählt die olympische Idee nach wie vor. Und auch ich lebe meinen ganz eigenen olympischen Traum. Das ist das, was zählt.» Noch nie hat San Marino eine Medaille gewonnen. Doch es ist der Glaube an ein Wunder, der die kleine Nation zusammenhält. Das ist bei den bislang einmal siegreichen Fußballern so. Und das ist auch bei Francesco so, der an einem perfekten Tag tatsächlich die Chance hätte, mal einen großen Titel zu holen. Die Qualifikation für die Spiele in Peking 2008 verpasste er knapp. Im entscheidenden Schießen hatte er einmal danebengezielt. Und auch in London 2012 wird er sehr wahrscheinlich nicht dabei sein. Vor kurzem war er in Concepción, das ist in Chile, Vierter geworden, doch das reichte nicht, um sich zu qualifizieren. Viele Möglichkeiten bleiben nun nicht mehr. «Es sieht nicht gut aus», sagt Francesco, «aber so ist das dann. Ich bin ja mein einziger Gegner. Und wenn ich danebenschieße, bin auch nur ich schuld daran. So einfach ist das in meinem Sport.»

In der kleinen Bar an der alten Schießanlage sitzt an diesem Abend Emanuele am Tresen. Bei den Spielen 2004 in Athen und 2008 in Peking ist er als Freistil-Schwimmer gestartet. Vielleicht fährt er auch nach London, mal sehen. Und auch Manuel, der Ein-Tor-Stürmer, ist wieder da und steht wie gestern am Flipper. Barkeeper Fabrizio möchte wissen, ob alles geklappt hat mit Francesco und dem Interview. Als Nächsten würde er nun den Rennfahrer Alex De Angelis vorschlagen, das sei ein Freund von ihm, der mal Vize-Weltmeister auf dem Motorrad war. «Na, wie wäre das? Möchtest du mit ihm reden? Hier ist seine Nummer, es wäre nur ein Anruf.» Fabrizio strahlt erwartungsfroh und zeigt auf sein Mobiltelefon.

Kilometer 37 354 **Kondome des Grauens**

Ich will nicht nach Venedig. 1996 war ich schon einmal dort. Für sieben Stunden. Gemeinsam mit meinen Freunden Peter und Wenzel lief ich durch die kleinen Gässchen und über die vielen Brücken. Als uns das irgendwann zu langweilig wurde, scheuchten wir – leicht angetrunken – wechselweise Tauben und japanische Reisegruppen über den Markusplatz. Die Tauben flogen davon, die Japaner fotografierten uns. Es war ein unvergesslicher Aufenthalt. Die Stadt hatte mir aber trotz allem nicht gefallen – viel zu teuer, viel zu dreckig, viel zu viele Menschen auf viel zu wenig Platz. Und deshalb will ich jetzt nicht nach Venedig. Mit unserem Bus stehen wir wenige Kilometer südlich der Lagunenstadt auf einem Parkplatz am Strand. Es ist spät am Abend. Ein Auto hält neben uns. Die Scheinwerfer erlöschen. Nach einer halben Stunde wird eines der Fenster geöffnet und etwas auf den Asphalt geschmissen. Der Motor startet, das Auto fährt davon. Erst am nächsten Morgen sehe ich die zerknüllten Taschentücher und das benutzte Kondom. Habe ich es doch gewusst, denke ich, Venedig ist gar nicht romantisch. Wobei der Anblick von in die Natur geworfenen Präservativen längst nichts Ungewöhnliches mehr ist. Überall sind uns die schlauchförmigen Gummihäute begegnet – was ich gelernt habe: Vor allem an den idyllischen und etwas versteckt gelegenen Plätzen am Meer lässt sich vor allem eines finden: Kondome.

Lange Zeit habe ich es wirklich für möglich gehalten, dass es irgendwo in Europa noch Orte geben könnte, wo nie ein Mensch gewesen ist. Dass ich diese hoffnungslos verträumte Vorstellung getrost vergessen kann, weiß ich inzwischen – wegen der Kondome, die überall herumliegen, wo man sie nie erwarten würde. In Schweden entdeckte ich nach einer mehrstündigen Wanderung mitten in der Wildnis eine aufgerissene Packung der Marke *Mamba*. Am Strand von Riga begegnete mir das Porträt von Wladimir Lenin auf einer Kondomschachtel – ein kommunistisches Kondom sozusagen, vermutlich Einheitsgröße. Und in knapp drei Monaten wird Locke zwischen der Schafscheiße an einer steil abfallenden Klippe der irischen Westküste einen verbrauchten Zehnerpack finden. Größe XXL.

Generell lässt sich wohl sagen, dass es in nördlichen Ländern die meiste Zeit des Jahres zu kalt ist, um in freier Wildbahn oder im Auto Sex zu haben. In Finnland oder Norwegen haben wir kein einziges Kondom gefunden. In Spanien, Portugal und vor allem in Italien aber gibt es wahre Strände des Grauens. Mein Italienisch-Wörterbuch ist zwar schon etwas älter, aus den späten Neunzigern, dennoch überrascht es ein wenig, dass man zwischen dem Vorgefühl (*presentimento*) und dem Präsidenten (*presidente*) vergeblich nach einem *preservativo* sucht – wobei es sinngemäß sehr gut dazwischenpassen würde. Und auch in meiner spanischen Vokabelhilfe ist zwischen dem Straferlass (*condonación*) und dem Kondor (*cóndor*) kein Kondom zu finden. Ein schneller Blick in das englische Lexikon dagegen genügt bereits, um zwischen Beileid (*condolence*) und Eigentumswohnung (*condominium*) fündig zu werden. In London sagt man übrigens auch «Pariser» (french letter), in Paris dagegen «Londoner» (capote anglaise). Philosophisch sind die Portugiesen: «camisa de venus» (das Hemd der Venus). Und die Holländer sind lustig: «Feestneus» (Pappnase). Warum aber die Italiener sich dem *preservativo* verweigern, es aber dennoch massenhaft benutzen, weiß vermutlich nicht einmal der Papst. Es mag aber vielleicht auch daran liegen, dass Kondome im Alltag auch «guanti» genannt werden, was so viel wie Handschuhe bedeutet.

17

ÖSTERREICH Das Thal des Terminators

Peter Urdl ist mit Arnold Schwarzenegger zur Schule gegangen. Und noch heute ist er einer der besten Freunde vom Arnold, der die Steiermark verließ, um berühmt zu werden. Peter ist geblieben. Nun hat er das erste Schwarzenegger-Museum der Welt eröffnet.

Peter Urdl weiß, wer dran ist, wenn mitten in der Nacht das Telefon klingelt – sein Freund ruft an, der Arnold aus Amerika. Und der Arnold weiß natürlich, dass er den Peter gerade aus dem Bett holt, wegen der Zeitverschiebung. Der Arnold aber hat wenig Zeit und kann oft erst anrufen, wenn es in Los Angeles schon 20 Uhr oder später ist. Im österreichischen Thal, dort, wo der Peter lebt, ist es dann vier Uhr früh. Neulich, letzte Woche gerade, haben sie wieder einmal spät in der Nacht telefoniert, um Details für das Museum zu besprechen, das sie gerade gemeinsam planen. Er, der Urdl Peter, und sein Freund, der Schwarzenegger Arnold, wie man in Österreich sagt. «Ich bin froh, einen Freund wie den Arnold zu haben», sagt der Peter, «und der Arnold sieht das genauso.» Mehr als 40 Jahre haben sie Kontakt gehalten. «Der Arnold hat seine Heimat nicht vergessen, der weiß, wo seine Wurzeln sind.»

Es ist nicht zu überhören, dass Peter, Jahrgang 1948, in der Steiermark geboren ist und sein Leben hier verbracht hat. Er hat einen starken steirischen Dialekt. Er sagt: «I rejd wia da Arnold.» Und der Arnold hat das Steirisch weltberühmt gemacht. Heute noch spricht er ein eher breites Englisch mit steirischem Einschlag, das klingt, als ob ein zu langsam eingestellter Roboter eine neue

Fremdsprache eingespeist bekommen hat. Er hat es nie nötig gehabt, seinen Akzent wegzuüben, der war immer auch sein Markenzeichen. Auch Peter hat ein Markenzeichen, doch es ist leicht zu übersehen: Am Revers seines Sakkos steckt ein kleiner goldener Pin, der den kantigen Kopf vom Arnold und das Wappen von Thal zeigt. Es gibt nur zwei dieser Anstecker auf der Welt, sie sind eine Sonderanfertigung – den einen hat der Arnold, den anderen der Peter. Und so ein Pin ist wie eine kleine Fahne, ein Zeichen der Verbundenheit. Peter trägt ihn jeden Tag. Von 1989 bis 2008 war er der Bürgermeister von Thal. Er sieht auch heute noch aus wie ein Bürgermeister: Er hat ein graugrünes Jackett, ein hellblaues Hemd und eine schwarze Hose an, dazu eine rotgoldene Krawatte und blank geputzte schwarze Lederschuhe. Seine silbergrauen Haare hat er zu einem Seitenscheitel frisiert.

In Thal leben wenige Menschen auf großer Fläche. 2300 Einwohner verteilen sich auf 19 Weiler. Der Plabutsch, der rund 750 Meter große Höhenzug, trennt die Gemeinde von Graz. Die Steiermark liegt so abgeschieden, dass manch einer noch die aufstrebende Landeshauptstadt besucht, es aber nicht mehr bis nach Thal schafft, das nur wenige Kilometer entfernt liegt. Es ist eine Schlafgemeinde: Gearbeitet wird in Graz, geschlafen in Thal. Es gibt einen See und einen Golfplatz. An den Wochenenden kommen die Grazer, um sich zu erholen. Thal will modern sein, für drei Euro gibt es Handy-Führungen durch die farbenfrohe Pfarrkirche, die wie ein bizarres Raumschiff aus einem Hollywood-Film wirkt. Den futuristischen Anbau des Gotteshauses hat Arnold aus Amerika mitfinanziert. Im Restaurant am Ufer des Thaler Sees kann man Schwarzeneggers Leibspeisen bestellen: Rindsuppe, Schnitzel und Apfelstrudel. Es hängt auch eine kleine Galerie mit Fotos vom Arnold an der Wand, wie er in der Gaststätte sitzt, daneben der Wirt. Wie er die Frau des Wirts im Arm hält. Wie er das Kind des Wirts in die Luft hält. Es gibt auch ein gemaltes Familienporträt mit Frau und Kindern, aber ohne den Wirt – an seiner Stelle sitzt Schwarzenegger. Jetzt kommt der Gastwirt an den Tisch: «Sie wissen vielleicht, dass Arnold Schwarzenegger hier geboren und aufgewachsen ist.» Es ist eine Feststellung, keine Frage. Er sagt: «Arnold ist einer von uns.» Verschwistert und verschwarzeneggert fühlt man sich in Thal. Und man pflegt den Personenkult um den berühmtesten Sohn des Dorfes, der zugleich der bekannteste noch lebende Österreicher ist. Man weiß hier, dass das Image des Weltbürgers auch dem Ort guttut. Peter hat schon früh erkannt, dass der Arnold das Aushängeschild ist. Er hat Aufkleber und Postkarten drucken lassen: *Thal – Geburtsort von Arnold Schwarzenegger.* Denn Peter ist auch Geschäftsmann. Heute arbeitet er als Vertreter für eine große Kaffeefirma. Auf die Rückseite seiner Visitenkarte hat er ein Foto von sich und Arnold geklebt. Beide lächeln in die Kamera und halten gemeinsam ein Täschchen in der Hand, auf dem der Name des Kaffeeproduzenten steht. Es sieht so aus, als würde er dem Arnold den Kaffee überreichen. «Ich habe den Draht zum Arnold», sagt Peter, «durch ihn habe ich immer viel Publicity für unsere Gemeinde bekommen. Thal ist durch ihn berühmt geworden.»

Seit 2006 hatte es eine provisorische Ausstellung in einem grauen Container neben der Pfarrkirche gegeben. *Mit Kraft zum Erfolg* hatte Peter die kleine Sammlung von Fotografien und Schwarzenegger-Büchern genannt. Jeden Morgen um acht schloss er die Tür auf, abends um sechs sperrte er wieder zu. Rund 5000 Besucher kamen jedes Jahr, viele US-Amerikaner und Japaner, die sich mit Grüßen im Gästebuch verewigten. Sie schrieben: *Du bist unser Held!* Oder: *Yeah Arnie Yeah!! Arnie forever!* Vielleicht glaubten sie, dass ihr Idol diese Sätze tatsächlich eines Tages lesen würde. Niemand von den Besuchern kannte Peter Urdl, doch der las jeden der Einträge und freute sich, wenn jemand die Sammlung lobte oder etwas Nettes über Thal schrieb. Denn indirekt waren diese Grüße ja auch für ihn bestimmt, ohne den es die Ausstellung gar nicht gegeben hätte.

Peter und Arnold haben in der ersten und zweiten Klasse nebeneinandergesessen. An der Schule hängt ein buntes Plakat, das eine ganze Hauswand verdeckt: *Wenn es einen Glauben gibt, der Berge versetzen kann, so ist es der Glaube an die eigene Kraft. Start einer Karriere – Arnold Schwarzenegger war Schüler in dieser Volksschule.* Thal ist wie ein großes Schwarzenegger-Freilichtmuseum. 2004 hatte man bereits den *Arnold Schwarzenegger Wanderweg* eingeweiht – auch eine Idee vom Peter. Die wichtigsten Stationen in Schwarzeneggers Leben können auf einem Rundkurs abgelaufen werden. Man hat acht wuchtige Steine aus Granit aufgestellt, die mit Inschriften und Fotografien versehen sind. Ein neunter ist noch auf Lager. «Wer den Arnold kennt, der weiß, dass immer alles möglich ist», sagt Peter, «das ist noch nicht das Ende.» Einer der Felsen steht vor dem Haus in der Linakstraße 9. Hier wurde Arnold Alois Schwarzenegger am 30. Juli 1947 geboren, hier lebte er 18 Jahre mit seinen Eltern und seinem Bruder. Gemeinsam mit Christian Baha, Schwarzenegger-Fan, Österreicher und Millionär, hat Peter eine Firma gegründet, die *ARNIE's life GmbH*. Baha hat den Kauf und die Renovierung des Hauses mit einer halben Million Euro finanziert. Nun hat Peter eine neue, viel größere Ausstellung eingerichtet. «Wir haben ihm ein Denkmal gesetzt», sagt er, «wir sind das einzige Museum der Welt, das den Namen Arnold Schwarzenegger tragen darf. Wir haben seinen Segen.»

Lange musste Peter auf die Exponate warten, die der Arnold versprochen hatte. Das Breitschwert zum Beispiel, mit dem er als Vorzeitkrieger in *Conan der Barbar* seine Feinde niederstreckte. Eine lebensgroße Figur aus *Terminator* 3, die nun im ehemaligen Kinderzimmer steht. In einem anderen Raum haben sie den Schreibtisch aus dem Gouverneursbüro aufgebaut. In den Schubladen liegen Formulare für Gesetzesvorlagen, auf dem Tisch steht ein Telefon, aus dem Schwarzeneggers Stimme die Besucher begrüßt. Und Filmplakate und Fotos in goldenen Rahmen hängen natürlich auch an den Wänden. Auf vielen ist auch Peter zu sehen, gemeinsam mit Arnold. *To my friend Peter. Best Wishes Arnold* steht auf einem der Bilder. Peter hat dazugeschrieben: *Zusammentreffen alter Freunde im Landhauskeller Graz 4. März 2009.* Schwarzenegger lächelt sein breites Schwarzenegger-Lächeln. Peter strahlt auf diesen Fotos. Er ist glücklich in der Gesellschaft seines Freundes, wenn er ihm ganz nah sein kann, so nah, wie eigentlich nur die Bodyguards ihm sein dürfen. Auf einem anderen Bild liegt eine der riesigen Schaufelradbaggerhände auf Peters Schulter, klein und zerbrechlich wirkt er. Neben Arnold Schwarzenegger sieht jeder wie ein Zwerg aus. Er ist ja eine Art Übermensch und eigentlich gar kein Mensch, sondern eine Maschine, die nicht müde werden kann, die Welt vor dem Untergang zu retten. Zweimal hat Peter ihn in den USA besucht. «Ich zeig dir mal, wie man Politik bei uns in Amerika macht», hatte sein Freund gesagt und ihn nach Los Angeles und Sacramento eingeladen. Peters Augen leuchten, wenn er von diesen Reisen erzählt. Dann zeigt er eine Aufnahme, wie er neben Schwarzenegger in seinem Privatjet sitzt.

Jetzt sitzt Peter am Tisch in der einstigen Küche der Schwarzeneggers. Er hat sie wieder so herrichten lassen, wie der Arnold sie aus seiner Erinnerung beschrieben hat. Hier der Vorratsschrank mit dem Brotfach, dort der Herd und die Kiste für das Brennholz. Mit alten Walzen hat man die Schnörkelmuster der fünfziger Jahre auf die Tapeten gedruckt. Eine alte Uhr tickt an der Wand. Ungezählte Male haben sie telefoniert, sind bis spät in die Nacht bis ins Detail gegangen. Auch das Plumpsklo ist nun dort, wo es früher einmal war. «Das hat der Arnold sich so gewünscht.» Peter mag nun gar nicht mehr aufhören zu erzählen, obwohl er alles schon so oft erzählen musste. Er kennt viele gute Geschichten mit dem Arnold. Eine geht so: Einmal, als das Gebäude noch im Besitz eines älteren

Ehepaares war, wollte der Arnold zwei Freunden aus den USA sein Geburtshaus zeigen. 1997 war das, sie waren zur Europa-Premiere von *Batman & Robin* nach Wien gekommen. Peter erinnert sich noch genau, wie er gemeinsam mit dem Arnold und den beiden Freunden vor dem Haus gestanden hat: Es waren George Clooney und Ralf Möller. Sie klingelten, und die alte Frau öffnete die Tür. «Grüß Gott, ich bin der Schwarzenegger Arnold und würde gerne meinen Freunden George und Ralf das Haus zeigen, in dem ich geboren bin.» Jeder andere hätte vermutlich sofort die Tür aufgerissen, die zwei Weltstars, den Bürgermeister und den B-Promi hereingebeten und zum Tee eingeladen. Die alte Frau aber sagte bloß: «Tut mir leid, meine Herren, ich habe nicht aufgeräumt.» Dann schloss sie die Tür.

Viel hatten Peter und Arnold eigentlich nicht gemein in ihrer Jugend. Arnold entdeckte seinen Körper und das Bodybuilding. Peter fuhr Radrennen und machte sich wie andere auch zunächst etwas lustig über den Arnold, wenn der jeden Tag in den Wald ging, um Baumstämme zu wuchten, oder sich Hanteln zusammenschweißte, um seine Muskelberge zu züchten. Und er wurde nicht müde, von seiner großen Karriere zu erzählen. «Wir haben immer zu ihm gesagt: Wenn du träumen willst, musst du dich ins Bett legen», erinnert sich Peter, «der Arnold aber hat wie besessen weitergemacht. Als ob er das alles vorausgesehen hat.» Früh, als 18-Jähriger, ist er dann aufgebrochen auf seine unglaubliche Reise, deren Stationen fast jeder kennt. Der Peter ist zu Hause in Thal geblieben, hat Elektriker gelernt und sich in der Politik engagiert. Aus der Ferne hat er aufmerksam beobachtet, wie sein Freund sich nach oben gearbeitet hat, wie er immer kräftiger, bekannter und mächtiger geworden ist. Mister Universum, Hollywood, Gouverneur von Kalifornien. «Sein Weg hat mich enorm beeindruckt», sagt Peter. Für ihn ist der Arnold aber vorwiegend eines geblieben:

der Arnold. Dennoch gefällt es ihm natürlich, wenn sein prominenter Freund sich Zeit für ihn nimmt, wie das eine Mal, als sie schon eine halbe Stunde telefoniert hatten, Arnold aber nicht auflegen wollte. Er hatte immer mehr wissen wollen, wie es alten Freunden so geht, was in Thal gerade passiert. «Mit 40 wäre das kein Thema gewesen», sagt Peter, «doch auch der Arnold wird älter und hat wieder mehr Interesse an seiner Heimat, vielleicht hat er sogar ein bisschen Heimweh.»

Als 2003 die Wahl zum US-Gouverneur anstand, kamen sechzig Fernsehteams aus der ganzen Welt in das steirische Dorf. Es gab eine große Wahlparty im Gemeindehaus. Und Peter, der Bürgermeister und Schwarzenegger-Freund, musste jedem Sender ein Interview geben. Auch heute hat er häufiger Reporter zu Besuch, die über das Thal des Terminators berichten wollen. *Wann kommt der Arnold? Was sagt der Arnold? Wie geht's dem Arnold?* Und natürlich weiß er, dass viele Journalisten besonders an den Skandalen interessiert sind, die so ein Actionleben mit sich bringt. Doch dafür sei er zu clever, sagt er, «ich weiß, was ich denen erzählen kann und was nicht». Er redet nur gut über seinen Freund. In den letzten Jahren ist Peter dann auch ein bisschen berühmt geworden, weil er ja den Arnold kennt, und das färbt natürlich ab. Manchmal wird er nach einem Autogramm gefragt – nicht nach seinem, sondern nach einem vom Arnold, weil die Leute wissen, dass er den Kontakt hält. Regelmäßig kriegt er auch ein Päckchen mit signierten Autogrammkarten geschickt, die er dann weitergeben kann. Und jede Woche kommt Fanpost aus aller Welt, die er öffnet und beantwortet oder nach Kalifornien weiterleitet. Die Fans schreiben an *Arnold Schwarzenegger, Austria* – das reicht, um anzukommen.

Wenn Peter erzählt, was sein Freund alles für Thal getan hat, klingt das so, als würde dieser in jedem Interview nur darauf warten, seine steirische Heimat zu erwähnen. Vor allem stimmt aber, dass Peter es ist, der den Thalern nun eine moderne Attraktion bringt, die auch Graz gerne hätte. Graz aber hat es sich verscherzt mit dem Terminator. Lange debattierte man dort, ob man das *Arnold-Schwarzenegger-Stadion* wieder umbenennen sollte, da Schwarzenegger während seiner Amtszeit in Kalifornien Gnadengesuche ablehnte und Todesurteile vollstrecken ließ. Schließlich entzog er selber der Stadt das Recht, seinen Namen weiter für Werbezwecke zu verwenden. Und auch Peter musste in Thal gegen Widerstände kämpfen. Spricht man ihn auf die Sache mit der Todesstrafe an, wird seine Miene ernst. «Auch ich musste als Bürgermeister manchmal Gesetze unterschreiben, die ich nicht gut fand», beginnt er, «und natürlich bin ich gegen die Todesstrafe – in den USA aber gibt es andere Gesetze.» Im Thaler Gemeinderat kam es zu einer Abstimmung, ob man Schwarzenegger die Ehrenbürgerschaft aberkennen sollte. Das Ergebnis war eindeutig: Acht stimmten für den Arnold, drei gegen ihn. «Es konnte kein gemeindeschädigendes Verhalten festgestellt werden», wie der Peter es nennt. Dann wollte ein Grünenpolitiker für jeden unter Schwarzenegger hingerichteten Menschen ein schwarzes Kreuz aufstellen lassen – auch das wurde abgelehnt. «Der Arnold und ich sind ja nicht immer einer Meinung», sagt Peter, «er ist Republikaner, ich bin Sozialdemokrat, aber trotzdem sind wir Freunde. Ich würde alles für den Arnold tun.» Seit Jahren fährt er regelmäßig an das Grab von Schwarzeneggers Eltern ins 60 Kilometer entfernte Weiz in der Oststeiermark, um frische Blumen zu pflanzen, um es zu pflegen. Es gibt niemanden sonst, der das tun würde, «der Arnold weiß, was er an mir hat».

Für das Foto zu dieser Geschichte hat sich Peter nun in den kleinen Wald am See gestellt, dort wo der Arnold früher seine Klimmzüge gemacht hat. Neben ihm steht ein entschlossen dreinblickender Terminator mit schwarzer Lederjacke und dunkler Sonnenbrille. Die Figur hat Einschusslöcher am ganzen Körper und ist sicher zwei Köpfe größer. Peter muss zu ihr hochschauen. Der Terminator steht allerdings auch etwas schief und wacklig, weil er aus Pappe ist, der Wind könnte ihn problemlos umpusten. Peter aber stützt ihn, er sagt: «Ich halte ihn, der fällt hier nicht um.»

Kilometer 38261 **Hund, Katze, Maus**

Diese Katze wird nie wieder Mäuse fangen. Sie liegt da wie hingeworfen. Wie ein Kuscheltier, das aus einem fahrenden Auto gefallen ist. Kurz hinter Spiez – das ist dort, wo die deutsche Wunderelf 1954 ihr weltmeisterliches Quartier bezogen hatte – führt eine Straße am Ufer des Thunersees entlang. Eine schöne Strecke mit freiem Blick auf das Wasser und die gegenüberliegenden Berge, die sich im See spiegeln. Blauweißer Himmel, dazu ein paar Bötchen – so kennt man sie, die malerische Schweiz. Man fährt also auf dieser Straße, guckt auf den See und die Berge, denkt: *Schön!* – Und dann sieht man aus einiger Entfernung die Katze auf dem Mittelstreifen. Ihr Kopf ist seltsam verdreht, eine dunkle Lache ist auch zu erkennen. Schnell kommt man näher, denkt jetzt: *Die arme Katze.* Im nächsten Moment versucht man, den Bus möglichst geschickt zu lenken, sodass man nicht auch noch mal drüberfährt über das tote Tier. Wenn es kein dumpfes Geräusch gibt und das Auto keinen kleinen Hopser mehr macht, hat es geklappt. Im Falle dieser Katze sollte das Ausweichmanöver viele Male nicht gelingen. Das konnte ich drei Tage später sehen, als wir wieder hier vorbeikommen sollten: Die Mieze hatte sich inzwischen verwandelt. Sie klebte als wenige Zentimeter dicke Schicht aus Fell und Fleisch auf dem Asphalt. Alle Gedärme herausgequetscht, sämtliche Knochen gebrochen, vom Reifendruck zermahlen. Die arme Katze.

Natürlich ist die Matschekatze ein gesamteuropäisches Phänomen und nicht bloß in der Schweiz zu beobachten. Das Gleiche gilt für Entenfamilien, zum Beispiel in Masuren. Wenn die dort in kleinen Grüppchen am Straßenrand warten, sieht das manchmal so aus, als wollten sie mitfahren. In Wahrheit stehen sie an einem Abgrund. Und dann watscheln sie los. Und dann sind sie platt. Und dann denkt man: *Die armen Enten.* Wer mit dem Auto durch Europa fährt, kommt an solchen Gedanken nicht vorbei. Man begegnet der gesamten Fauna eines Landes. Und meistens sind die Tiere entweder schon tot oder in einem Transporter auf dem Weg dorthin. Es gibt übrigens nur ein Tier auf der Welt, das man auch nach sehr vielen Wochen auf der Straße klebend noch zweifelsfrei identifizieren kann: Igel. Und Deutschland ist das Mutterland der Igel, nirgendwo sonst sieht man mehr zu Brei gewordene Stachler als bei uns. Auf südeuropäischen Straßen finden sich dagegen viele Schlangen und Eidechsen. Portugal ist die Heimat der toten Streunerhunde. Polen ist das Land, wo Fuchs und Hase sich «Gute Nacht!» sagen. Und in den spanischen Pyrenäen lag mal ein überfahrener Bär am Straßenrand, zumindest sah es aus dem Augenwinkel und im schnellen Vorbeifahren so aus. Wahrscheinlicher ist, dass es ein sehr großer, sehr pelziger Hund war.

Tiere auf dem Asphalt können aber auch lustig sein: Wer in Schweden wohnt, muss jedes Jahr im Herbst mit über die Landstraße torkelnden Elchen rechnen. Das haben Locke und ich zwar nie erlebt, aber sehr anschaulich von einem Jäger erzählt bekommen, der den unsicheren Gang der Riesenhirsche täuschend echt nachahmen konnte. Immer dann, wenn die überreifen Äpfel von den Bäumen fallen und am Boden zu gären beginnen, machen sich die Tiere mit ihren feudelartigen Lippen über die alkoholreichen Früchte her. Ein wildes Gelage also. Und dann sind alle Elche blau und pfeifen auf die Regeln im Straßenverkehr. Ein Elchtest der besonderen Art. In Estland sind wir beim Joggen einem Elch begegnet. Und in Lappland hatten wir Rentierherden die Vorfahrt gewähren müssen. Ob die auch alle betrunken waren? Sicher genauso wenig wie die deutschen Igel oder die eidgenössische Katze.

18

SCHWEIZ Allein unter Indern

Jedes indische Kind kennt die Schweizer Berge. Das Berner Oberland ist eine beliebte Kulisse für Bollywoods Filmemacher. Und wenn das gottgegebene Chaos auf die schweizerische Perfektion trifft, muss einer dafür sorgen, dass zwei Welten harmonieren: Mister Petter.

Eine blühende Bergwiese im Berner Oberland. Blauer Himmel. Schäfchenwolken. Saftig grüne Hügel. Schneebedeckte Alpengipfel in der Ferne. Die Wiese ist weit und leer – bis auf eine Kuh. Und 30 Inder, die aufgeregt über die Weide laufen. Denn die Kuh steht im Weg. Und sie mag sich nicht rühren. Es soll aber eine romantische Szene gedreht werden, und da passen Kühe gerade nicht. Einer der Kameraassistenten versucht es mit einem Büschel Gras. Doch das sture Tier lässt sich nicht locken. Als Nächstes probiert er es mit gutem Zureden. Die Kuh aber guckt nur. Und so dauert es noch eine Weile, bis sich der massige Körper dann doch in Bewegung setzt und gemächlich aus dem Bild wackelt.

Auf dem Weg zu einem anderen Drehort waren dem Regisseur die vielen gelben Blumen am Straßenrand aufgefallen. «What's the name of the flower?» – «Teeth of a lion. In German: Löwenzahn.» – «That's very good! This meadow is like an ocean of lions teeth!» Schnell wird noch mit ein paar Kabeln hantiert. Mit Sonnensegeln zaubern die Beleuchter den Darstellern einen göttlichen Glanz ins Gesicht. Der Kameramann hebt den Daumen. «Kamera läuft!» Der Held und die Heldin rekeln sich in einem Meer aus Löwenzahn. Er zupft eine Blume heraus und klemmt sie sich in den Mund. Sie kichert. Schnitt. Sie verliert einen Ohrring. Er findet ihn im Gras. Sie kichert. Schnitt. Musik scheppert vom Tonband. Eine Art HipHop mit Dudelsack, Sitar, afrikanischen Trommeln und schrillen Piepsstimmen. Zehn bauchfreie, in leuchtend bunte Tops und dünne Kleidchen gehüllte Frauen beginnen simultan zu tanzen. Schnitt. Jetzt tanzen auch die beiden Hauptdarsteller und bewegen ihre Lippen zum Playback. Schnitt. Noch einmal Kostüme wechseln. Wieder tanzen. Insgesamt dreimal. Schnitt. Schnitt. Schnitt. Der Regisseur, ein junger, dünner Mann mit Oberlippenbart und Krakenarmen, ist zufrieden. Er ruft: «Für die nächste Szene brauchen wir Schnee.»

Als alle wieder im Bus sitzen, kniet einer der Hairstylisten noch immer auf der Wiese. Er versucht verzweifelt, die kniehohen und nun plattgetretenen Halme wieder halbwegs gerade zu frisieren. Auch in der Schweiz lebende Kühe sind heilig, auch sie sollen das Gras noch genießen dürfen.

Das Filmteam aus dem südindischen Hyderabad ist für 32 Tage in der Schweiz. Gedreht wird *Don Seenu,* eine Actionkomödie im Bollywood-Format. Viel Tanz, viel Farbe, wenig Handlung. Inmitten der Schauspieler, Kameramänner, Choreographen, Produzenten, Beleuchter, Maskenbildner, Komparsen und Menschen, die einfach nur da sind und keine Aufgabe zu haben scheinen, steht ein schlaksiger Weißer mit hängenden Schultern. Er trägt eine Sonnenbrille mit orangefarbenen Gläsern, ein aufgeknöpftes, kariertes Hemd, Jeans, Turnschuhe und überragt alle um mindestens einen Kopf. Das ist *Mister Petter.* So nennen ihn die Inder, weil sie Jean-Pierre nicht aussprechen können. Es ist ein Name, den Millionen Kinobesucher schon einmal gelesen haben, wenn er im Vorspann diverser Bollywood-Filme aufgetaucht ist: *Special Thanks to Mr. Petter.* Auch wenn der Name immer nur für eine Sekunde über die Leinwand geflimmert ist, haben sich vermutlich viele Menschen in Indien in diesem Augenblick dieselbe Frage gestellt: *Who is Mister Petter?*

«So ist das oft», sagt Mr. Petter, der Jean-Pierre Francioli heißt, «wir tauchen mit unserem Reisebus auf, eine Horde Inder steigt aus, und dann wird gedreht. Ich weiß nicht, was einer denken soll, der das zufällig beobachtet.» Jean-Pierre, 1967 geboren, ist ein geduldiger Schweizer, den nichts so leicht aus der Ruhe bringen kann. «Und nur deshalb kann ich diesen Job machen. Ich darf nicht die Nerven verlieren. Die Inder», sagt er, «sind Chaoten. Und dieses Chaos ist mein Alltag. Ich muss jeden Tag versuchen, das große Durcheinander in den Griff zu bekommen.» Dabei ist seine Aufgabe relativ einfach zu beschreiben: Er macht alles. Er fährt mit den Filmteams aus Bollywood quer durch das Land, auf der Suche nach geeigneten Drehorten. Er verhandelt mit Bauern, die Angst haben, dass ihre Magerwiesen kaputt getanzt werden. Er besorgt Genehmigungen und Statisten. Er organisiert Equipment, Hotels und Visa. Und alles andere auch. Er fährt den Bus. Jean-Pierre weiß, wo man die Plätze findet, die der Kameramann und der Regisseur sich ausmalen. Das Berner Oberland ist seine Heimat, er kennt hier jeden Hügel. «Ich will einen Bergsee mit Steg!» Jean-Pierre fährt los und zeigt eine Stelle an einem See, wo ein langer Anleger ins Wasser führt. Doch der Steg ist dem Regisseur nicht romantisch genug. Indische Filmemacher können wie Kinder sein: «Ich will einen Ferrari! Ich will einen Wasserfall!! Ich will ein Nilpferd!!!» Einmal fiel einem Regisseur tatsächlich ein, dass er für den nächsten Tag ein Nilpferd brauchen könnte. Es sollte den Wagen des Hauptdarstellers rammen. Jean-Pierre hätte auch fast eines bekommen, in einem Züricher Streichelzoo. Als er dem Pfleger, der das zahme Tier großgezogen hatte, dann aber erzählte, in was für einer Szene es mitspielen sollte, war das Gespräch schnell wieder beendet.

Ein anderes Mal sollte eine Aufnahme auf dem Jungfraujoch in über 3000 Meter Höhe im Schnee inszeniert werden. Gerade auf dem Gletscher angekommen, hatte der Regisseur einen Geistesblitz: «Es ist so schön hier oben, das Einzige, was jetzt noch fehlt, ist ein weißes Klavier.» Jean-Pierre ärgerte sich nur kurz, organisierte einen Konzertflügel und ließ ihn auf Rettungsschlitten nach oben bringen. «Aufregen bringt nichts», weiß er, «denn im nächsten Moment wird es wieder ganz genauso sein – immer alles in letzter Minute.» Und so wird jeder Tag zum Abenteuer, erst recht wenn die Filmemacher ohne festen Drehplan oder Drehbuch in die Schweiz reisen und alles spontan entscheiden. Es fängt damit an, dass Jean-Pierre eigentlich erst am Flughafen weiß, ob das Team auch wirklich kommt. Oft genug wurden Produktionen am Tag des Drehbeginns einfach abgesagt. «Die Inder», sagt er, «sind nicht zu planen.» Und sein Job ist es, aus zwei Welten eine zu machen, wenn das indische Chaos die schweizerische Perfektion durcheinanderzubringen droht.

Bollywood-Filme sind wie bunte Explosionen. Wenn Farben eine Stimme hätten, würden sie stundenlang kreischen. In dieser grellen Traumwelt sehen die Frauen mit ihren langen, seidigschwarzen Haaren und der samtenen Haut, den Kulleraugen und den falschen Wimpern perfekt wie Puppen aus. Und alle Männer können singen und tanzen. Ein gutes B-Movie muss romantisch und lang sein. Drei Stunden mindestens. Starke Männer und schöne Frauen, die unter großen Schmerzen zueinanderfinden. Die gesamte Palette der großen Gefühle. Und ganz wichtig: Happy End. Der Rest ist egal. Jean-Pierre sagt, die klassische Rezeptur des indischen Kitschkinos funktioniere wie eine Gewürzmischung. «Masala-Mix» nennt er es – von allem etwas. Der Phantasie des Regisseurs sind keine Grenzen gesetzt. Denn so bunt die Bilder auch sind, die Handlung ist nicht ganz so wichtig und wird in Schwarz-Weiß gemalt. «Hauptsache, es wird gesungen und getanzt», erklärt Jean-Pierre. Denn sind die aufwendig choreographierten Balztänze des Heldenpaares gelungen, ist das Publikum zufrieden. «Europäer können das kaum verstehen, aber in Indien bleibt vielen nur die Flucht ins Kino. Die wollen für drei oder vier Stunden ihren wenig romantischen Alltag vergessen. Und das schafft nur Bollywood.»

Sein Englisch hat mittlerweile einen leicht indischen Akzent. Und auch das scharfe Essen verträgt Jean-Pierre inzwischen sehr gut. Fast alle Manager in Bollywood haben seine Telefonnummer in ihren Notizbüchern. Mehr als 200 Filme hat er bereits koordiniert. Er sieht sich die Streifen allerdings schon lange nicht mehr an. «Kennst du einen, kennst du alle.» Seit 1996 schleust der gelernte Automechaniker die indischen Gäste quer durchs Land. Damals bewarb er sich bei einem Reiseunternehmen für eine Stelle als Busfahrer. Der Chef, Jakob Tritten, fragte ihn bloß: «Kannst du Englisch?» Konnte er. «Schon war ich angestellt.» Eine Filmcrew war gerade am Flughafen angekommen. Als Jean-Pierre einen Tag später das Treiben am Set erlebte, brachte er kaum mehr als einen Satz heraus: *What the hell is going on here?*

Schon in den achtziger Jahren hatte der indische Schnulzenfilm die *Bollyschweiz* für sich entdeckt. Bis dahin war Kaschmir, die Provinz im Himalaya, noch der Lieblingsdrehort gewesen. Als im Grenzgebiet zu Pakistan aber der Terror ausbrach, war an romantische Szenen nicht mehr zu denken. Man musste sich eine Ersatzkulisse suchen, ging erstmals nach Europa und fand die makellose Schweizer Bergwelt. Verschneite Winterlandschaften, verwunschene Schlösser, märchenhafte Blumenwiesen. Für indische Augen absolut exotisch. Und so menschenleer. Jedes indische Kind kennt inzwischen die Bergwiesen im Berner Oberland aus dem Kino. Die mit rund 1000 Produktionen pro Jahr weltweit größte Filmindustrie hat sich längst zu einem unbezahlten Botschafter entwickelt. Scharenweise reisen die betuchteren Inder nach Europa, um sich die Originalschauplätze ihrer Heldenfilme anzusehen und nebenbei etwas Urlaub zu machen.

Ravi Teja alias *Don Seenu*, der schnauzbärtige Hauptdarsteller mit den blonden Strähnen im schwarzen Haar, ist in seiner Heimat ein Gott. Dort kennen ihn mehr Menschen als den Premierminister. Wenn in Hyderabad oder Chennai sein neuer Film anläuft, bilden sich bereits Tage zuvor lange Schlangen vor den Blutspendebanken – nur so können sich viele die Kinokarte überhaupt leisten. Meist dreht Ravi mehrere Filme gleichzeitig. Er ist das zweite Mal in der Schweiz. «Ich liebe dieses Land», sagt er, «alles ist so schön sauber. Ich mag alles hier.» In Kaschmir könne man ja nicht mehr «shooten», wegen der Terroristen. Hier in der Schweiz aber gebe es ja keine Terroristen, also komme man hierher zum Shooten. Das Land sei ja so schön klein, man könne schnell überall sein. Und was glaubt er, wie viele Kinobesucher werden sich *Don Seenu* ansehen? «Zehn Millionen», schätzt Ravi, «vielleicht zwanzig.»

In Bern soll eine Schlüsselszene spielen: Don Seenu und die schöne Heldin lernen sich in einem Café kennen. Dann aber wird ihre Handtasche geklaut. Eine wilde Verfolgungsjagd durch die Straßen der Stadt beginnt. Am Ufer der Aare kommt es zum Showdown. Don Seenu macht alle Gegner platt und bringt der schönen Heldin die Tasche zurück. Es ist Liebe auf den ersten Blick, das spüren beide sofort.

Heute stehen die letzten Kampfszenen auf dem Drehplan. Ein Stuntteam aus Deutschland ist angereist. Don Seenu und sein Widersacher, der Anführer der bösen Rocker, hängen an Seilen. Ineinander verschlungen werden sie gleich durch die Luft fliegen. Die anderen der Bande hat der Held schon erledigt, sie liegen vor den Motorrädern im Staub. «Kamera läuft!» Da rennt eine Joggerin durchs Bild. Nächster Versuch. «Kamera läuft!» Jetzt war der Kopf des Regisseurs vor der Linse. Irgendeiner steht immer im Weg. 100 Schaulustige haben sich inzwischen versammelt. Oft müssten die Stars auch flüchten, erzählt Jean-Pierre, da sich bei den in der Schweiz lebenden Indern schnell herumspricht, wo gedreht werden soll. «Einmal stürmten 300 Tamilen den Set, da mussten wir sofort abbrechen.» Heute wird es nur einmal kurz hysterisch, als eine indische Touristengruppe Ravi Teja erkennt und Fotos machen möchte.

Im dritten Anlauf gelingt die Aufnahme. Ravi Teja aber hat schlechte Laune. Er hat einen Kratzer am Handgelenk abbekommen. Er blutet. Er steht da und flucht. Sein persönlicher Assistent kommt mit einem Pflaster gelaufen. Jean-Pierre telefoniert die ganze Zeit. Seine Mobiltelefone klingeln ständig. Eines hält er in der Hand, das zweite steckt an seinem Ohr. Jetzt schafft er es, gleichzeitig einen Hebekran für eine der nächsten Szenen zu dirigieren, zu telefonieren und nebenher mit dem Produzenten um mehr Geld für die Motorräder zu feilschen, von denen eines umgefallen ist und auch einen Kratzer abbekommen hat. Der dicke, schlechtgelaunte Mann zieht ein Bündel Franken aus der Hosentasche und zählt ihm ein paar Scheine in die Hand. «Es wird immer alles bar bezahlt», erklärt Jean-Pierre, «sonst sieht man sein Geld vielleicht nie.»

Er hat schon alles erlebt am Set, Sachen, die sich kein Drehbuchschreiber hätte ausdenken können. Einmal war er mit einer Crew aus Mumbai unterwegs. Der Film hieß *The Hero* und wurde zu einem der größten Bollywood-Blockbuster. Jean-Pierre sollte damals sechs Helikopter und ein Schneemobil besorgen, in Tarnfarbe anstreichen und auf das Jungfraujoch fliegen lassen. «Die wussten, wenn ich zu Mister Petter komme, dann klappt das auch.» Es hat geklappt. Bis auf Nilpferde kann er alles organisieren. Und in *The Hero* hatte auch Jean-Pierre seinen großen Auftritt: Bei einer Stuntszene sprang er als Double für den Helden ein. Bei Tempo 160 drehte er sich einmal auf dem Sitz eines Motorrades um 360 Grad. «Das Ganze wurde von einem Hubschrauber aus gefilmt», erzählt er, «der Kameramann war sehr zufrieden – nur dass ich fast zwei Köpfe größer als der Hauptdarsteller war.»

Doch am Ende ist auch aus dem größten Chaos ein Film geworden, den Millionen Menschen gesehen haben. Und auch Jean-Pierre ist jedes Mal überrascht, dass es doch wieder irgendwie geklappt hat. «Die Inder», sagt er, «sind ganz groß im Improvisieren.» Er sitzt auf seinem Balkon mit Blick auf die Berge, die Wiesen und auf einen großen Gemüsegarten. Auch auf der Koppel hinterm Haus wurden schon Filme gedreht. «Es gibt aber auch Orte, die ich nicht zeige», sagt er, «die behalte ich für mich, da sie sonst eines Tages vielleicht nicht mehr so schön wären.»

Jean-Pierre hat einiges an Gewicht verloren in den letzten Jahren, seine Haare sind grau geworden. «Der Job frisst viel Energie», sagt er, «mal sehen, wie lange ich das noch machen kann. Es gibt Tage, da machen die Inder mich fix und fertig.» Jetzt aber hat er Feierabend. «Happy End», sagt Mister Petter und öffnet sein Bier.

Europäisches Nordmeer
7
Finnland
Norwegen
8
Schweden
Estland
6
9
21
Nordsee
5
Lettland
4
Litauen
22
20
Dänemark
10
Ostsee
23
Irland
Großbritannien
24
Nieder-lande
Polen
25
26
Deutsch-land
Belgien
3
Atlantischer Ozean
Tschechien
2
1
Slowakei
19
Österreich
17
18
Schweiz
Frankreich
11
14
16
Portugal
Adria
13
Italien
12
Spanien
Mittelmeer
15
auf die Kanarischen Inseln
IM WESTEN

Kilometer 40167 **Entweder. Oder.**

Es ist seltsam, aber komme ich nach längerer Zeit zurück nach Deutschland, ist das jedes Mal unglaublich aufregend. Ich fahre über die Grenze, sehe die blauen Autobahnschilder und fühle mich sofort zu Hause. Auch wenn es absurd klingt: Die deutsche Autobahn gibt mir ein Gefühl von Sicherheit. Denn ich weiß, was mich erwartet: Alle 50 Meter ein Leitpfosten, alle fünf Kilometer ein Parkplatz, die Sträucher und Bäumchen in der Mitte nennt man «Begleitgrün». Das klingt nett. Eine ordentliche Ordnung ist das hier bei uns. Alle lieben Deutschland für seine endlosen Betonpisten ohne Mautgebühren. Man darf so schnell fahren, wie man möchte, ohne dafür bezahlen zu müssen. Es soll PS-hungrige Touristen geben, die um die halbe Welt fliegen, um mit 220 Sachen auf der Autobahn ihren Urlaub zu verbringen. Sie sitzen den ganzen Tag in einem Mietwagen und fahren stur geradeaus. Abends sitzen sie dann in Hotelzimmern und reden über ein freies Leben ohne Tempolimits. Für diese Menschen ist die deutsche Autobahn eines der letzten großen Abenteuer.

Es ist seltsam, aber keine fünf Minuten zurück in Deutschland fühle ich mich schon gar nicht mehr so sicher. Als hätte jemand einen Schalter umgelegt, geht es nun wieder ums Überleben im Straßenkampf. Auto um Auto. Zahn um Zahn. Die wutroten Gesichter kann ich im Rückspiegel meist gut erkennen, da sie oft sehr dicht hinter mir sind. Aus ruhigen, besonnenen Menschen werden hupende, keifende Monster, die schon bei Tempo 80 kaum noch atmen können, so als drücke ihnen die Geschwindigkeitsbegrenzung die Luft ab. Wer wissen will, wie viel Humor die Deutschen wirklich vertragen, braucht sich bei uns bloß in ein Auto setzen. Schweizer schleichen, Polen sind unberechenbar, Franzosen blinken durchgehend auf der Überholspur. Eines gilt allerdings für alle: Sie sind entspannter als die Deutschen. Das Gefühl, recht zu haben und sich im Verkehr über die Fehler anderer aufregen zu müssen, ist ein typisch deutsches Verhalten. Deutsche Straßen sind voll von verbissenen Besserwissern. Und würden die Aggressionen, die hinter dem Steuer entstehen, als Treibstoff taugen: Die Tanks der Deutschen wären immer voll.

Jetzt, nach mehr als 40 000 Kilometern, weiß ich, dass es nur zwei Länder in Europa gibt, wo die Leute noch vernünftig fahren: Italien und Norwegen. Es funktioniert nach dem Entweder-oder-Prinzip: Entweder bin ich wie die Italiener unterwegs, die grundsätzlich nicht blinken und die Vorfahrt zu einer rein theoretischen Sache machen. Kein Italiener wäre jemals so lebensmüde, einen Zebrastreifen zu benutzen. Dafür haben sie die bewundernswerte Gabe, sich in diesem Chaos zu entspannen. Wir Deutschen können das nicht. Sobald in Deutschland irgendwo die Fahrbahnmarkierung fehlt, sind alle überfordert. Deutsche brauchen Regeln, an die sie sich halten wollen. Italiener brauchen Regeln, die sie brechen können. Niemand würde in Neapel oder Palermo aber deshalb auf die Idee kommen, sich darüber aufregen zu müssen – eine sehr gesunde Einstellung.

Oder man fährt wie die Norweger. Kaum eine Nation hält sich so strikt an vorgegebene Geschwindigkeiten. Was natürlich an den grotesk hohen Bußgeldern liegt: Schon ein Stundenkilometer zu schnell kostet 78 Euro. Wer mit 21 Stundenkilometern zu viel erwischt wird, muss 843 Euro überweisen. Ich weiß das so genau, weil ich in Südnorwegen geblitzt worden bin. Auf der Schnellstraße zwischen Larvik und Kristiansand habe ich auf einer Strecke von 50 Kilometern elf Starenkästen gezählt. Einen habe ich zu spät gesehen. So schlimm kann das schon nicht werden, dachte ich. Bis ich

Monate später Post bekam: sechs Stundenkilometer zu viel. Getreu dem Entweder-oder-Prinzip sollte ich die Wahl haben: 207 Euro oder drei Tage Gefängnis. Ich überlegte nur kurz und zahlte. Seither bin ich zurückhaltend wie ein Norweger unterwegs, obwohl tief in mir der Italiener schlummert.

19

DEUTSCHLAND Der Stammhalter

Dies ist eine Männergeschichte. Sie erzählt von einem Mann, der zwei Töchter hat, sich aber einen Sohn wünscht. Von Männern, die in schwarz und weiß denken. Und von Jason Charles, der aus der Karibik kommt und der erste schwarze Flößer Bayerns wird.

Die beiden Männer schweigen. Sie wissen, was zu tun ist. Die Routine nimmt ihnen die Worte. In ihren Gummistiefeln tänzeln sie über die glitschigen Baumstämme, als folgten sie einer Choreographie. Mit ihren Äxten hacken sie in das harte Holz, als wäre es Butter. Mehr als 100 entästete und geschälte Bäume liegen gestapelt am Ufer. Es sind besonders gerade gewachsene Fichten, dicker als Telegraphenmasten. Stamm für Stamm rollt die Böschung hinab und klatscht in den Fluss. Mit Stahlseilen und handgeschmiedeten Eisenkeilen werden sie verbunden. Eine hölzerne Insel entsteht. 17 Bäume werden ein Floß. 18 Meter lang, sieben Meter breit, mit Platz für 60 Personen. Mit Bierbänken, Regendach und Toilette. Mit einer Bühne für die Blaskapelle. Ein schwimmendes Oktoberfest in Klein. Wer eine Floßfahrt bucht, der will immer auch das volle Programm mit Musi und Brezn, mit Weißwuascht und Leberkaas, mit einer zünftigen Brotzeit eben. Und vor allem mit Bier, Bier, Bier. Eine echte Gaudi, wie man in Bayern sagt.

Die Männer brauchen weniger als zwei Stunden. Dann liegt das Floß abfahrbereit am Ufer vertäut. Gleich wird der Reisebus mit den Passagieren kommen. Jason Charles ist einer der beiden Männer. Er sitzt am Fluss und beobachtet die Oberfläche des Wassers. Schwere Regentropfen lassen kleine Krater entstehen. Kein Tag für eine Vergnügungsfahrt. Ein nebliger Schleier wabert über der Loisach, die im österreichischen Teil Tirols entspringt und kurz hinter Wolfratshausen im bayerischen Oberland in die Isar mündet. Es gibt nicht mehr viele Flößer in Deutschland, Jason gehört zu den Letzten seiner Zunft. Er ist aber auch der Erste – der Erste, der in über 800 Jahren Flößerei so ganz anders ist als die anderen: Seine Haut ist schwarz. «Ein Neger», wie in Oberbayern noch immer viele sagen, wobei die meisten das gar nicht böse meinen, sondern nicht besser wissen. In Bayern – das sollte man auch wissen – gibt es ein Mischgetränk aus Weißbier und Cola, das auch so genannt wird. Auf den Getränkekarten der Wirtshäuser steht *Neger 0,5 Liter – 2,70 Euro*. Die wenigsten machen sich Gedanken darüber, dass das verletzend oder gar fremdenfeindlich verstanden werden könnte. Und in Wolfratshausen gibt es nicht viele Menschen, die so aussehen wie der Jason. So offensichtlich fremd. So schwarz. Wobei seine Haut nicht wirklich schwarz ist, sondern «eher wie Schokolade», wie er sagt. Vielleicht eine Mischung aus Braun und Schwarz, wenn es so etwas gibt. Und vielleicht ist die Farbe der Haut auch irgendwann gar nicht mehr so wichtig in dieser Geschichte, da es um mehr geht als Schwarz oder Weiß.

Jason hat ein breites Kreuz und ein breites Lächeln. Unter seinem Stopselhut, dem traditionellen Filzhut der Bayern, schauen geflochtene Rastazöpfe hervor. Wenn Jason redet, mischt sich Bairisch mit Englisch. Das R rollt noch nicht perfekt, aber es rollt. Manchmal rutscht ein englisches Wort mit raus. Deutsch hat er in zweieinhalb Jahren gelernt, Bairisch hat noch ein Jahr länger gedauert. Er sagt: «Wenn der Sepp nicht wäre, wäre ich gar nicht hier. Der hat mir alles beigebracht.» Der Sepp ist der andere Mann auf dem Floß und heißt Josef Seitner. Ihm gehört der Floßbetrieb. Sein ganzes Leben schon bringt er Touristen auf dem Fluss nach München. Er hat zwei Töchter. Und die eine, die Martina, die hat den Jason geheiratet. Doch am besten ist es, man erzählt die Geschichte von Anfang an.

Alles beginnt mit einem Urlaub in der Karibik. Sepp und seine Tochter fliegen nach Trinidad und Tobago, dem kleinen Inselstaat vor der Küste Venezuelas. Bei einem Spaziergang am Strand lernt Martina einen jungen Einheimischen kennen. Jason wurde 1977 in Toco geboren, einem Dorf in der nordöstlichsten Ecke von Trinidad. Er ist dreizehn, als seine Mutter an Krebs stirbt. Zwei Jahre später verunglückt sein Vater bei einem Autounfall. Er wächst bei seiner älteren Halbschwester auf und arbeitet in einer Ferienanlage. Und mit Martina geht jetzt alles ganz schnell. Sie verlieben sich, sind sich ihrer Sache sicher. Sie wollen heiraten. Ein Jahr später, als alle Hürden der Bürokratie genommen sind, wagt der 24-Jährige den Schritt nach Europa, nach Deutschland, nach Bayern. In eine andere Welt. Er weiß nicht, worauf er sich einlässt. In Wolfratshausen dagegen, der kleinen Provinzstadt, hat alles seinen festen Platz, der Maibaum, der markante Kirchturm, die Wirtshäuser, die Menschen. 18 000 leben hier. Würde Edmund Stoiber, der kantige CSU-Politiker, nicht schon seit Jahrzehnten hier wohnen, würde die Stadt außerhalb des Freistaates niemand kennen. Heute begegnet Jason dem ehemaligen Kanzlerkandidaten regelmäßig, wenn der mit seinem Hund Gassi geht. Doch davon später, gegen Ende dieser Geschichte.

Der Sepp lebt schon immer in Wolfratshausen. Er ist ein durchtrainierter Mann mit kurzen Fingern, die schnell und kräftig zupacken können. Er ist viel in Bewegung, das ist ihm anzusehen. Geboren ist er 1947, doch er sieht jünger aus. Er sagt: «Mein Fitnessstudio habe ich jeden Tag umsonst.» Schon früh hat er sich für den Fluss entschieden, wie vor ihm schon sein Urgroßvater, sein Großvater und sein Vater. Als er zwölf war, durfte er das erste Mal mit auf die Loisach. Mit 14 ging er in die Lehre. Mit 16 lenkte er alleine ein Floß bis nach München. Als sein Vater starb, wurde er 1979 der Floßmeister der Familie.

Viele Jahrhunderte brachten Wolfratshausener Flößer das Holz aus den Bergen bis nach München. Auch der Dachstuhl der Frauenkirche und das Bauholz des Nationaltheaters kamen auf dem Fluss in die Stadt. In vielen Wochen wurden auch Lebensmittel und Rohstoffe, Rinder oder Schweine über die Donau bis nach Wien, Bratislava und Budapest und sogar weiter bis zum Schwarzen Meer transportiert. Das letzte Floß von Wolfratshausen nach Wien steuerte Sepps Urgroßvater im Jahr 1903. 14 Tage dauerte diese letzte Reise. Die immer günstigeren und schnelleren Möglichkeiten auf Schiene und Straße bedeuteten das Ende der Transportflößerei. Heute halten sich die verbliebenen Floßmeister mit Vergnügungsfahrten über Wasser. 18 Männer arbeiten für Sepp. Und eigentlich könnte er bald in Rente gehen, «doch noch geht das nicht», sagt er, «das würde das Ende bedeuten.» Denn einen Nachfolger hat er noch nicht gefunden.

In Wolfratshausen haben noch zwei weitere Familien das Floßrecht. Michael Angermaier und Franz Seitner, der Cousin vom Sepp. Beide haben Söhne, die den Betrieb eines Tages übernehmen werden. «Bei denen geht es weiter», sagt Sepp, «da ist alles im Fluss.» Er selber hat ein Problem: Er hat zwei Töchter. Noch nie aber hat es einen weiblichen Flößer gegeben. «Das ist nichts für Frauen», sagt er selber, «dafür braucht man Kraft.» Doch nun fehlt ihm ein Stammhalter, der die Tradition der Familie retten könnte. Denn das Floßrecht darf nur innerhalb der Familie oder an den Schwiegersohn vererbt werden. «Das war schon immer so», seufzt er, «so sind die Regeln.» Während er all das erzählt, repariert er in seiner Werkstatt ein defektes Ruder. Er hobelt Späne von dem meterlangen Holz. Er richtet das Blatt neu aus. Jetzt unterbricht er seine Arbeit und räuspert sich. Er sagt: «Es klingt vielleicht hart, aber meine Mädels sind mein Untergang. Für das Unternehmen wäre es besser, sie wären Männer. So muss ich auf einen Schwiegersohn hoffen, der auch Flößer werden will.» Und nun kommt Jason ins Spiel.

Die ersten acht Monate in Deutschland arbeitete Jason als Page in einem Münchener Fünfsternehotel. Doch das war es nicht, was er wollte. Er wollte ein Handwerk lernen, mehr in der Natur sein. Er sprach mit seinem Schwiegervater, ob der nicht was wüsste. Und er deutete an, dass auch das Flößen ihn interessieren könnte. Sepp hatte schon immer ein Gespür dafür, ob es jemand ernst meint oder nicht. «Jason meinte es ernst», das spürte er. Und Sepp witterte auch eine Chance: Vielleicht war es die letzte Möglichkeit, die Tradition der Familie doch noch zu retten. «Ich konnte nur gewinnen», sagt er heute, «es war ja sonst keiner in Sicht.» Schnell stand fest: Er würde seinen Schwiegersohn für zwei Jahre in die Lehre nehmen.

Sepp musste für diese Entscheidung einiges einstecken damals, an lautstarker Empörung und gefühlter Missachtung. Hinter seinem Rücken wurde viel geredet, wenig Gutes. Seine Flößerfreunde verschränkten die Arme vor der Brust. Sie vergruben ihre Hände tief in den Hosentaschen. Man kennt sich in der Zunft, und das nicht erst seit ein paar Jahren oder Jahrzehnten. Man kennt sich seit Generationen. Man ist skeptisch gegenüber Fremden, erst recht, wenn sie so fremd aussehen wie Jason. «Die Kollegen waren nicht begeistert», erzählt Sepp. «Liaba a Nega ois a Preuß – da konn zuamindest gscheid Boarisch lerna», versuchte er anfangs, die Wogen ein wenig zu glätten und für bessere Stimmung zu sorgen. Dass ein Schwarzer das alte Handwerk der Flößer lernen wollte, hatte es noch nie gegeben. Und Sepp wusste selber nicht, was er davon halten sollte. «Das war für uns alle eine neue Erfahrung, und zu Beginn war auch ich skeptisch, das muss ich ehrlich zugeben. Ich musste über meinen Schatten springen.»

Jason bekam schnell zu spüren, dass es in der Männerwelt der

Flößer grob und derb zugehen kann. Am Stammtisch machte man Witze auf seine Kosten. Er saß daneben und verstand kein Wort. Aber er spürte die Ablehnung. Er hätte gerne etwas gesagt, doch sein Deutsch war noch zu schlecht. Und deshalb lächelte er. Er schwieg und zeigte ein Dauerlächeln. Es war eine Zerreißprobe, die ihn fast verrückt machte. «Ich war traurig und wütend zugleich, doch es hat mich auch motiviert, die Sprache schnell zu lernen.» Aber auch später, als er längst Bairisch redete, hörte er in der S-Bahn oder im Bus häufiger Sätze wie «Guck mal, da ist ja ein Neger!» Es gab Situationen, in denen Leute regelrecht erschraken, als sie ihn sahen – «Schwarze ist man ja nicht gewohnt hier bei uns». «Bananenpflücker» und «Bimbo» waren noch die harmloseren Worte, die man ihm hinterherbrüllte. Jason versuchte, das alles zu überhören. Manchmal aber wollte auch er nicht mehr schweigen. Dann rief er etwas zurück wie «Halt's Maul, du alte Fischhaut!» Und dann guckten die Leute erst recht komisch.

Wer ein Floß sicher steuern will, darf erst einmal nur mitfahren und beobachten. Man muss das Lenken langsam lernen und das Wasser «wie eine Zeitung lesen können», wie Sepp es beschreibt, «der Fluss kann jeden Tag anders sein». Im nächsten Schritt kommt der Flößerlehrling an das Ruder am Heck, für das man viel Kraft braucht. Erst wer mehr Erfahrung hat, dem wird das vordere Steuerholz anvertraut. Jason bestand die Prüfung ohne Fehler. «Besser kann man es gar nicht machen», schwärmt Sepp heute noch. Und er ist auch ein bisschen stolz darauf, dass er es den Skeptikern und Nörglern gezeigt hat. «Alle waren überrascht, dass der Jason die gleiche Arbeit bringen kann wie ein Weißer auch. Wir haben so manchem die Augen geöffnet.»

Wolfgang Schieder nickt, als er das hört. Er arbeitet schon lange für den Sepp, bald werden es 30 Jahre sein. Der Wolfi sagt: «Jason ist längst einer von uns. Er ist voll und ganz akzeptiert. Und er ist ein hervorragender Flößer, was viele nicht für möglich gehalten haben.» Wenn Jason «Wolfi» sagt, klingt das wie «Wuuulfi». Wenn Sepp «Jason» sagt, klingt das wie «Dschaisn». Sepp sagt: «Der Dschaisn ist eine gute Reklame für uns.» Und wenn die Reisegruppen aus dem Bus steigen und Jason in Lederhose und mit Stopselhut sehen, ist die erste Reaktion immer gleich: «Oh, guck mal, ein Afrikaner in Tracht. Und der spricht auch noch Bairisch – das ist ja lustig.» Schwarze Haut und bayerische Provinz passen für viele noch immer nicht zusammen.

Ganz nach Wasserstand brauchen sie fünf bis sieben Stunden für die knapp 30 Kilometer bis in die ländliche Weltstadt München. An guten Tagen fahren sie mit vier oder fünf Flößen. An Tagen wie heute mit einem und weniger als 30 Passagieren. Mit ihren langen Flößerhaken stoßen Sepp und Jason das Floß kraftvoll ab. Leise gleitet es los. Der Fluss nimmt es mit. Das Wasser gurgelt. Es plätschert sanft. Und falls es auf einer Floßfahrt so etwas wie Romantik gibt, dann wird sie nun weggeblasen: Die fünfköpfige Kapelle setzt ein. Man beginnt mit *Stelldichein in Oberkrain*. Es folgen der *Kaiserwalzer, Das Kufsteiner Lied* und viele, viele Male *Ein Prosit der Gemütlichkeit*. Es werden die ganz großen Reißer gespielt. Die Leute sind begeistert. Alle schunkeln, manche tanzen, einige werden mutig und stellen sich auf die Bänke. Die Brotzeit wird von weiß-blauen Papptellern gegessen. Jeder hält einen Bierkrug in der Hand, den man als Andenken mit nach Hause nehmen darf. Es steht auch ein Spruch auf dem Humpen: *Ein Floß auf dem Fluss. Ein Bier mit Genuss. So lässt sich's feiern. Drum Prost auf Bayern.*

«Auch wenn es nicht so aussieht, der Fluss ist gefährlich», sagt Jason. Konzentriert beobachtet er die Bewegungen des Wassers. Oft wollen Gäste auch mal lenken, so schwer könne das doch nicht sein. Dann muss er ihnen erklären, dass es Sandbänke und versteckte Felsen, Stromschnellen und Strudel gibt, die den 20 Tonnen schweren Koloss blitzartig wenden können. Manchmal spielt auch der Wind ihnen Streiche, hat er eben noch stetig ins Gesicht geblasen, fegt er im nächsten Moment hinterrücks gegen das Heck oder dreht urplötzlich auf die Seite. Und auch sonst kann das Wetter augenblicklich umschlagen. Oft schon haben sie bei wolkenlosem Himmel abgelegt und sind drei Kurven weiter von einem Gewitter überrascht worden. Einmal war es am Mittag dunkel wie in der Nacht. Blitze zuckten über der Isar. «Wir sind weitergefahren», sagt Sepp und zwinkert, «wir sind religiöse Menschen.» In fast 50 Jahren, die er Touristen flussabwärts bringt, sei noch nie etwas passiert, versichert er, «wobei, reinfallen tut immer einer». Genauso wie Mobiltelefone, Geldbeutel oder Brillen. Jason erzählt von einer reichen Frau, die Enten mit einer Brezel fütterte und dabei ihr 10 000 Euro teures Armband im Fluss versenkte. Der Ehemann wollte den Rest der Fahrt kein Wort mehr mit ihr sprechen.

In Münchens Süden, nicht weit vom Zoo, endet die Tour. In einer halben Stunde wird das Floß zerlegt und auf einen Lkw geladen. Die Stämme werden zurück nach Wolfratshausen gebracht. Es ist der ewige Kreislauf eines Flößerlebens: zusammenbauen, fahren, zerlegen. Jeden Tag. Viereinhalb Monate lang ist die Saison. «Ein Jahr muss das Geld reichen», sagt Sepp. Nächste Woche haben sich fünfzig *Lufthansa*-Piloten angekündigt, danach kommen sechzig Amerikaner, dann das Marinemusikkorps aus Kiel. Auch die Fußballprofis des FC Bayern sind schon häufiger an Bord gewesen. Jason erzählt gerne die Geschichte mit Mehmet Scholl, dem ehemaligen Nationalspieler. Obwohl, eigentlich sind es zwei Geschichten, und beide sind gut. Die erste geht so: Die Stars des FC Bayern waren zum Abschluss der Saison mit dem Floß unterwegs. Jason und Mehmet verstanden sich so gut, dass Scholl ihn auf das nächste Oktoberfest einlud. In einer neuen Lederhose und mit frisch gezwirbelten Rastalocken ging Jason auf die *Wiesn*. Und Scholl holte ihn gleich hinein in das Bierzelt, in dem die ganzen

Prominenten sitzen und in Ruhe unter sich feiern können. Hin und wieder gingen die Kicker hinaus auf einen Balkon, um ein bisschen in die Menge zu winken. Auch Jason stand dabei und winkte. Die Leute jubelten. Ein Fernsehteam dachte, er sei ein neuer Spieler. Man wollte ein Interview mit ihm. *Wie ist dein Name? Von welchem Verein kommst du? Welche Position spielst du?* Jason war aber schon total betrunken, er brachte nur noch einen klaren Satz heraus: «Ich bin Flößer.» Als die Fernsehmenschen verstanden, ließen sie ihn in Ruhe. Und die Bayernprofis lagen unter den Tischen vor Lachen.

Die zweite Geschichte ist noch besser: Mehmet Scholl war damals bereits Trainer der Reserve-Mannschaft des FC Bayern. Gemeinsam mit Jason und seinen Spielern ging es wieder auf Floßtour. Als die Grünwalder Brücke in Sichtweite kam, eine 18 Meter hohe Autoüberführung zwischen Grünwald und Pullach, bot Scholl dem Flößer eine Wette an. Wenn Jason sich trauen würde, von dort oben in die Isar zu springen, sollte er 100 Euro bekommen. Jason überlegte nicht lange, lenkte das Floß rechts ran, kletterte hinauf und sprang. Scholl zahlte sofort. Und um vor dem eigenen Team nicht als Großmaul dazustehen, musste auch er nun springen. Er zog sich bis auf die Unterhose aus, enterte die Brücke und machte einen Rückwärtssalto in den Fluss. Beim Eintauchen aber passierte es: Er riss sich ein Ohr ein, es blutete, ein Rettungswagen wurde gerufen. Auf dem Weg in die Klinik schrieb Mehmet Scholl den Sanitätern und Ärzten Autogramme. Und das Ohr wurde auch noch genäht, mit sieben Stichen.

Jason könnte von vielen Begegnungen mit Prominenten erzählen. Edmund Stoiber zum Beispiel ist auch schon an Bord gewesen. Den trifft er ohnehin regelmäßig. Die beiden sind quasi Nachbarn. Jasons Wohnung liegt an der Loisach, flussaufwärts sind es keine 300 Meter bis zur cremefarbenen Doppelhaushälfte des Politikers. Und wenn Jason am Abend nach der Arbeit mit einem Weißbier auf seinem Balkon sitzt und Stoiber unten am Haus vorbeigeht, dann grüßt man sich. «Griaß God, Herr Stoiba!» – «Servus, Dschaisn!» Und dann reden die beiden ein bisschen über das Wetter oder den zurückliegenden Tag – der einstige Ministerpräsident von Bayern und der einzige schwarze Flößer. Meist werden Stoiber und Hund von Leibwächtern begleitet. Es gibt aber auch Tage, an denen er alleine auf dem Wanderweg am Fluss entlangstoibert. Jason kann die Bewegungen seines Nachbarn mittlerweile gut imitieren, er muss ihn oft beobachtet haben. Er legt jetzt den Kopf etwas schief und die Stirn in Falten. Er guckt ruckartig nach links, nach rechts, nach oben, dann nach unten. Er geht ein paar Schritte, dann stoppt er wieder. Er schaut nach links, nach rechts, nach oben und so weiter. Stoiber sei eigentlich ganz nett, sagt Jason, «irgendwie aber auch sehr kopfgesteuert».

Das Ende dieser Geschichte ist für den Sepp nun doch nicht so, wie er es sich erhofft hat. Die Liebe zwischen seiner Tochter und Jason ist nicht geblieben. Die Ehe hat nur knapp vier Jahre gehalten. «Das war natürlich ein Schlag», sagt Sepp, «das hatten wir uns alle ganz anders vorgestellt. Der Jason war ja meine ganze Hoffnung.» Dass Jason trotz der Trennung bei ihm weiterarbeiten sollte, war für Sepp sofort klar gewesen. «Er wird bei uns immer willkommen sein», sagt er, «der bleibt wie ein Sohn für mich.» Man spürt aber auch, dass er selber nicht mehr so recht daran glauben mag, die fünfte Flößergeneration der Seitners noch zu erleben. «Wenn ich gesund bleibe, mache ich vielleicht noch ein paar Jahre weiter. So lange werde ich auf ein Wunder warten», sagt er, «mir bleibt ja nichts anderes. Mensch denkt, Gott lenkt.»

Jason hat längst neue Pläne. Langfristig möchte er wieder zurückgehen nach Trinidad, um dort als Reiseleiter und Dolmetscher zu arbeiten. «Dahoam is dahoam», sagt er. Im Winter, wenn keine Flöße fahren, fliegt er schon jetzt jedes Jahr für drei Monate in die Heimat. Dort hat er angefangen, eine kleine Ferienwohnung zu bauen. Er möchte sie später mal vermieten. «Ich bekomme keine

Rente», erklärt er, «ich muss vorsorgen.» Da er so gut verdiente in den letzten Jahren, glaubte man in seinem Heimatdorf lange, er würde auf einem Kreuzfahrtschiff arbeiten. Bis er seinen Freunden ein Video vorspielte, das ihn in Lederhose auf dem Floß zeigte. Blasmusik, Bier und Watschntanz. Die Gaudi war voll in Gange. «Eins, zwei, g'suffa.» Etwas überrascht verfolgten seine Freunde das Treiben. Und als der Film zu Ende war, sprach einer aus, was alle dachten: «Deutschland ist ein komisches Land.»

Kilometer 41 688 **Immer nie an Land**

Wer noch nie auf einem Passagierschiff gewesen ist, könnte das Sonnendeck für einen schönen Ort halten. Auch die *Captain's Lounge*, der *Neptune's Nightclub* oder das *Á la carte-Restaurant Metropolitan* versprechen mehr Abenteuer und Luxus, als man auf einer Autofähre erwarten darf. Um es deutlich zu sagen: Fähren sind Orte der größten Langeweile. Sobald das Schiff abgelegt hat, gibt es kein Zurück mehr. Man ist an Bord gefangen – wie jetzt für die nächsten sieben Stunden von Hoek van Holland nach Harwich im englischen Südosten. Sieben Stunden, die viel länger als sieben Stunden dauern. Schnell hat man jedes Deck zweimal gesehen, und die Tristesse einer Fährfahrt beginnt. Unzählige Male schwankt man zwischen der *Bahama Bar* und dem Duty-free-Supermarkt hin und her. Menschen auf Autofähren sehen grundsätzlich gelangweilt aus. Das ist überall so. Und inzwischen könnte man auch sagen, dass Locke und ich eine gewisse Fährerfahrung haben – von Fjordüberquerungen, die weniger als eine Minute brauchten, bis hin zu kleinen Seereisen. Von Tallinn nach Helsinki. Von La Palma nach La Gomera und weiter nach El Hierro. 20 Stunden von Genua nach Palermo. 40 Stunden von den Kanarischen Inseln über Madeira nach Portimão in Südportugal. Oder 51 Stunden von Cádiz nach Santa Cruz auf Teneriffa: Der Atlantik war stürmisch. Schon eine Stunde nach Abfahrt war es auffallend leer geworden, der Speisesaal war nur zur Hälfte besetzt. Morgens, mittags und abends gab es Essen zu festen Zeiten – im Gefängnis ist das nicht anders. Doch wer sich vom *All-You-Can-Eat*-Buffet mehr erhoffte als ein Schlaraffenland der Geschmacksverstärker, hatte schnell die Reling fest im Griff.

Auf einer zweitägigen Schiffsreise hat man auf einmal viel Zeit, aber viel zu wenig Ideen, mit dieser Zeit etwas anzufangen. Plötzlich macht man Dinge, die man sonst nie tun würde. Viermal am Tag Zähne putzen zum Beispiel – so gründlich, bis das Zahnfleisch blutet. Minutenlang steht man vor den Plänen des Schiffes und studiert die Fluchtwege. Man trinkt Unmengen an Kaffee. Schon frühmorgens fängt man an, bestellt stündlich eine Tasse. Und irgendwann benutzt man sogar Zucker, weil die Bedienung an der Bar immer diese kleinen Tütchen an den Rand der Untertasse legt. Man denkt sich: Probiere ich halt jetzt mal mit Zucker, dann habe ich wenigstens ein bisschen Abwechslung. Am Abend wechselt man dann zum Bier – stündlich zwei bis drei.

Nach etwa der Hälfte der Reise lernte ich einen Deutschen kennen, dem es tatsächlich gelingen sollte, bis zur Ankunft auf Teneriffa vier Bücher zu lesen. Egal, wann und wo er mir begegnete: Er las. Einmal sah ich ihn in der Schlange am Frühstücksbuffet stehen, seine Nase steckte in der Taschenbuchausgabe von *Der Schwarm*. Bücher, Bücher, Bücher – dieser Mann muss ein Bücherjunkie sein, dachte ich. Später erzählte er mir, dass er genau das Gegenteil ist und gerade sein gesamtes Jahrespensum nachholt. Er hätte es vermutlich nicht geschafft, wenn wir nicht die elf Stunden mit Motorschaden im Hafen von Gran Canaria gelegen hätten.

Von den Kanaren zurück ans Festland hatten wir eigentlich die Autofähre von Fuerteventura nach Tarfaya in Marokko nehmen wollen. Niemand am Terminal oder an den Ticketschaltern wusste aber, wann das Schiff genau fahren sollte. Einmal hieß es, jede Woche immer sonntags. Eine Señora nannte mir sogar einen Preis, das Ticket könne allerdings nur im Internet gebucht werden. Die Telefonauskunft der Reederei sprach dagegen von einer Überfahrt am Freitag. Nach Tagen des Rätselns fand ich den entscheidenden Hinweis tatsächlich im Internet: Die Fähre war bereits vor einem Jahr gesunken.

20

ENGLAND Bananen für alle

Dies ist die unglaubliche Geschichte von Stuart Drummond, der als Maskottchen eines Fußballclubs bekannt wird und heute der wichtigste Mann seiner Heimatstadt ist. Warum die Menschen von Hartlepool einen Affen zum Bürgermeister wählten.

Auch heute noch klingt alles wie ein Scherz. Stuart Drummond weiß, dass es eine Geschichte wie seine in der humorlosen Welt der Politik eigentlich gar nicht geben dürfte. Es ist eine Geschichte, die nicht mal in Träumen passiert und die so phantastisch klingt, dass viele sie auch heute – zehn Jahre später – noch immer nicht glauben mögen. Und auch Stuart selbst hat in manchen Momenten einen etwas ungläubigen Blick, wenn er erzählt, wie er zum Bürgermeister von Hartlepool wurde, einer Hafenstadt mit 90 000 Menschen in der nordöstlichsten Ecke Englands zwischen Newcastle und Middlesbrough.

An diesem Abend feiern die Anhänger von Hartlepool United das 3:1 gegen Gillingham, es ist ein verdienter Sieg in einem schwachen Spiel der dritten englischen Liga. Im *Gillen Arms,* einer Stammkneipe der «Pools», sitzt Stuart. Auf dem Tisch steht ein Pint dunkler Stout, zwischen seinen Fingern qualmt eine Zigarette. «Eigentlich war alles bloß ein Scherz», beginnt er, «es sollte nicht mehr als ein bisschen Werbung für unseren völlig unspektakulären Club sein.» Als nach nur wenigen Tagen aber die ganze Stadt über ihn sprach und er täglich Interviews geben musste, wurde mehr daraus. *Ein Affe will Bürgermeister werden,* titelten die regionalen Tageszeitungen. Die großen Blätter des Landes und einige Fernsehsender zogen nach. «Da kam was ins Rollen», blickt Stuart zurück, «ich musste gar nicht viel tun.» Oft unterbricht er sich selbst mit einem Lachen, das seine schiefen Schneidezähne entblößt, gefolgt von einem leichten Kopfschütteln. Dass ausgerechnet er nun der wichtigste Mann seiner Heimatstadt ist und jährlich über 100 Millionen Pfund verwaltet, was rund 110 Millionen Euro sind. Dass ausgerechnet er jetzt fünfmal so viel wie zuvor im Callcenter verdient, 5000 Euro im Monat. Dass ausgerechnet er von seinen Freunden nun mit «Hallo, Herr Bürgermeister!» begrüßt wird und Menschen ihn ansprechen, die er gar nicht kennt. Stuart steht auf, nimmt ein Bild von der Wand und legt es auf den Tisch. Er sagt: «Das bin ich mit Alan Shearer.» Das Foto zeigt den früheren englischen Nationalstürmer, wie er einem dümmlich grinsenden Plüschschimpansen mit Segelohren und heraushängender Zunge, der in einem viel zu großen Fußballtrikot steckt, die Hand schüttelt.

Die Geschichte beginnt an einem lausig kalten Januarabend bei einem Auswärtsspiel im 25 Kilometer entfernten Preston: Sein Freund Ronnie erzählt ihm, dass die Stelle des Clubmaskottchens frei geworden ist. Der Schauspielstudent, der bislang im Kostüm gesteckt hat, hat keine Lust mehr. Ein Nachfolger ist nicht in Sicht. «Am nächsten Tag habe ich mich vorgestellt», erzählt Stuart. Er ist der einzige Bewerber und bekommt den Job. Von nun an wird er sich drei Jahre lang jedes Wochenende als *H'Angus the Monkey* verkleiden. Zu Beginn muss er das Gehen üben und stolpert häufiger noch über seine riesigen Füße. Ein batteriebetriebener, im Kopf eingebauter Ventilator sorgt nur bedingt für Frischluft unter dem dicken Affenfell. Vor selten ausverkauften Rängen und meist weniger als 5000 Zuschauern tanzt er durch das Stadion eines Vereins, den zwei Spielklassen von den Namen trennt, die jeder kennt. Nur alle zehn Jahre spielt mal ein Club aus der Premier League an der Clarence Road im Victoria Park, der kleinen Arena im Industriegebiet nördlich des Zentrums. Große Titel haben die Pools in ihrer über 100-jährigen Vereinsgeschichte keinen einzigen feiern können.

Stuart aber geht regelrecht auf in seiner neuen Aufgabe als Spaßmacher. 20 Pfund Taschengeld bekommt er pro Spiel. Er liebt es, die Leute zum Lachen zu bringen. Er ist ein ziemlich großer Mann, mit einem etwas tapsigen Gang. Er ist der perfekte Pausenclown. «Der Affe hat mir gutgetan», sagt er, «ich habe mir immer etwas Neues für meine kleine Show ausgedacht.» Jeder englische Fußballverein bis in die fünfte Liga hat ein Maskottchen, meist ein riesiges Plüschtier, das auch bei Auswärtsspielen die mitgereisten Fans in Wallung bringen soll. Als der Affe aus Hartlepool während der Halbzeitpause in Blackpool anstößige Hüftschwünge an einer aufblasbaren Puppe zeigt, wird er aus dem Stadion geschmissen. Ein anderes Mal, in Scunthorpe, springt er eine Ordnerin an, macht genauso eindeutige Bewegungen und fliegt wieder raus. Sein Ruf verbreitet sich schnell. Die Zuschauer lieben ihn für seine ausgefallenen Ideen. Die Clubs hassen ihn. Bei zwölf Vereinen bekommt er Stadionverbot, doch seine Bekanntheit wächst.

«Natürlich waren wir betrunken», erzählt Stuart, als er gemeinsam mit Freunden auf die Idee kam, die sein Leben verändern sollte. Sie haben hier im Pub an diesem Tisch gesessen, sagt er und tippt mit dem Zeigefinger auf die Tischplatte vor ihm. Dann habe jemand gesagt, dass endlich mal etwas passieren müsse, so trostlos könne es jedenfalls nicht weitergehen – mit dem Team, mit dem Club und mit der ganzen Stadt sowieso. In zwei Wochen stand die Wahl des Bürgermeisters an. Und wie solche Momente eben so sind, hat dann jemand *H'Angus* als Kandidaten vorgeschlagen, sagt Stuart und grinst. «Das hatte einen Hauch von Anarchie. Niemand glaubte daran, aber die Idee war geboren.» Und dann schickten sie ihn in den Wahlkampf. Eine ausgeklügelte Kampagne gab es nicht. Als Affe verteilte er Bananen in der Fußgängerzone. In einigen

Schaufenstern der Stadt hingen Plakate mit dem Foto des Maskottchens und seinem Wahlslogan: *Free Bananas For Schoolchildren.* Meist wurde er zu offiziellen Veranstaltungen gar nicht erst eingeladen. «Die dachten, ich hätte sowieso keine Chance», erzählt er, «das dachte ich ja auch.» In den Wettbüros wurde ein Wahlsieg des Affen mit einer Quote von 10 000:1 gehandelt. Zehn Pfund setzten er und seine Freunde, doch die Buchmacher zogen das Angebot zurück. «100 000 Pfund hätten wir gewonnen», ärgert sich Stuart heute noch.

Der Abend vor der Wahl: Alle fünf Kandidaten sind zu einem Streitgespräch vor Publikum in die Stadthalle eingeladen. Auch der parteilose Affe soll erstmals kommen dürfen. Stuart aber hat ein Problem: Zur selben Zeit tritt Hartlepool United zum wichtigsten Spiel des Jahres bei Cheltenham Town an. «Ich habe lange überlegen müssen», erinnert er sich. Dann fährt er nach Cheltenham. Ins Rathaus schickt er seinen jüngeren Bruder, der das Fehlen entschuldigt und einen kleinen Stoffaffen ans Rednerpult setzt, den er noch schnell im Fanshop gekauft hat. «Mein Bruder, der kann leider nicht kommen, der unterstützt unsere Stadt an anderer Stelle.»

Das Spiel geht 4:5 verloren, die Wahl aber, die wird gewonnen. Am 2. Mai 2002 sammelt *H'Angus,* der Affe, 52,1 Prozent der Stimmen. «Wir wären fast geplatzt vor Lachen», sagt Stuart, «es hat alles gepasst. Viele wollten eine Veränderung oder wählten mich aus Protest, andere waren Fans von United.» Seine Kandidatur war nicht mehr als ein Witz gewesen, doch nun war ein 28-jähriger Callcenter-Mitarbeiter, der auch mal vier Jahre auf einem Kreuzfahrtschiff gekellnert hatte, das jüngste Stadtoberhaupt Großbritanniens. Und er war ein Spiegelbild seiner Wähler – an Politik nicht interessiert, von Politikern gelangweilt. Es war der Tag, an dem Hartlepool weltweit bekannt wurde. Ein paar Wochen lang lachte man über das Städtchen, wo jetzt ein Affe regierte. Dass der

Affe auch vieles verändern sollte, konnte zu diesem Zeitpunkt noch niemand ahnen.

Stuart glaubte mit 28, er habe sein Leben bereits gefunden. Morgens ins Callcenter, abends in den Pub, am Wochenende zum Fußball, den Affen spielen. Was es heißt, Politiker zu sein, hat er dann sehr schnell erfahren. Nach wenigen Tagen ist damals ein Mann zu ihm gekommen, der nicht mehr als einen kurzen Satz gesagt hat: «Jetzt zeig uns, dass du kein Affe bist.» Diesen Augenblick hat Stuart für sich gespeichert. Von diesem Moment an wollte er versuchen, so gut es eben geht, der Bürgermeister zu sein. Bis heute hat er das braune Affenkostüm nie wieder angezogen. Und in seiner allerersten Rede hat er einige Dinge klargestellt: «Ich bin ein Fan der Pools und ein Fan dieser Stadt. Und ich bin Stuart – ihr habt mich gewählt, nicht den Affen.» Das sind große erste Sätze für den Start einer Karriere als Politiker.

Doch sein Start ist alles andere als souverän. «Ich war völlig überfordert und hatte die Hosen voll», erzählt er von den ersten Monaten im Amt. «Viele haben nur darauf gewartet, dass ich auf die Schnauze falle.» Meist muss er sich mit Dingen beschäftigen, von denen er überhaupt keine Ahnung hat. Er lernt, dass die kleinsten Angelegenheiten die größten Schwierigkeiten bereiten können: «Oder woher sollte ich wissen, wie wir die Hundescheiße von den Gehwegen kriegen?» Er weiß nicht, wie man Anträge formuliert, Ausschüsse bildet oder einen Haushalt aufstellt. Er weiß nichts über Politik, und das ist sein großes Plus: «Ich hatte einen kindlichen Blick auf die Dinge und wollte immer alles ganz genau wissen.» Einmal fährt er einen Freitag lang bis in die Nacht hinein auf dem Rücksitz eines Polizeiwagens mit. Er will sehen, wie Polizisten auf Streife arbeiten, welche Probleme entstehen, wenn Jugendliche zu viel Langeweile haben und zu viel Alkohol trinken. Er sucht nach Lösungen, verhindert etwa die geplanten Schließungen von Jugendzentren und steckt Millionen in die Sanierung von Sportanlagen. Ein besseres Freizeitangebot für die Jüngeren ist das erste Ziel. Die Entscheidungen trifft er in einem sechsköpfigen Kabinett, das aus Politikern verschiedener Parteien besteht. «Später haben wir auch kostenloses Obst für alle Schüler eingeführt, nicht bloß Bananen.» Und das Projekt *Operation Cleansweep* ist auch einer seiner Vorschläge gewesen. Reihum werden die Stadtviertel jeweils eine Woche gereinigt. Es werden kostenlose Gesundheitschecks und Vorträge über gesunde Ernährung angeboten. Die Kriminalitätsrate konnte um ein Fünftel gesenkt werden, auch der Vandalismus ist spürbar weniger geworden. «Doch das reicht noch nicht», weiß Stuart, «unsere Stadt hat noch viele Probleme.»

Etwa 400 Kilometer sind es von Hartlepool bis London, doch nirgends scheint die Hauptstadt weiter weg als hier. In manchen Stadtvierteln stehen ganze Straßenzüge leer. Fassaden aus rotem Backstein, staubgraue Häuser in Reihe, wie sie typisch für englische Arbeiterstädte sind, in denen es immer weniger Arbeit gibt. In Hartlepool lebt viel Mittelschicht und noch mehr Unterschicht. Zuerst machten die Werften dicht, eine nach der anderen. Über vierzig gab es mal, Hartlepool hatte einen der größten Häfen Englands. Heute sind noch die Stahl- und die Textilindustrie geblieben, einige Kilometer weit draußen in der Nordsee steht auch noch eine Ölplattform.

Es gibt englische Städte, die hässlicher, die wie ein Schlag ins Gesicht sind, Manchester oder Liverpool an der Westküste zum Beispiel. Hartlepool ist eine Stadt, bei der man nicht weiß, ob man sie mögen soll. Hier wirkt vieles gleichgültig. Aber hier gibt es auch Menschen, die ein Fußballmaskottchen ins Bürgermeisteramt gewählt haben, und das kann man sympathisch finden. «Der Hafen, das Meer und die Strände», zählt Stuart auf, «das sind unsere Trümpfe.» Nun kann man den Bürgermeister sprechen hören, der seine Stadt etwas schöner reden möchte, als sie in Wirklichkeit ist. Heute lebt er mit seiner Frau und seinen drei Kindern in Clavering, einem Viertel am nördlichen Stadtrand. Doch auch Stuart, 1973 geboren, ist in einer der Arbeitersiedlungen etwas außerhalb aufgewachsen, nie könnte er schlecht darüber reden. «Wenn ich mich im Pub umgucke, kenne ich jeden mit Namen», beschreibt er die überschaubaren Verhältnisse, «unsere Stadt ist ein Dorf.»

Das einzig Ungewöhnliche an Hartlepool ist, dass die Menschen hier schon weit länger eine Verbindung zu einem Affen haben. Einer Legende nach sollen Fischer während der Napoleonischen Kriege Anfang des 19. Jahrhunderts beobachtet haben, wie ein französisches Kriegsschiff sank. Einziger Überlebender war der Schiffsaffe, dem die Besatzung aus Spaß eine Militäruniform angezogen hatte. Da die Fischer noch nie einen Franzosen gesehen hatten und das Tier für einen französischen Spion hielten, erhängten sie es an einem Bootsmast. Die Anhänger von Hartlepool United haben ihren Ruf bei den Fans der gegnerischen Teams seither weg: *Monkey Hangers* – die, die Affen aufhängen.

An der tiefhängenden Decke des schmucklosen Büros des Bürgermeisters flackert eine kaputte Neonröhre. Auf dem Schreibtisch steht ein Vereinswimpel. An der Wand hängt hinter Glas ein handsigniertes Trikot von Tommy Miller, einst Mittelfeldspieler der Pools. Stuart beugt sich über einen Stapel von Statistiken, die sich wie das EKG der Stadt lesen. Hier die Arbeitslosenquote der 17- bis 24-Jährigen, die doppelt so hoch wie der nationale Durchschnitt ist, dort die gesenkte Kriminalitätsrate und der gewaltige Leerstand von Wohnungen. Es steht nicht wirklich gut um Hartlepool. Die Stadt ist wie ein chronisch kranker Patient mit vielen schweren und unzähligen kleinen Krankheiten. Gerade hat ein großes Callcenter schließen müssen, 600 Leute haben ihre Jobs verloren. Jetzt soll der Etat für das kommende Jahr um 40 Millionen Pfund gekürzt werden. Ein Krankenhaus und zwei Schulen sollten gebaut werden, ein Wasserkraftwerk war auch geplant. «Es wird Probleme geben», weiß Stuart, der Woche für Woche 20 Termine oder mehr hat. Er besucht Schulen, Fabriken und Altersheime, hält Ansprachen zur Einweihung von Shoppingzentren, wo er rote Bänder mit einer Schere zerschneidet. Einmal hat ihn der damalige Premierminister Tony Blair gemeinsam mit anderen Bürgermeistern nach London eingeladen. Er hat Blairs Hand geschüttelt. «Er hat genauso breit und falsch wie im Fernsehen gegrinst», erinnert er sich. «Politiker sind auch wie Maskottchen», sagt er, «man ist das Gesicht einer Stadt und wird vorgeschickt, um für gute Stimmung zu sorgen.»

Manchmal vergaß Stuart auch, dass er der Bürgermeister ist. Er lebte dann einfach so wie früher, als ob er noch immer das Maskottchen wäre. Einmal, nach einem sensationellen 8:1 gegen Grimsby Town, besuchte er mit Freunden zu später Stunde ein stadtbekanntes Striplokal. *Bürgermeister in Sexshow – Schande!* Zwei Wochen lang schlachteten die Zeitungen diesen Abend aus. *Stripshow-Skandal durch Affen-Bürgermeister*. Daraus habe er gelernt, sagt er heute, «dass es Leute gibt, die mir aus der kleinsten Sache einen Strick drehen wollen». Die Politik und die Medien nennt er «Monkey Business» – ein schmutziges Geschäft. Daher mögen sie ihn auch so in Hartlepool, weil er die Angelegenheiten auf eine Weise regelt, die sie den «Hartlepool Way» nennen, ohne Gesellschaftsschleim oder verlogenes Herumgerede. «Das bringt nichts», weiß Stuart, «hier sagen wir uns die Meinung, auch wenn das mal weh tut. Und wenn du mit den Leuten ehrlich bist, verzeihen sie dir auch mal deine Fehler.» Die Frau an der Kasse im Supermarkt sagt: «Ich wähle ihn, weil er nur das verspricht, was er auch halten kann.» Der Wirt im Pub sagt: «Stuart hat seine Chance genutzt, das imponiert mir.» Der Taxifahrer sagt: «Er ist einer von uns, und er ist glaubwürdig.» Und das ist vermutlich das größte Kompliment, das ein Politiker bekommen kann.

Es war im Mai 2005, als Stuart für vier weitere Jahre gewählt wurde. Ein einfacher Zettel war alles, um die Menschen aus Hartlepool erneut zu überzeugen. Seine Freunde hatten das Papier kopiert und an alle Haushalte verteilt. Auf der Vorderseite stand das, was er in drei Jahren geschafft hatte, auf der Rückseite, was er in Zukunft erreichen wollte. Dazu eine kurze Anmerkung: *Das ist die einzige Wahlwerbung, die Sie von mir erhalten werden. Ich möchte nicht Ihren Briefkasten überschwemmen oder Sie gar zu Hause stören und an Ihre Haustür klopfen.* Hatte er beim ersten Mal noch mit einem knappen Vorsprung von 603 Stimmen gewonnen, sprach man ihm nun mit einer Mehrheit von über 10 000 Stimmen das Vertrauen aus. «Für viele werde ich immer der Affe bleiben», sagt er, «in Hartlepool aber hat man erkannt, dass man kein großer Politiker sein muss, um verständliche Politik zu machen.» Und das Märchen ist noch nicht vorbei: 2009 ist Stuart ein drittes Mal gewählt worden. Vor ihm hatte das noch kein Bürgermeister in Großbritannien geschafft.

Sein Nachfolger im Kostüm von *H'Angus* ist übrigens Scott Llewellyn, ein Stahlarbeiter Ende dreißig, in Hartlepool geboren und ein großer Fan der Pools. «Scott macht seinen Job klasse», findet Stuart, «und soviel ich weiß, hat er bislang noch nicht vor, Bürgermeister zu werden.» Was Stuart macht, wenn er 2013 nicht wiedergewählt werden sollte, weiß er noch nicht. Er weiß nur, dass er kein Politiker bleiben möchte. Er sagt: «Ich mag die Politik nicht, aber die Menschen, die interessieren mich.» Vielleicht wird er ein Buch schreiben, um seine Geschichte noch einmal in aller Ruhe zu erzählen. Einen Titel wüsste er schon: «Der Affe, den sie nicht hängten.» Und es würde mit dem Sprichwort beginnen, das man sich in Hartlepool seit 200 Jahren schon erzählt: *Binde einem Affen eine rote Schleife um den Hals, und er wird zum Bürgermeister gewählt.*

Kilometer 44 804 **Schritt für Schritt**

Schotten reden gerne und viel über das Wetter. Es kann also kein Zufall sein, dass ausgerechnet schottische Forscher sich erstmals trauten, die zerstörerischen Folgen des Klimawandels öffentlich auszusprechen. Sie erzählten damals etwas vom Treibhauseffekt, der für eine Zunahme von Überflutungen und Niederschlägen gesorgt haben soll – oder so ähnlich. Nach vier Wochen in Schottland – mit vier trockenen Tagen – habe ich nun eine Ahnung davon, wie Wissenschaftler auf so etwas kommen können. Wenn weit im Norden der britischen Insel schwarze Wände aus Wolken aufziehen, ist das so, als zöge jemand einen riesigen Vorhang zu. Und dann bleibt dieser Vorhang auch erst einmal zu und geht Tage oder sogar Wochen nicht mehr auf. Dann speit der Himmel Wasser und zeigt, was Regen so alles kann.

In Schottland gibt es viele Worte für Regen. Es ist so wie bei den Inuit, die angeblich 100 oder mehr Bezeichnungen für Schnee kennen. Die Schotten sprechen zum Beispiel von bösem Regen, der nichts anderes im Sinn hat, als nass zu machen. Er fällt in kalten, fetten Tropfen und lässt einen schnell daran glauben, dass er nie wieder aufhören wird. In diese Kategorie passt auch *smirr*, der gemeine Nieselregen, der dich in wenigen Minuten bis auf die Unterhose durchnässt. *Dreich* ist der traurige Regen, weil er einfach trist nach unten fällt, ohne verspielte Umwege zu nehmen. «Solange er senkrecht bleibt, stört er mich nicht», sagt George, «dann ist es windstill.» George kennt jede Art von Regen. Und er hat sich Gedanken darüber gemacht, wie viele verschiedene es in Großbritannien gibt. Er ist auf 23 gekommen. Regen kann spuckend, wimmelnd und tanzend sein, sagt er, aber auch satt, schleichend oder horizontal. Er kann hart und weich sein, dir im Gesicht schmerzen oder dich sanft streicheln. George sagt: «Regen kann eine wunderbare Massage sein.»

Locke und ich treffen George am Strand von Durness an der Nordküste. Eigentlich kommt er aus Nordirland und lebt im südenglischen Brighton – nun hat er ein Ziel: Er will einmal die britische Küste ablaufen. Seit 14 Monaten ist er unterwegs. «Nun ist Halbzeit», sagt der Mittdreißiger. 3000 Meilen hat er hinter sich. Eine Meile hat etwas mehr als 1600 Meter. George schläft in Höhlen, bei freundlichen Menschen oder unter Brücken, so wie er es aus Brighton kennt. Dort lebte er auf der Straße und trank manchmal zehn Flaschen Brandy am Tag. «Das musste ein Ende haben», sagt er, «deshalb bin ich losgelaufen.» Jetzt ist er auf einem guten Weg, erst zweimal hat er seine goldene Regel gebrochen und vor fünf am Nachmittag zur Flasche gegriffen. «Schritt für Schritt», sagt George, «werde ich klarer.»

Um leben zu können, baut er Skulpturen an den Strand. Er legt Steine aufeinander. Tausende. In vielen Schichten. In oft tagelanger Arbeit. Er formiert sie zu einer dicken Hummel, zu einem Motorboot, zu einem DJ-Pult mit Plattenspielern, zu einem Drachen mit meterbreiten Flügeln. «Menschen zieht es ans Meer», sagt George. Viele kommen vorbei, sehen seine Figuren und fotografieren. Er hat eine kleine Holzkiste aufgestellt, dort schmeißen sie ein paar Münzen rein. Ab und zu verkauft er auch einzelne Steine, die wie Fische, Vögel oder Hunde aussehen. Für einen faustgroßen weißen Stein mit den Umrissen eines Yorkshireterriers hat ihm ein Mann aus der Schweiz 400 Pfund gezahlt.

Und irgendwann zieht George dann weiter, die Küste entlang. Seine Kunstwerke werden vom Wind verweht, vom Wasser zerstreut und fortgespült. «Der nächste Sturm holt sich alles zurück», sagt er, «und das ist gut so. Vielleicht», sagt er, «zeige ich mit meinen Skulpturen ja bloß die Zeit und wie alles vergeht – mehr nicht.»

21

SCHOTTLAND Into the Wild

Nach Inverie führt keine Straße. Wer in das Dorf will, nimmt ein Boot oder muss ein bis zwei Tage laufen. 100 Menschen leben in dieser Abgeschiedenheit – einer von ihnen ist Kenny Morrison. Einst war er Jäger, heute ist er einfach Kenny.

Wer im *Old Forge* ein Bier trinken möchte, kann zwischen einem einfachen und einem anstrengenden Weg wählen. Auf die Halbinsel Knoydart führt keine Straße. Entweder nimmt man die Fähre, die gut eine Stunde braucht, oder man besorgt sich feste Schuhe, eine gute Wanderkarte und einen Kompass. Über Land sind es ein bis zwei Tage in den Pub, der als entlegenste Kneipe des britischen Festlandes gilt. 27 Kilometer stapft man durch sumpfiges Gebiet entlang der Küste. Wer unachtsam ist, versinkt bis über die Knie im Schlamm. Es ist ein ständiges Bergauf und Bergab durch einen menschenleeren Landstrich, der mit seinen sattgrünen Tälern und den schroffen Bergen wie eine Traumwelt wirkt. Und irgendwann hört man auf, die Wasserfälle zu zählen, die in weißen, schäumenden Bändern von den Hügeln hinabrauschen. Karg ist das schottische Hochland. Hier wächst nicht mehr als Gras und Heidekraut, einige Disteln, Moose und Farne. Manchmal, wenn es ein Sonnenstrahl schafft und durch die düstergraue Wolkendecke bricht, sieht es aus, als hätte jemand den Strahler einer riesigen Bühne angestellt. Schottland sucht den Superstar – doch niemand ist da, den man finden könnte.

Knoydart im schottischen Nordwesten ist die am dünnsten besiedelte Region Großbritanniens. Obwohl es keine Insel ist, fühlt man sich wie auf einer. Sprechen die Schotten von «der letzten großen Wildnis», meinen sie die in den Atlantik ragende Halbinsel gegenüber der Isle of Skye. Auf 85 Quadratkilometern leben 120 Menschen, die durch die Natur von der Welt abgeschottet sind. Manch einer schafft den Fußmarsch nach Inverie, dem winzigen Hauptort, in sieben Stunden, muss dann aber sofort das *Old Forge* – die alte Schmiede – aufsuchen, um all die Gelüste zu befriedigen, die einem unterwegs in den Sinn gekommen sind. Hinter dem Tresen steht Ian Robertson. «Probier den Hirsch, der ist gut!», ruft der Wirt, «der Kerl neben dir hat ihn geschossen.» Der Kerl neben mir heißt auch Ian und ist Jäger. «Ian the Stalker», sagt er, «Nachnamen sind hier nicht so wichtig.» In den Highlands gibt es kaum Bäume, hinter denen man sich verstecken könnte, als Jäger muss man sich anpirschen – «stalken», wie die Schotten sagen. «Wir leben hier so isoliert, dass jeder eine Aufgabe haben muss, damit die Gemeinschaft funktioniert», erklärt Ian der Wirt, «und so ist der Beruf mit der Zeit zum Nachnamen geworden.» Jetzt deutet er nacheinander auf die aufgereihten, bernsteinfarbenen Flaschen im Regal, deren Namen viel besser über die Zunge gehen, wenn man schon zwei, drei Gläser von ihnen getrunken hat: *Craigellachie, Bunnahabhain, Bruichladdich.* «Wir Menschen sind wie Whisky», wird der Wirt nun philosophisch, «jeder ist anders.» Ian der Jäger nickt.

Gleich daneben am Tresen sitzt Kenny Morrison, ein Mann von gedrungener Statur, mit leichten Segelohren, wenig Haar und viel Glatze. Er trägt einen dunkelblauen Seemannspullover mit der Aufschrift *Admiral,* darunter ein kariertes Hemd – doch zur See gefahren ist er nie. Jeden Tag ist Kenny im *Old Forge* – mindestens einmal. «Morrison», sagt er, «wie die Supermarktkette. Aber einen Supermarkt haben wir hier nicht.» Kenny macht gerne mal Witze. Wenn er lacht, klingt das ein bisschen wie Ernie aus der Sesamstraße und mündet stets in einem mittelschweren Hustenanfall. Kenny raucht gerne. «Zwei Schachteln», sagt er. Dann blickt er seinem Gegenüber ruhig in die Augen, als wolle er sich vergewissern, dass man ihm auch glaubt. Sein Kopf ist rot, das Gesicht etwas aufgedunsen. Das Leben hat Spuren hinterlassen. Spuren, die keiner mehr verwischen kann. Wenn er etwas mehr getrunken hat, kann es passieren, dass er einfach auf Gälisch weiterredet. Dann versteht den launigen Brummbären keiner mehr. In Inverie sprechen nur noch er und seine Mutter die alte keltische Sprache. «Darauf», sagt Kenny, «bin ich stolz.»

Inverie liegt in einer weiten Bucht. Im Rücken ragen die Berge bis auf über 1000 Meter in den Himmel. Der Ortskern der Siedlung besteht aus einem Dutzend Häusern mit schneeweißer Fassade und grauen Dächern und wird über ein kleines Wasserkraftwerk mit Strom versorgt. Eine Schule, ein Postamt, drei Münzfernsprecher. Mobiltelefone haben hier keinen Empfang. Arzt oder Polizei gibt es auch nicht. Das letzte Mal musste vor über zehn Jahren ein Polizist vom Festland gerufen werden, da einige Gegenstände verschwunden waren. Am Ende stellte sich alles als ein Missverständnis heraus. In Inverie schließt niemand sein Haus ab.

Seit drei Tagen steht ein Fahrrad am Waldrand. Jeder weiß, wem es gehört. Eines der Kinder hat es dort abgestellt. Doch niemand muss Angst haben, dass es gestohlen wird – wo sollte man auch hinfahren? «Robust und aufrichtig», nennt Kenny die Menschen hier. Es ist eine enge Gemeinschaft, da sich viele Probleme in dieser Abgeschiedenheit nur in Zusammenarbeit lösen lassen. «Bis morgen», sagt man, da man sich am nächsten Tag wieder über den Weg laufen wird. «Die Menschen von Knoydart verbindet vor allem eines», sagt Kenny, «wir alle leben hier, weil wir es wollen, nicht weil wir müssen.»

Die Fähre aus Mallaig, einem kleinen Fischereihafen vier Autostunden von Glasgow entfernt, schiebt sich langsam näher. Zweimal am Tag legt Kapitän Bruce mit seinem ehemaligen Fischkutter am frisch renovierten Pier an – nur an Wochenenden nicht, da will er freihaben. Seit Sommer 2006 gibt es einen offiziellen Fahrplan. Etwa 30 Touristen bringt die *Western Isles* an diesem Montagvormittag. Dazu frische Brötchen für den Tearoom der Miller-Schwestern, fünf Postpakete, einige Kisten mit Lebensmitteln sowie frischen Lachs und geräucherte Makrelen für das *Old Forge*. Die Menschen haben eine Kette gebildet, um alles von Bord zu laden. Und die neuen Gäste freuen sich auf die letzte große Wildnis. Denn so entlegen Inverie auch sein mag, so richtig einsam ist es nur noch in den Wintermonaten. Mit den regelmäßigen Fährfahrten kommen auch mehr Besucher, die den beschwerlichen Landweg eher scheuen würden. Fast 300 Betten gibt es inzwischen – und eine hitzige Debatte zwischen den Knoydartern. «Wir brauchen mehr Unterkünfte», sagen die einen. «Wir haben die Spitze erreicht», sagen die anderen, denen der Trubel längst zu viel geworden ist. Im Pub werden mittlerweile schwarze T-Shirts mit weißer Schrift verkauft. Vorne: *The Old Forge*. Hinten: *Up the mountain … down the beer – Hoch den Berg … runter das Bier.* Dass es ganz ohne Tourismus nicht gehen wird, ist jedem klar.

Wer Knoydart verstehen will, muss viele Jahrhunderte zurückschauen. Lange galten in Schottland mittelalterliche Verhältnisse, wenn es um Grund und Boden ging. Wenige Familienclans besaßen viel Land. Über Generationen war Knoydart im Besitz der mächtigen Macdonalds. Einst lebten mehr als 2000 Menschen auf der Halbinsel. Die sogenannten *Highland Clearances* vom Ende des 18. bis Mitte des 19. Jahrhunderts sorgten aber dafür, dass bis auf wenige Dutzend alle aus ihrer Heimat vertrieben wurden. Häuser wurden zerstört, Höfe abgebrannt. Die Menschen mussten der für den Großgrundbesitzer profitableren Schafzucht weichen. 1983 verkaufte ein Nachfahre des Clans das Land an einen englischen Immobilienmakler. Es folgten diverse Landlords, die sich wenig bis gar nicht um das Territorium und die Lebensverhältnisse ihrer Pächter kümmerten. Als der letzte Besitzer pleiteging, wurde Knoydart Konkursmasse. Und die vielleicht fünfzig verbliebenen Bewohner hatten die Schnauze endgültig voll. Sie wollten kein fremdbestimmtes Leben mehr führen. Sie wollten keine Pacht mehr zahlen. Sie wollten das Land, das ihre Heimat war, endlich besitzen. Was fehlte, waren 750 000 Pfund.

1999 war es endlich so weit. In einer beispiellosen Sammelaktion bekam man die Summe tatsächlich zusammen. Durch private Spenden, mit Geldern der staatlichen Lotterie und der Unterstützung zweier Stiftungen kauften sich die Knoydarter ihre Freiheit. Die neugegründete *Knoydart Foundation,* eine lokale Stiftung, die demokratisch über Projekte und Entwicklungen auf der Halbinsel berät und abstimmt, erhielt den Zuschlag. «Wir haben Geschichte geschrieben», sagen die Menschen heute noch. Seither sind viele Gemeinden dem Vorbild Knoydarts in die Unabhängigkeit gefolgt und haben das heimische Land gemeinschaftlich erworben. Grundlage ist ein neues Gesetz gewesen, das den Menschen, die auf dem Grund leben, auch ein Vorkaufsrecht sichert.

Seit dem Kauf hat sich vieles verändert. Die Zahl der Knoydarter hat sich verdoppelt. Längst hat Bernie the Post einen Bauwagen vor das kleine Postamt stellen müssen. Dort sind die Brieffächer der Bewohner untergebracht. Viele kamen nach Knoydart, weil sie von der Zivilisation gestresst waren, weil sie aussteigen wollten. Andere, weil sie einen Freund besuchten und nicht mehr wegwollten. Wie Daniel the Whistlemaker, Tim the Hippie und Mark the Builder oder Fraz the Painter, Sam the Gardener und Stuart the Teacher. Oder Tommy McManmon, genannt Tommy the Ranger, den es 2002 nach Inverie verschlug und der bis dahin gutes Geld in einer Londoner Bildagentur verdiente. «Ich musste raus», sagt der Mittdreißiger, «und nun kann ich nicht mehr weg. Knoydart ist ein Ort, den man nie mehr verlassen möchte.»

Kenny kennt dieses Gefühl. Niemand ist länger hier als er. 1948 ist er auf der Insel Lewis and Harris geboren, einem windumtosten Eiland der Äußeren Hebriden. 1961 kam er mit seinen Eltern, seinen fünf Schwestern und den zwei Brüdern nach Inverie. Sein Vater, ein Jäger, hatte auf der Halbinsel Arbeit gefunden. Und auch Kenny wurde Jäger – Kenny the Stalker. Mit 13 bereits hatte er seinen ersten Rothirsch geschossen. Er bekam das noch warme Blut des Tieres ins Gesicht gerieben und durfte sich 24 Stunden nicht waschen – so will es das Ritual. «Ich bin gerne auf der Jagd gewesen», sagt er – bis 2007. Dann verbrühte er sich mit dem heißen Wasser seiner Wärmflasche das Bein. Die Verbrennungen waren so schwer, dass er monatelang kaum laufen konnte. Kenny lässt die Hose herunter und zeigt die vernarbte Haut am rechten Oberschenkel. An manchen Tagen muss er noch Tabletten gegen die Schmerzen schlucken. Auch das frühe Bier soll helfen, das Pochen im Bein zu betäuben. Er bekommt eine kleine Invalidenrente. Er sagt: «In Knoydart braucht man nicht viel.» Doch nun wird er einfach Kenny genannt. Es ist ein bisschen traurig. Er sagt: «Wenn man hier keine Aufgabe mehr hat, kann es schnell schwierig werden.»

Jede Woche kümmert er sich um das Boot eines Freundes, er schaut nach, ob alles in Ordnung ist, und prüft die Leinen. Nächste Woche will er dem Kahn einen neuen Anstrich verpassen. John, einer seiner Brüder, ist Maler – der wird ihm dabei helfen. Manchmal fährt Kenny in seinem dunkelblauen Ford Fiesta auf der einzigen Straße ins zehn Kilometer entfernte Airor, eine Siedlung mit sechs Häusern und einer Handvoll Menschen. Eine kleine Weltreise. Oder eine Reise durch eine kleine Welt. Seit zwei Wochen ist die Windschutzscheibe allerdings total zerstört. Kenny hat einen Touristen aus Glasgow über den Haufen gefahren, der gerade aus dem *Old Forge* gewankt kam. «So ein Idiot!», schimpft er heute noch, «der ist mir einfach vors Auto gelaufen.» Es ist noch sehr gut zu erkennen, wo der Mann auf der Scheibe aufgeschlagen ist. Und es ist ein kleines Wunder, dass ihm nichts passiert ist. «Der hatte nicht mal einen blauen Fleck. Der war so besoffen, dass er gar nicht so richtig gemerkt hat, wie er über die Motorhaube und die Scheibe gerollt und dann seitlich über das Dach runtergefallen ist.» Kenny kratzt sich etwas verlegen den Hinterkopf. «Und ich», sagt er, «bin wohl auch nicht ganz nüchtern gewesen.»

Verheiratet war Kenny nie, auch Kinder hat er keine. Kenny ist Kenny, sagen die Menschen von Knoydart. Sie meinen, dass er etwas spezieller, etwas eigentümlicher ist als andere. Kenny trinkt zu viel, aber das würde niemand öffentlich sagen. Kenny sagt: «Ich genieße, ich lebe in den Tag hinein.» Er murmelt es eher und verzieht das Gesicht zu einem halben Lächeln. Sein Vater starb 2001 mit 87 Jahren. Seither lebt er mit seiner bald 90-jährigen Mutter allein in einem Haus etwa eine halbe Meile außerhalb des Ortes. Mrs. Morrison ist fast vollständig blind. Sie sitzt auf dem Sofa in ihrer Küche. Im Hintergrund dudelt das Radio. Sie blickt Richtung Fenster. «Es wird etwas heller, heute werden wir gutes Wetter bekommen.» Sie wird recht haben, am Nachmittag wird nach drei Tagen Regen erstmals die Sonne hervorkommen.

Wenn Kennys Mutter vom früheren Leben in Knoydart erzählt, könnte man meinen, sie würde von einer Zeit von vor 100 Jahren sprechen. Bis in die Siebziger hatte es noch neun Schäfer und fast 10 000 Schafe gegeben. Für ausreichend Kohle und täglich frische Milch sorgte der Landlord. Heute gibt es kein einziges Schaf mehr, es soll aber bald mehr Arbeitsplätze, mehr Häuser und mehr Touristen geben. «In den letzten zehn Jahren hat sich das Leben so schnell verändert wie nie zuvor», sagt Mrs. Morrison, «ich weiß nicht, ob das gut ist.» Dann erinnert sie an den alten gälischen Namen der Halbinsel – Knoydart, das zwischen den Fjorden Loch Nevis (heaven) und Loch Hourn (hell) liegt, wird auch *Zwischen Himmel und Hölle* genannt. «Auch wenn ich das wohl nicht mehr erleben werde», sagt die alte Frau, «bin ich gespannt, in welche Richtung Knoydart sich entwickeln wird.»

Es ist kurz vor Mitternacht im *Old Forge*. Izzie Prickett, die im Namen der *Knoydart Foundation* die größte Herberge mit 25 Betten leitet, ist einer der letzten Gäste. Auf den Barhockern neben der jungen Frau sitzen Kenny und Kevin, auch ein Knoydarter mit kurzen dunklen Haaren und schiefen Zähnen. Izzie erzählt von einer Mutprobe und deutet auf die vier schwarzen Flecken am Rande des dunkelbraunen Tresens. Dann zeigt sie die Narbe an ihrem linken Unterarm. Eine schmerzhafte Sache: Auf der Tresenkante erhitzt man eine Ein-Pfund-Münze mit einem Feuerzeug, dann legt man sich das Geldstück auf die Hand oder den Arm. Wer am längsten aushält, hat gewonnen. Auch Kevin hat so ein Brandmal auf dem Handrücken. Er sagt: «Wenn Langeweile und Alkohol sich paaren, kommt man auf seltsame Ideen.» Kenny weiß nicht so recht, ob er das glauben kann. «Ich finde es nicht langweilig bei uns», sagt er in seiner schottisch-kantigen Art, «mittlerweile trifft man im *Old Forge* ja die ganze Welt. Da muss man gar nicht mehr selber verreisen.» Vor sechs Jahren hat Kenny den letzten Ausflug in eine Großstadt gemacht, nach London ist er gefahren. Es hat ihm wieder nicht gefallen. Es ist ihm wieder einmal alles viel zu hektisch gewesen. «Dort hat mir niemand ‹Guten Tag› gesagt», sagt er, «dabei reden die Leute in der Stadt doch immer so unglaublich viel.» Er formt seine Hand zu einem Maul, das sich öffnet und schließt. «Blablabla», sagt er. Und dann noch einmal: «Blablabla.» Jetzt guckt er wie ein kleiner Junge.

Kilometer 46 022 **Die persönliche Note**

Ich hatte die zehn Pfund aus einem Automaten der *Royal Bank of Scotland* in Ullapool gezogen, einer kleinen Stadt an der Westküste. Links neben den Kopf der Königin hatte jemand etwas mit einem Kugelschreiber gekritzelt: *This note saved my day. Thank you unknown girl! Glasgow Queen Street Station. 2010/4/11*. Der Geldschein hatte es immerhin von Glasgow bis in den hohen Nordwesten geschafft. Das sind über 200 Meilen. Und vermutlich steckt sogar eine schöne Geschichte dahinter: Mann bekommt Geld von unbekanntem Mädchen und kann sich die Fahrt nach Hause leisten. Vielleicht ist die Geschichte dahinter aber auch nicht ganz so schön: Mann bekommt Geld von unbekanntem Mädchen und kann sich die nächsten Biere leisten. In jedem Fall ist es eine gute Idee, eine Nachricht auf einem Geldschein zu hinterlassen. Das gibt ihm eine persönliche Note.

Auf der Rückseite des schottischen *Tenner*, wie die Briten auch sagen, ist das Glamis Castle abgebildet. Das liegt weit im Osten des Landes. Dort hatte die Mutter der heutigen Queen ihre Kindheit verbracht. Rechts neben das Schloss schreibe ich *Please send a message: tenpoundsway@yahoo.de* auf den Schein. Auf der Fähre von Cairnryan nach Larne kaufe ich damit zwei Zeitungen und ein Bier. Der Rest ist Trinkgeld. Und dann warte ich auf Antwort und bin gespannt, wo die Note an Land gehen wird – in Schottland oder Nordirland. Ich male mir aus, wer sie in die Finger bekommen und was er damit kaufen wird. Sie wird quer durch Großbritannien reisen, da bin ich mir sicher.

Erst im Januar 2012 sollte ich eine Antwort bekommen: Jessica aus Ballyclare, das ist wenige Meilen südlich von Larne, schreibt, dass sie den Zehner in einem Supermarkt als Wechselgeld bekommen hat. Einige Tage später hat sie ihn im selben Supermarkt wieder ausgegeben. Dort verliert sich die Spur. Ich muss zugeben, ich hatte mir etwas mehr versprochen. Aber der Schein ist sicher noch irgendwo unterwegs – mal sehen, was da noch so kommen wird.

22

NORDIRLAND Jeden Tag Sonntag

Der 30. Januar 1972 wird für immer eine offene Wunde in der nordirischen Geschichte bleiben. An diesem Tag richtete das britische Militär in Derry ein Blutbad an. John Kelly verliert am «Bloody Sunday» seinen Bruder – seither kämpft er für Wahrheit und Gerechtigkeit.

Ein Sonntag im August. Ein Tag in Grautönen. Der Regen nimmt der Stadt die Farbe. Seit Stunden schon kreist ein Helikopter über Derry. «Haut ab», brüllt ein Mann in den Himmel. Mit seinen Armen fuchtelt er wild umher, als wolle er ein lästiges Insekt verscheuchen. Polizisten mit Maschinenpistolen und schusssicheren Westen befragen Passanten. Nachts zuvor haben sich Jugendliche eine Straßenschlacht mit der Polizei geliefert. Ein paarmal im Jahr kommt es zu solchen Randalen, erzählt eine Frau und winkt ab, «junge Leute, die zu viel Energie haben». An einer Straßenecke steht ein ausgebrannter Kleintransporter. Verkohlter Lack blättert ab und fällt zu Boden. Es riecht nach verbranntem Gummi. Menschen gehen vorbei, ohne dem Wrack Beachtung zu schenken. Der Besitzer, ein Sandwich-Fabrikant, steht davor und zuckt mit den Achseln. Zwei Frauen mit Einkaufstüten stehen daneben und unterhalten sich über das Wetter. Der Transporter versperrt die halbe Straße. Die Autos müssen einen Bogen fahren.

Es sind unruhige Tage in Derry, der zweitgrößten nordirischen Stadt. Zwei Wochen zuvor war vor einem Polizeirevier eine Autobombe explodiert. Heute noch liegen die Schaufenster der gegenüberliegenden Geschäfte in Scherben auf dem Gehweg. Der Druck des Sprengsatzes hatte sie herausgerissen. Doch niemand war verletzt worden, die Bombe war in der Nacht detoniert. Kein politisch motivierter Anschlag, vermutet man, eher ein kranker Einzeltäter.

Schnell könnte man sich in Derry erinnert fühlen an frühere Zeiten – Zeiten, die noch gar nicht so lange her sind. Bis vor wenigen Jahren standen in vielen Vierteln noch Wachtürme mit Stacheldraht und gepanzerte Fahrzeuge an jeder Ecke. Bis in die späten Neunziger war es normal, dass Soldaten Straßen abriegelten, dass Brandbomben flogen, dass Autobomben explodierten, dass Polizisten von Heckenschützen erschossen wurden, dass immer wieder Unbeteiligte und auch Kinder zu den Opfern zählten. Das war der Alltag einer gespaltenen Stadt. 100 000 Menschen lebten in einem Albtraum – mehr als 30 Jahre lang. Und irgendwann hörten die Menschen auf, «Oh my God!» zu hauchen, wenn wieder einmal jemand von einem Terroranschlag erzählte. Und noch heute ist Derry die Stadt mit den zwei Namen. Für die britisch-protestantische Minderheit heißt es *Londonderry*. Die irisch-katholische Mehrheit hat das *London* von den Stadtplänen gestrichen. Der Fluss teilt die beiden Lager – geographisch, religiös und emotional. Auf dieser Seite des Foyle, der Cityside, leben fast ausschließlich Katholiken. Drüben, auf der Waterside, sind die Bordsteine, Garagen und Straßenlaternen in den Farben des *Union Jack* gestrichen. Eine Stadt, zwei Welten. Man hat eine Fußgängerbrücke über den Fluss gebaut und *Peace Bridge* getauft. Ein millionenschwerer Übergang, der nicht bloß zwei Ufer miteinander verbinden soll.

Die Toten von Derry sind gut zu sehen, sie füllen eine Anhöhe gleich hinter dem Fußballstadion. Von der über 400 Jahre alten Stadtmauer, die wie ein Schutzwall auf einem Hügel liegt und die Altstadt abgrenzt, sind der Friedhof und die katholischen Viertel Bogside, Creggan und Brandywell zu überblicken. Schon immer lebte hier die Arbeiterklasse, viele ohne Arbeit. Man sieht das Meer der einförmigen Häuserreihen aus Backstein und die irischen Fahnen, die an jeder Straßenlaterne hängen. Auf das Dach eines Pubs hat jemand in großen weißen Lettern *IRA Rules* gepinselt. Derry ist voll mit Zeichen, Symbolen und Parolen. Manche der Schriftzüge sehen aus wie Risse im Mauerwerk. Fassadengroße Bilder, sogenannte «murals», wirken im Schlammgrau der Stadt wie monumentale Comiczeichnungen. Sie erinnern an Ereignisse aus Derrys bewegter Vergangenheit. Zwischen 1994 und 2006 haben drei in der Bogside aufgewachsene Künstler zwölf dieser meterhohen Bilder auf die fensterlosen Mauern der Wohnhäuser gemalt. Eines zeigt einen Jungen mit Gasmaske, der einen Molotowcocktail in der Hand hält. Ein anderes ist das Porträt der 14-jährigen Annette McGavigan, das hundertste zivile Todesopfer des Nordirlandkonflikts. Am 6. September 1971 sammelte sie in der Straße ihres Elternhauses bunte Steine für ein Schulprojekt und wurde von einem britischen Soldaten mit einem gezielten Schuss in den Hinterkopf getötet.

Vor dem Wandgemälde der ermordeten Schülerin stellen fünf sommersprossige Jungen in Fußballtrikots gerade eine Leiter an einen Laternenpfahl. Einer klettert hinauf und schmeißt die irische Flagge herunter. «Die ist alt und schmutzig», ruft er, «da gehören neue, saubere hin, damit jeder sehen kann, wer hier das Sagen hat.» Auf der 200 Meter entfernten Stadtmauer stehen drei junge Männer und brüllen Worte, die man nicht versteht. Sie strecken ihre Mittelfinger in die Höhe und beschimpfen die Jungen mit der Leiter, die nun ihrerseits die Fäuste in die Luft schmeißen. «Ihr dreckigen Protestanten», schreien sie, «wir werden euch alle umbringen!» – Warum wollt ihr sie umbringen? – «Weil es Protestanten sind und wir sie hassen!» – Warum hasst ihr sie? – «Weil das schon immer so ist!» – Wie alt seid ihr? – «Zwölf.» Triumphierend schwenken sie die irische Fahne.

John Kelly – Jahrgang 1948, kantiges Gesicht, silbergraues Haar, Brille, mit Tätowierungen auf beiden Unterarmen – muss lachen, als er von dieser kleinen Straßenszene hört. Es ist ein gequältes Lachen, das voller Unverständnis steckt. Er hat den Konflikt der Konfessionen noch nie nachfühlen können. John führt einen anderen Kampf. Deshalb sitzt er in diesem eher unscheinbaren Flachbau, kaum größer als fünf Garagen. Früher sind hier Wohnungen gewesen. Im Januar 2007 ist das *Museum Of Free Derry* eingezogen. Die Farbe der Fassade ist kein Zufall. Sie ist rot. Hier können die Besucher vieles über die Bürgerrechtsbewegung der sechziger Jahre und die Eskalation der Gewalt in den frühen Siebzigern erfahren. Wenn John aus dem Fenster schaut, blickt er auf den Glenfada Park – schmucklose, zweigeschossige Wohnblocks mit Parkplätzen in der Mitte. Eine Sackgasse, in der am letzten Januarsonntag des Jahres 1972 zwei junge Männer durch Kugeln des britischen Militärs starben. Wenige Meter weiter wurden zwei weitere Männer erschossen. Vorne an der Straße gab es sechs Tote. Und beim Wohnblock gegenüber drei. An diesem Tag, der als *Bloody Sunday* in die nordirische Geschichte einging, töteten Soldaten insgesamt dreizehn unbewaffnete Demonstranten – darunter Johns Bruder Michael. Wenige Wochen zuvor war er 17 geworden.

John hat im Museum eine Weltkarte aufgehängt und mit Stecknadeln die Länder markiert, aus denen die Besucher bislang gekommen sind. Vor kurzem hat er mal nachgezählt: 112 sind es bereits. Rund 15 000 Menschen im Jahr besuchen die kleine Ausstellung. Sie kommen an John nicht vorbei. Er sitzt hinter einem kleinen Tresen, auf dem auch die Kasse steht. Er sagt: «Hallo, ich bin John Kelly, mein Bruder Michael wurde am *Bloody Sunday* hier auf der Straße vor dem Museum umgebracht. Sie können mich gerne alles fragen.» Meist kann er in den Gesichtern dann Erstaunen lesen. Manche treten auch einen Schritt zurück, weil sie so viel Offenheit nicht erwartet haben. John sagt: «Ich kann auf einer sehr persönlichen Ebene von diesem Tag berichten. Das ist das, was ich tun kann – für die Besucher, für meinen Bruder und für mich.» Auf weißen Holzkreuzen stehen die Namen der Toten. Filme und Tonbandaufnahmen laufen in Schleife. Schüsse und Schreie. Gesänge der Demonstranten. Tumult. John hört diese Aufnahmen jeden Tag. Er zeigt den Besuchern die Zeitungsartikel und die gerahmten Schwarzweißfotos, auf denen sein Bruder mit schmerzverzerrtem Gesicht auf dem Asphalt der Rossville Street liegt, gleich hier vor dem Museum. In einer Glasvitrine wird neben einem karierten Jackett mit einem Einschussloch auch das blutgetränkte Babyjäckchen aufbewahrt, das man Michael Kelly auf die Schusswunde am Bauch presste, um die Blutung zu stoppen. Das Blut hat sich braun verfärbt.

Wenn John durch die Bogside läuft, muss er viele Hände schütteln und immer wieder kurz stehen bleiben, um mit Leuten zu reden. Man kennt sich in der «Bog». Die meisten sind schon ihr ganzes Leben hier. «Hier geboren, hier aufgewachsen, nie woanders gewesen», sagt John, der aus einfachen Verhältnissen kommt. Sein Vater war arbeitslos, seine Mutter zog neun Mädchen und drei Jungen groß. John ist der Drittgeborene. Heute hat er selber sechs Söhne und wohnt mit seiner Frau gleich um die Ecke, keine fünf Fußminuten vom Museum entfernt. Viele Jahre versuchte er, in ein normales Leben zurückzukehren. Er arbeitete als Werkzeugmacher in einer Fabrik für Tonbandgeräte, später dann als Ausbilder. Er sprach wenig über den Tod seines Bruders. Bis 1992. Bis er nicht mehr ohne die Antworten auf die vielen Fragen leben wollte. *Wie konnte es zu diesem Massaker kommen? Warum musste Michael sterben? Wer ist dafür verantwortlich?* Fragen, die alle Familien der Opfer jahrzehntelang quälten. Gemeinsam gründeten einige der Angehörigen die *Bloody Sunday Justice Campaign* und später den *Bloody Sunday Trust*, eine durch Spendengelder finanzierte Organisation, die die Wiederaufnahme der Untersuchungen der blutigen Ereignisse forderte. John widmete sein Leben der Aufklärung. «Die tägliche Arbeit hat mir geholfen, darüber hinwegzukommen. Es ist zu meiner Lebensaufgabe geworden, der Welt die Wahrheit zu erzählen – das, was an diesem Tag wirklich passiert ist.»

Der 30. Januar 1972 ist ein eisig kalter Tag mit blauem Himmel. John ist 23 und schon auf vielen Märschen der katholischen Bürgerrechtsbewegung gewesen. An diesem Tag sind fast 20 000 Menschen auf der Straße, so viele wie nie zuvor in Derry. Katholiken haben kaum Chancen bei der Stellensuche oder bei der Vergabe von Wohnungen. Sie demonstrieren für eine Gleichbehandlung, für gleiche Wahl- und Bürgerrechte und gegen die Internierung von über 300 katholischen Männern, die ohne Prozess im Gefängnis sitzen. Es soll ein friedlicher Marsch werden. Viele Frauen und Kinder sind dabei. «Ich habe vorher noch mit Michael gesprochen», erinnert sich John an die letzte Begegnung mit seinem Bruder, «ich sagte ihm, dass er sofort nach Hause laufen solle, falls irgendetwas passieren würde. Er interessierte sich nicht für Politik. Er war dabei, weil seine Freunde dabei waren. Es war sein erster Marsch.»

Michael Kelly ist ein ruhiger, fast schon schüchterner Junge mit Mittelscheitel und langen, dunklen Haaren, die über die Ohren reichen. Er fängt gerade an, sein Leben zu ordnen. In Belfast macht er eine Ausbildung zum Nähmaschinentechniker. An den Wochenenden kommt er regelmäßig nach Hause, um sich mit seiner Freundin zu treffen und in einer Hemdenfabrik zu arbeiten. Michael liebt Vögel, er selber hat 16 Tauben. Manchmal nimmt er eine mit nach Belfast, um zu sehen, ob sie den Weg nach Hause findet. «Seine Freundin, seine Ausbildung, seine Tauben», sagt John, «das war mein Bruder. Ende der Geschichte.»

Der Protestmarsch ist nicht genehmigt. Die Armee hat Barrikaden errichtet, um die Demonstranten von der Innenstadt fernzuhalten. Und zunächst verläuft alles ruhig. Als der Lautsprecherwagen an der Spitze des Zuges eine der Straßensperren erreicht, biegt er rechts ab, die Masse folgt ihm. Einige hundert aber setzen ihren Weg fort und laufen weiter vor bis zur Barrikade. Das übliche Scharmützel mit der Polizei beginnt. In Derry kommt es in dieser Zeit fast täglich zu Konfrontationen zwischen Jugendlichen und der britischen Armee. Steine und Flaschen gegen Gummigeschosse, CS-Gas und Wasserwerfer. Das ist nichts Ungewöhnliches. Für die Soldaten sind Creggan und Bogside sogenannte «no-go areas», in die sie keinen Fuß zu setzen wagen. Die Menschen haben sich in ihren Vierteln verbarrikadiert, in denen auch die IRA patrouilliert, die Irisch Republikanische Armee, eine bewaffnete Widerstandsgruppe, die längst mit Gewalt für die Loslösung von der britischen Krone kämpft. Auf der weißen Wand eines Hauses am Eingang der Bogside steht in großen schwarzen Buchstaben: *YOU ARE NOW ENTERING FREE DERRY*. Hier endet Großbritannien, hier endet die Macht der britischen Regierung, hier beginnt ein freies Derry – zumindest wenn es nach den Vorstellungen der katholischen Bewohner geht.

Immer wieder ist es in den zwei Jahren zuvor zu Straßenschlachten gekommen. Der Regierung in London sind die Bilder, die aus Derry um die Welt gehen, schon lange ein Dorn im Auge. Für den Tag der Demonstration hat man das 1. Fallschirmjäger-Regiment aus Belfast als Verstärkung abkommandiert, eine Eliteeinheit, die für ihre kompromisslose Art gefürchtet ist. Als der Befehl gegeben wird, Demonstranten zu verhaften, fallen Schüsse mit scharfer Munition. Die Menge flieht vor den Soldaten, die mit Schützenpanzern vorrücken. Ein IRA-Mann erwidert das Feuer mit einem Schuss. Was dann passiert, ist nicht zu begreifen. In weniger als einer halben Stunde haben die Fallschirmjäger auf einer Fläche kaum größer als ein Fußballfeld ein Blutbad angerichtet und 13 Männer getötet und weitere 13 Männer und zwei Frauen verletzt – einer wird fünf Monate später an den Folgen seiner Verletzung sterben. Als die Zahl der Toten und Verwundeten bekannt wird, steht die

Stadt unter Schock. Die britischen Medien stellen die Opfer als mit Schusswaffen und Bomben bewaffnete Terroristen dar. Seitens der Armee wird behauptet, es seien Hunderte Schüsse auf die Soldaten abgefeuert worden. «Mein Bruder war tot und plötzlich ein Krimineller», erzählt John, «so rechtfertigte das Militär das eigene Versagen.» Und der *Bloody Sunday* wird zu einem Wendepunkt in der nordirischen Geschichte. Die Toten von Derry bedeuten, dass die Zeit der friedlichen Reformversuche vorbei ist. In Scharen strömen junge Männer der IRA zu. Keine drei Monate später entscheidet ein Untersuchungsausschuss, dass das Vorgehen der Paramilitärs gerechtfertigt gewesen sei. Die Soldaten werden von jeglicher Schuld freigesprochen. Aus einem Konflikt wird ein Bürgerkrieg.

Auch John hatte damals Steine geschmissen und war später der Sinn-Féin-Partei beigetreten, dem politischen Arm der IRA. Und er hatte auch eine Weile darüber nachgedacht, sich dem bewaffneten Kampf anzuschließen. «Doch das wäre bloß aus Rache für Michaels Tod gewesen», blickt er zurück, «und wie hätten noch mehr Tote eine Lösung sein sollen?» John geht jetzt die Rossville Street hinunter, die Hauptstraße, die einmal quer durch die Bogside führt. Er erreicht das «Killing Field» von damals, wie er es nennt. Autos rollen vorbei, er muss etwas lauter reden. «Es war eine Sache von Minuten», ruft er in das Dröhnen des Verkehrs hinein. Er hebt den Arm und deutet auf die Ecke eines Wohnblocks. Dort zerschmetterte eine Kugel den Hinterkopf des 41-jährigen Bernard McGuigan, als er, ein weißes Taschentuch schwenkend, dem sterbenden Patrick Doherty, 31, helfen wollte. Einige Meter weiter wurde Kevin McElhinney, 17, getötet, während er versuchte, von der Straße zu einem der Wohnblocks zu kriechen. Und dort wurde Alex Nash, 51, angeschossen, als er seinem tödlich verletzten Sohn William, 19, zu Hilfe eilte. John klingt sachlich wie ein Kriegsberichterstatter, wenn er die Fakten der brutalen Ereignisse schildert. Er hat diese Geschichten, die längst zu seinen eigenen geworden sind, schon oft erzählt. So oft, dass er sich auch heute noch, vierzig Jahre später, an viele Details erinnern kann. Auch auf John wurde damals geschossen. Zwei Kugeln verfehlten nur knapp seinen Kopf, zwei weitere schlugen direkt vor ihm ein. Er sagt: «Noch heute höre ich manchmal den Hall der Schüsse.» In manchen Nächten liegt er wach und spürt den Hauch der Kugeln, wie sie an seinem Ohr vorbeirauschen.

John ist jetzt an der Stelle angekommen, wo sein Bruder und drei weitere junge Männer getötet wurden. Die ersten Jahre hatte er diesen Ort gemieden, es war, als liefe er über Michaels Grab. Nun zeigt er, wo man die Barrikade aus Schutt, Stacheldraht und dicken Holzstämmen errichtet hatte, an der Michael und etwa 50 andere damals standen und die Soldaten aus einiger Entfernung beobachteten. Er deutet auf eine kleine Mauer, etwa 150 Meter entfernt. «Von dort wurde geschossen.» John selber suchte in diesem Moment keine 30 Meter entfernt auf der anderen Straßenseite Deckung. Und auch seine Mutter war zu diesem Zeitpunkt unmittelbar in der Nähe in der Wohnung ihrer Schwester. Sie hörte die Schüsse und machte sich Sorgen um ihre Söhne. Als sie kurz vor die Tür trat, sah sie einen Moment lang Michael und rief nach ihm. Hätte er seine Mutter gehört, wäre er vermutlich zu ihr gelaufen. Aber so war es nicht, er hörte sie nicht und lief weiter. Minuten später wurde er erschossen.

John erinnert sich: «Er war zur falschen Zeit am falschen Ort. Wenn man sich die vielen Fotos ansieht, steht Michael auf jeder Aufnahme weit hinten an der Barrikade. Der Soldat schoss in die Menge. Und die Kugel fand ihren Weg zwischen den Leuten hindurch. Man vermutet, dass sie zunächst durch einen anderen Mantel schlug und dann meinen Bruder in den Bauch traf. Man trug ihn dann über den Parkplatz und in eines der Häuser dort. Ich selber erfuhr erst 20 Minuten später von meinem Schwager, dass Michael von einer Kugel getroffen worden war. Es gab keinen massiven Blutverlust, man hatte ihm ja diesen Strampelanzug in die Wunde gelegt und fest bandagiert. Im Krankenwagen hoffte ich noch, dass er es schaffen würde. Ich redete mit ihm, doch da war keine Reaktion mehr. Sein Gesicht war bleich. Ich glaube, er war schon tot. Für meine Mutter war es besonders schlimm. Sie war immer sehr besorgt gewesen um Michael. Als Dreijähriger wäre er beinahe an einem Virus gestorben. Drei Wochen hatte er im Koma gelegen. Unsere gesamte Familie hatte an seinem Bett gesessen und gebetet. An die ersten fünf Jahre nach seinem Tod konnte sich meine Mutter später nicht mehr erinnern. Sie hatte vor Schmerz den Verstand verloren. Einmal, es war ein kalter Wintertag, entdeckten wir sie auf dem Friedhof. Sie hatte eine Decke über sein Grab gelegt, damit ihr Junge nicht friert. Sie wurde schwer krank. So gut es ging, versuchte ich, sie am Leben zu halten. Einige Wochen vor ihrem Tod log ich sie an und sagte ihr, dass Michael offiziell für unschuldig erklärt worden war. Sie starb glücklich. Sie ließ sich mit seinem Tagebuch, einer seiner Haarlocken und der Kleidung, die er an seinem Todestag getragen hatte, begraben. So, wie es sich viele Mütter aus Derry wünschten, wenn ihre Söhne vorher gestorben waren.»

John begegnete dem Mann, der seinen Bruder tötete, zum ersten Mal in London. 1998 waren die Ermittlungen wieder aufgenommen worden. Der erste Untersuchungsbericht von 1972 hatte zu viele Widersprüche und deutliche Fehler aufgewiesen, der Protest der Angehörigen hatte nie nachgelassen. «Ich fühlte mich furchtbar», erzählt John, «am Morgen ging ich im Hotel auf die Knie und betete – zu Gott, zu Michael, zu meiner Mutter und zu meinem Vater, dass sie mir die Kraft geben sollen, diesen Tag zu überstehen.» Der Soldat, von den Ermittlern *Lance Corporal F* genannt, tötete Michael Kelly, Patrick Doherty, Bernard McGuigan und mit großer Wahrscheinlichkeit auch William McKinney und James Wray. Das konnte anhand der Kugeln nachgewiesen werden, die aus seiner Waffe stammten und in den Körpern der Toten gefunden worden waren. «Die Kommission stellte fest, dass er nicht in Panik oder aus Angst gehandelt hatte. Er hatte Kontrolle, nicht Stress», betont John, «er hat kaltblütig wehrlose Menschen erschossen.» Sein Gesicht bekommt jetzt harte Züge. Er presst die Worte heraus. Es ist die Wut, die ihn so reden lässt. «Ich hörte mir an, wie dieser Mann totale Verachtung gegenüber den Toten, den Angehörigen und der erneuten Untersuchung zeigte. Es war absolut keine Reue zu spüren. Es war widerlich.»

Zwölf Jahre dauerte es, bis der zweite Untersuchungsbericht vorgelegt werden konnte. Es waren zu viele Augenzeugen gewesen, die befragt werden mussten. 2500 Aussagen insgesamt. Am 15. Juni 2010 legte die Kommission ihren 5000-seitigen Bericht vor: Alle Opfer des Bloody Sunday wurden für unschuldig erklärt. Erstmals wurde einzig das Militär für die Toten von Derry verantwortlich gemacht. Es folgte die erste öffentliche Entschuldigung der britischen Regierung – nach mehr als 38 Jahren. «Das war einer der bedeutendsten Momente meines Lebens», sagt John. «Lange haben wir für diese Wahrheit und die Rehabilitierung unserer Familien kämpfen müssen. Und nun fordern wir Gerechtigkeit. Ich will, dass Soldat F und die anderen Todesschützen verurteilt werden. So lange wird der Bloody Sunday für mich eine offene Wunde bleiben.» Für einen Augenblick wird Johns Stimme rissig. Er schluckt, setzt noch einmal an: «Die ganze Welt weiß, dass es Mord war. Und in jedem anderen Land werden Mörder für ihre Taten bestraft.» Doch was dann? Was wird er tun, wenn Soldat F eines Tages verurteilt werden sollte? John braucht nicht lange zu überlegen, er sagt: «Ich hatte mal schwarze Haare, und nun sind sie grau, obwohl ich noch gar nicht so alt bin. Ich habe fast 40 Jahre in der Vergangenheit gelebt. Doch so, wie ich jeden Tag an den Bloody Sunday denke, wünsche ich mir jeden Tag nichts mehr, als endlich wieder nach vorne blicken zu können.»

Kilometer 46 362 bis 48 120
Ein Bier im Schwein

Wer durch Irland fährt, wird sich schon bald über die lustigen Namen der Pubs freuen und vielleicht auch ein wenig wundern. Es ist bestimmt nicht einfach, einen guten Namen für eine Kneipe zu finden. Ähnlich wie bei einem Hund. Kurz und einprägsam sollte er sein, witzig und vielleicht sogar ein bisschen ironisch. Es soll siebentausend irische Pubs geben, habe ich mal irgendwo gelesen. Und meist sind die Wirte weniger originell gewesen und haben sich *The Cosy Place, The Corner* oder *The Irish House* einfallen lassen. In Galway gibt es einen Pub namens *Twice as Nice*. Das ist ein guter Name. In Mountrath gibt es einen Pub namens *The Pub*. Das ist kein guter Name.

Und nun brummen wir in unserem Bulli durch einsame irische Dörfer auf der oft einzigen Straße an der oft einzigen Kneipe vorbei und ich lese die Namen auf den Schildern der Wirtshäuser. Ich stelle mir die Gesichter der Stammgäste vor, die vielleicht in diesem Augenblick am Tresen vor ihrem Bier oder Whiskey sitzen. Und dann kommen wir an Pubs wie *Last Journey, Last Exit, Last Hope* oder *Last Way Out* vorbei. Geht man wirklich gerne in eine Dorfschenke, die *Letzte Hoffnung* heißt? Das klingt doch eher nach Stammgästen, die selten irgendwo eingeladen werden, dann aber trotzdem kommen und sich am Buffet bedienen.

Es gibt hier aber auch Wirte, die ihren Pub schlicht und ehrlich *The Drink* oder *Sláinte* nennen, was auf Gälisch «Gesundheit» oder «Prost» bedeutet und was man natürlich als Aufforderung oder gar Herausforderung begreifen muss. Das ist schlau von diesen Wirten. Sie haben aber auch Kollegen, die im *Dead Head* oder gar *The Fart* einschenken. Ich glaube, ich hätte keine große Lust, zu Gast im *Furz* zu sein. Wobei, ich bin in meinem norddeutschen Heimatort beinahe täglich im *Fiasko* gewesen und habe mir irgendwann keine Gedanken mehr über den Namen gemacht. Nur dann, wenn Freunde von außerhalb zu Besuch waren und sie sich über den etwas schrägen Namen lustig machten, fiel es mir wieder auf. So muss es auch vielen Menschen in Irland gehen, wenn sie einen Großteil ihrer Zeit im *Bottom Of The Hole, The Dark Hole, The Dirty Hole* oder – etwas schlichter – im *The Hole* verbringen.

Irgendwann habe ich angefangen, die Namen aufzuschreiben. Das könnte nun seitenlang so gehen, daher nur eine kleine Auswahl: *Talk of the Town. Come In. Dry Dock. Rusty Nail. Welcome Stranger. Fight Pub. Ladies and Gentlemen. Devil's Punchbowl. The Hairy Lemon. The Locke Bar* (ein sehr guter Name!). *The Druid Inn. Poet's Corner. Preacher's Pub. He's Not Here.* Und: *The Hungry Monk. The Fat Monk. The Dead Monk* – und zwar genau in dieser Reihenfolge. Natürlich sind auch Tiere sehr beliebt im ländlichen Irland: *The Drunken Duck. The Dirty Pig. The Big Pig. The Flying Pig. The Pink Elephant. Full of Sheep. Fighting Cocks* – was man gerne zweierlei versteht. Oder einfach *The Horse, The Sheep* oder *The Pig.* Treffen wir uns später noch auf ein Bier im Schwein?

Einmal wurde ich beim Betreten einer Kneipe in Portrush in Nordirland mit dieser Frage begrüßt: «Bist du ein Terrorist?» Kurzes Schweigen. Dann korrigierte sich der lustige Kerl: «Ich meinte natürlich: Bist du ein Tourist?» Er lachte und lachte und lachte. Als Einziger. Und der Name des Pubs passte irgendwie: *Nobodys Inn.*

23

IRLAND Die fabelhafte Welt der Clare Murphy

Irland ist das Land der Legenden und Mythen, der Fabeln und Märchen. Und Clare Muireann Murphy kennt viele von ihnen – sie ist Geschichtenerzählerin. Sie lebt in Galway und reist um die Welt. Überall baut sie Brücken zwischen Phantasie und Wirklichkeit.

Diese Geschichte beginnt mit einem Wunsch. Es ist ein warmer Spätsommertag in der westirischen Hafenstadt Galway. Clare Muireann Murphy steht vor einem Straßencafé und setzt ihre Sonnenbrille ab. Die tiefstehende Sonne blendet sie, sie kneift die Augen zusammen. Als sie sich an das Licht gewöhnt hat, entdeckt sie auf einem der Brillengläser eine ausgefallene Wimper. Vorsichtig klemmt sie das Härchen zwischen Daumen und Zeigefinger. Auch in Irland steht eine Wimper für einen Wunsch. Und auch Clare glaubt an die Magie dieses Moments. Sie schließt die Augen und pustet die Wimper vom Finger. Obwohl sie ihren Wunsch nicht verraten darf, da er sonst nicht in Erfüllung gehen wird, verrät diese kleine Szene viel über die junge Irin. Clare sagt: «Die schönsten Geschichten entstehen oft aus den einfachsten Ideen.»

Clare hat eine sichere Methode, Menschen in ungläubiges Staunen zu versetzen. Sie braucht bloß ihren Beruf zu nennen. Dann ist es einen Moment lang still. Wenn sie zum Beispiel auf einer Party gefragt wird, was sie denn so mache, erntet sie meist ratlose Blicke, wenn sie sagt: «Ich erzähle Geschichten.» Die Leute wissen nicht so recht, ob sie das ernst nehmen können. Also stellen sie die nächste Frage: «Davon kannst du leben?» Und schnell bemerken sie, dass die Frau mit den kurzen braunen Locken und den großen, braunen Augen tatsächlich sehr gut erzählen kann. Sie werden neugierig, wollen wissen, was für Geschichten das sind, die Clare erzählt. Und wo. Und wem. Und Clare antwortet: «Legenden und Sagen, irische Mythen und Volksmärchen. Für Kinder und Erwachsene. In Theatern, Museen oder Schulen. In Irland, den USA oder Schweden. Überall auf der Welt, wo ich eingeladen werde.» Es sind Geschichten von hässlichen Prinzessinnen, die Kinder kriegen wollen. Von einem Mann ohne Kopf, der sich verliebt. In ihren Erzählungen gibt es leidenschaftliche Romanzen. Es strömt das Blut, es geht um den ewigen Kampf zwischen Gut und Böse, um Liebe, den Tod, um Eifersucht und Wahnsinn. Clare sagt: «Viele haben noch immer das Bild des weißhaarigen, pfeiferauchenden Mannes im Kopf, der vor einem Ofen sitzt und aus seinem Leben berichtet.» Clare wird jetzt kurz zu diesem Greis. Sie spricht mit tiefer, verschrobener Stimme, kaut auf einer imaginären Pfeife und pafft zwischen den Worten kleine Wölkchen in den Raum. «Das Image des Geschichtenerzählers ist etwas verstaubt», sagt sie, «und dann sehen die Leute mich und sind überrascht.»

Clare ist eine zierliche Frau. An diesem Tag trägt sie ein rotes Kleid mit großen weißen Punkten, eine blaue Strickjacke und roten Lippenstift. Sie sieht aus, als wäre sie einem Film entsprungen. Sie erinnert an Audrey Tautou, die französische Schauspielerin, die in *Die fabelhafte Welt der Amélie* als herzensgute Fee ihre Nachbarn verzaubert. Clare und Amélie sind sich ähnlich. Auch wenn sie keine naive Träumerin ist, mag auch Clare die kleinen Dinge, die leisen Töne, die scheinbar unbedeutenden Augenblicke am Rande. Sie mag den Geruch im Sommer, kurz bevor es regnet. Sie mag mit einem Buch im Bett sitzen, wenn es draußen stürmt. Sie mag den Moment, wenn Chili auf der Zunge zu prickeln beginnt. Was Clare nicht mag: Wenn die nasse Jeans an ihrer Haut klebt. Wenn Leute zu viel reden, aber eigentlich nichts zu sagen haben. Wenn

«Ich bin Luxemburger, kein Franzose»,

Jean-Philippe Arnotte, Seborga

«Palermo ist total verseucht»,
Francesca Vannini Parenti, Italien

«Oft werden wir mit San Remo verwechselt»,

Francesco Amici, San Marino

«Es ist gut, einen Freund wie den Arnold zu haben»,
Peter Urdl, Österreich

«An manchen Tagen machen die Inder mich fix und fertig»,
Jean-Pierre Francioli, Schweiz

«Dahoam is dahoam»,
Jason Charles, Deutschland

«Ihr habt mich gewählt, nicht den Affen»,

Stuart Drummond, England

«Wir leben hier, weil wir es wollen, nicht weil wir müssen»,
Kenny Morrison, Schottland

«Die ganze Welt weiß, dass es Mord war»,

John Kelly, Nordirland

«Jeder malt seine eigene Geschichte»,

Clare Muireann Murphy, Irland

«Der Golfstrom ist der größte Lieferservice der Welt»,
David Lea-Wilson, Wales

«Die Energie! Spürst du sie? Die Küche ist voll davon!»,
Sergio Herman, Niederlande

«Ein Clown guckt anders auf die Welt»,

Danny Ronaldo, Belgien

Lück und Locke

der Zahnarzt ihr Wattebäuschchen in den Mund klemmt. Sie sagt: «Das Gefühl von Baumwolle in meinem Mund macht mich wahnsinnig.»

Clare sitzt auf dem Fußboden ihres kleinen Büros. Um sie herum liegen viele gelbe Erinnerungszettel auf dem Teppich verstreut. Sie lacht. «Zum Glück sieht es in meinem Kopf nicht so aus.» An der Wand hängt eine große Weltkarte. Das halbe Jahr ist sie auf Reisen. Sie fährt auf Erzählfestivals nach Wien, Oslo oder Guadalajara in Spanien. Gerade plant sie eine achtwöchige Tour durch Clubs und Theater in Kanada und Alaska. Sie gibt Workshops für Schauspieler, Lehrer und angehende Erzähler. Und in ihren Regalen stapeln sich die Bücher über irische Mythologie, arabische Legenden und Märchen vom anderen Ende der Welt. Doch nicht jede Geschichte kann Clare auch erzählen. «Sie muss mich berühren», sagt sie, «sonst kann ich sie nicht zum Leben erwecken.» Manche muss sie nur einmal lesen und kann sie frei erzählen. «Ich behalte den roten Faden, den Rest schmücke ich mit meiner Phantasie aus. Und jedes Mal wird das Erzählte ein bisschen anders. Das ist wichtig, das hält mich frisch.» Etwa 50 Geschichten hat sie im Repertoire, wenn sie auf Tour geht. Zehn bis 20 Minuten, viel länger sollte eine Erzählung nicht sein. Zwei Stunden dauert ihr Programm. Clare sagt: «Reden macht mich nicht müde.»

Es ist nicht so einfach, ein Foto von Clare zu machen. Sie ist ständig in Bewegung. Die Aufnahmen werden alle unscharf. Sie ist, das sagt sie selbst, ein ziemlich energiegeladener Mensch. Sie hat Erzählkraft. Sie hat Ausdruck. Sie braucht kein Bühnenbild, keine Lichteffekte und auch keine Kostüme – sie braucht bloß ihre Worte. Sie beschreibt die Personen und Dinge so detailliert, dass vor den Augen der Zuhörer Gesichter und Landschaften entstehen. Man sieht den alten Mann vor sich sitzen, wie er die Stirn in Falten zieht. Man sieht das weiße Pferd durch die düstere Nacht galoppieren. Man sieht den kleinen Jungen mutig gegen ein einäugiges

Monster kämpfen. Es ist wie in einem Erzähltraum. Jetzt spricht sie mit der zerbrechlichen Stimme einer alten Dame, im nächsten Moment flucht sie virtuos vor sich hin wie ein raubeiniger Seemann. Jetzt klingt sie durchdringend und beschwörerisch, dann heiter und beschwingt. Sie weiß, wie sie ihre Stimme heben und den Ton verändern muss. Sie weiß, wann Pausen passen, damit Spannung entsteht. Und wenn Clare böse guckt, kann man tatsächlich große Angst vor ihr bekommen.

Es gibt Zaubersätze, die ihren Klang und ihre Magie nie verlieren werden: *Es war einmal vor langer, langer Zeit …* ist so ein Satz. Clare genießt die Momente der Atemlosigkeit, wenn 100 Kinder mit offenen Mündern und großen Augen vor ihr sitzen. Wenn man die Menschen im Publikum schlucken hören kann. So still ist es, so gebannt folgen sie der Geschichte. Wenn auch Erwachsene wieder wie Kinder schauen und alles um sich herum vergessen. Clare weiß, dass ihre Erzählkraft wirkt, wenn die Zuhörer beginnen, durch sie hindurchzugucken, wenn sie das Schaudern ergreift oder sie erleichtert aufatmen. Dann betreten sie eine bunte Welt, die von sagenhaften Mischwesen, wundersamen Tieren und seltsamen Menschen bevölkert ist. Es geht auf eine Reise durch Traumlandschaften der irischen Mythologie, wo Druiden und Elfen leben, wo keine Geschichte zu phantastisch ist, um sie nicht zu erzählen. Manchmal würde Clare gerne in jeden der Köpfe mal kurz hineingucken können. «In jedem würde es anders aussehen», glaubt sie, «ich halte ja nur den Pinsel, jeder Einzelne aber gibt durch seine Phantasie die Farben hinzu. Jeder malt seine eigene Geschichte. Und auch wenn wir Monstern und bösen Menschen begegnen werden, kann das Publikum mir vertrauen, dass ich es bis an das gute Ende bringen werde.»

Clares Geschichte beginnt 1976 in Dublin. Dort ist sie geboren, dort hat sie 20 Jahre in einem beschaulichen Ort an der Küste gelebt. Howth ist ein ehemaliges Fischerdorf auf einer Halbinsel nahe der Hauptstadt und ein wunderbarer Platz für eine Kindheit. Es gibt einen verwunschenen Wald, eine jahrhundertealte Burg, einen mysteriösen Leuchtturm und das unendliche Meer. Ihr Vater ist Schauspieler am Theater. Ihre Mutter liest leidenschaftlich, das Haus ist gefüllt mit Büchern. Und Clare ist das Mädchen, das zu viel redet und jeden so lange nervt, bis man ihr eine Geschichte erzählt. *Tell me a story! Tell me a story!!* Oft lauscht sie ihrem Vater, wenn er in endlosen Monologen seine Texte lernt. Schon als Vierjährige sitzt sie im Publikum, wenn er auf der Bühne steht. Clare wächst inmitten von Geschichten auf.

Mit 18 beginnt sie zu reisen. Mit 20 geht sie in die USA. Sie spielt Theater, arbeitet in Bars und Büros, probiert jeden Job, den sie kriegen kann. Fünf Jahre lebt Clare in Denver, Colorado. Dann aber vermisst sie Irland. Sie zieht nach Galway, dort lebt auch ihre ältere Schwester Kathy. Als Clare eine Geschichtenerzählerin aus Nordirland kennenlernt, weiß sie endlich, was sie will. «Und irgendwie ist das von Anfang an klar gewesen», sagt sie heute, «das Erzählen von Geschichten ist mir in die Wiege gelegt worden. Ich habe nur lange nicht gewusst, dass ich ein Talent dafür habe.» Sie liest viel. Sie lernt viel von anderen Erzählern. Sie erzählt für Freunde. 2006 hat Clare ihre ersten Auftritte in Schulen und Büchereien. Sie beginnt als *Professional Storyteller*. «Es war so, als hätte ich einen alten Mantel angezogen, der wie für mich gemacht war.»

Sechs Theater gibt es in Galway. Das ist viel für eine Stadt mit 70000 Menschen. Und das sagt auch viel über die irische Kultur. Irland ist das Land der alten Worte und großen Schreiber. «James Joyce und Samuel Beckett, Oscar Wilde und George Bernard Shaw», beginnt Clare aufzuzählen, «die Sprache ist das Erbe Irlands. Unser kleines Land hat so viele Schriftsteller, Dichter und Songwriter. Viele gute Wissenschaftler oder Politiker haben wir nicht.» Und die Iren haben vor allem eines: das Erzählgen. In keinem Pub des Landes wird es länger als eine Minute dauern, bis man die erste Geschichte zu hören bekommt – auch wenn diese bloß Belangloses über das Wetter oder vom Alltag erzählt. Das Erzählen hat den Iren schon immer geholfen, besser durch den Tag zu kommen. Und die eigenen, stolzen Legenden von mutigen irischen Helden sind seit jeher hilfreich, die Unabhängigkeit vom ungeliebten Nachbarn Großbritannien zu leben.

Zwei Dinge sind es, die eine Unterhaltung mit Clare zu einer angenehmen Sache machen. Sie kann gut erzählen, und sie hört auch gerne zu, wenn andere reden. Sie sagt: «Wer erzählen will, muss zuhören können.» Einmal im Monat veranstaltet sie in einem kleinen Theater einen Abend der Geschichten. Jeder darf erzählen. Alle wollen zuhören. «Der Durst nach guten Geschichten ist riesig», sagt Clare. Im Januar 2006 hatte sie die Idee. Sie brauchte keine Werbung machen. Es sprach sich schnell herum. Beim ersten Mal saß sie mit sechs Freunden an ihrem Wohnzimmertisch. Beim nächsten Mal waren es schon zehn, dann 16, dann 25. Und irgendwann war die ganze Wohnung voll. *Story Night* wurde größer und größer. Sie mussten umziehen, zunächst in die Räume eines Yogastudios, dann in das *Blue Teapot Theatre*. Die 90 Plätze sind fast immer besetzt. Manchmal kommen Menschen aus dem Publikum zu ihr und erzählen, dass sie sich nicht mehr so gefühlt haben, seit sie fünf waren. Große, stämmige Männer, deren Augen noch feucht sind. Kleine, zerbrechliche Frauen, die nicht wussten, dass es auch Geschichten über starke Frauen gibt. Clare sagt: «Vielen ist das Leben zu schnell geworden. Sie sind überfordert und glauben, keine Zeit mehr zu haben. Und genau dafür brauchen wir Geschichten. Sie bauen Brücken zwischen der Realität und der Phantasie. Sie geben einem die Zeit, mal wieder nachzudenken. Mit Geschichten erklären wir uns die Welt. Einer erzählt, der andere hört zu – es ist ganz einfach. Es ist wie mit dem Wunsch und der Wimper.»

Clare sitzt auf der Mole im alten Hafen von Galway. Es ist der Pier, an dem Mitte des 19. Jahrhunderts große Hoffnungen auf Reisen gingen. Hier legten die Schiffe mit den irischen Auswanderern ab, die zu Hunderttausenden in den USA, Kanada oder Australien ein neues Glück suchten. Und Clare reibt sich voller Vorfreude die Hände und beginnt zu erzählen: *Es war einmal vor langer, langer Zeit eine sehr alte Frau. Ihre Kleidung war löchrig, ihr Haar fettig, ihre Haut dreckig. Sie besaß nicht mehr als die Lumpen an ihrem Leib. Sie war schon sehr lange unterwegs – so lange, dass jeder Schritt eine Qual war, dass jeder ihrer Knochen schmerzte. Sie lief und lief und lief, bis sie in ein kleines Dorf kam. Sie klopfte an die Tür des ersten Hauses. Eine Frau öffnete. «Was willst du?» – «Ich bin fremd hier, sehr müde und sehr hungrig. Haben Sie etwas Brot oder Wasser für mich?» – «Verschwinde, für jemanden wie dich haben wir nichts!» Die Frau schlug die Tür wieder zu. Die alte Frau lief weiter zum nächsten Haus, und zum nächsten und zum nächsten und zum nächsten, doch überall wurde sie abgewiesen. «Verschwinde, für jemanden wie dich haben wir nichts!» In der Mitte des Dorfes angekommen, ruhte sie sich etwas aus, bis sie plötzlich ein Geräusch hörte. Ein schwarzer Hengst kam näher, auf dem Rücken ein junger Mann. Aus allen Richtungen liefen auf einmal die Menschen herbei und brachten dem Reiter das beste Essen und den besten Wein. Die alte Frau beobachtete das Treiben und wartete, bis die Bewohner wieder in ihre Häuser gegangen waren. Und dann ging sie zu dem geheimnisvollen Reiter. «Hallo? Dürfte ich Sie etwas fragen? Sind Sie der König?» Der Mann auf dem Pferd: «Ich? Der König? Nein, ich bin nicht der König.» – «Dann müssen Sie der Besitzer der ganzen Häuser hier sein, richtig?» – «O nein, auch die Häuser gehören mir nicht.» Die alte Frau überlegte. «Sind Sie vielleicht viele Jahre unterwegs gewesen und gerade nach Hause gekommen, ist es das? Freuen die Menschen sich deshalb so sehr, Sie zu sehen?» – «Nein, auch das ist es nicht, der Grund ist ein anderer: Mein Name ist* Story. *Überall, wo ich auftauche, wollen die Leute mich sehen und wissen, was ich zu erzählen habe.» Jetzt wurde auch der Reiter neugierig: «Und wer sind Sie? Was ist Ihnen widerfahren? Warum sind Sie so ausgehungert und zerlumpt?» – «Mein Name ist* Truth*», antwortete die alte Frau, «überall, wo ich hinkomme, will mich niemand sehen, von mir will niemand wissen, was ich zu sagen habe.» Der Mann war entsetzt. Er dachte eine Weile nach. Und dann kam ihm eine Idee: «Siehst du mein Pferd?» – «Ja.» – «Siehst du meinen langen Umhang?» – «Ja.» – «Du könntest dich hier oben bei mir verstecken. Wir könnten die Welt gemeinsam bereisen. Und immer wenn ich etwas zu essen bekomme, bekommst auch du etwas zu essen. Und immer wenn ich etwas zu trinken bekomme, bekommst auch du etwas zu trinken.» Die alte Frau war begeistert. «Das», sagte sie, «ist eine wunderbare Idee.» Und das ist der Grund, warum in jeder guten Geschichte immer auch ein bisschen Wahrheit steckt.*

Kilometer 48 501 **Mit Momo in Mekka**

Bullifahrer sind lässige Individualisten. Immer locker drauf, alles total unkompliziert. Dabei haben wir nicht wenig Ärger mit den alten Kisten. Bei mir ist es meist der Auspuff, der nicht zu überhören ist. Und dennoch gibt es in der Kaste der VW-Bus-Menschen nicht nur Automechaniker, sie ist erstaunlich vielfältig: Oberärzte und Arbeitslose, Studenten und Maurer, ehemalige Häftlinge und Polizisten – alle verbindet eine gemeinsame Leidenschaft: der Bulli. Also gehören wir zu der Spezies im Straßenverkehr, die sich untereinander grüßt, so wie Motorradfahrer anderen Motorradfahrern winken oder Golf-GTI-Fahrer anderen Golf-GTI-Fahrern mit der Lichthupe ein kurzes Zeichen ihrer Zusammengehörigkeit signalisieren. Und so grüßen T1-Fahrer T3-Fahrer, T2-Fahrer T1-Fahrer, T3-Fahrer winken T1-, T2- oder T3-Fahrern, allerdings so gut wie nie T4- oder T5-Fahrern – die sind zu neu und gehören nicht so richtig in die Familie. Das T steht für Transporter, die Zahl für die Baureihe des Busses.

Es gibt nur einen Ort auf der Welt, wo Bullifahrer sich nicht winken, da sie sonst den Tag lang nichts anderes tun würden: das *Vanfest*. Jedes Jahr im September zieht die Karawane der VW-Bus-Nomaden in ihren fahrbaren Häusern los, um sich in Great Malvern südlich von Birmingham zu treffen. 9000 Busse. Eine kleine Stadt aus Blech, in der für drei Tage 30 000 Gleichgesinnte wohnen, wo nostalgisch gestimmte Liebhaber ihre Oldtimer vorführen, wo Technikfreaks über Explosionszeichnungen und Flanschformen diskutieren, wo alle eine fast freundschaftliche Beziehung zu ihren Autos pflegen. Unser Bus dagegen wird von so manchem Besucher etwas skeptisch beäugt. Die letzte Fahrt durch eine Waschstraße liegt Monate zurück. Der Rost ist schon lange nicht mehr zu verbergen. Und durch die Windschutzscheibe zieht sich ein beachtlicher Riss, der von Woche zu Woche länger wird. Es war auf Sizilien passiert. Und es war kein Stein und auch kein Vogel gewesen: Ich selber hatte mir mit der flachen Hand die Scheibe kaputt geschlagen. Und heute weiß ich, dass sizilianische Mücken um einiges robuster als ihre mitteleuropäischen Verwandten sind.

Peter sagt: «Das Vanfest ist unser Mekka.» Er ist mit Frau und Freunden aus Norddeutschland angereist. Und wenn Peter von seinem Sondermodell spricht, leuchten seine Augen. Er ist stolzer Besitzer einer *Limited Last Edition*, Baujahr 1992. Nur 2500 Stück gibt es davon. «Seriennummer 1267», sagt er, «orlybluemetallic.» Er hat ihn damals auf einem großen Automarkt in Wolfsburg gekauft und gleich in bar bezahlt. 33 500 Mark hat er gekostet. «Ein Schnäppchen», sagt er und wiederholt noch einmal die Nummer: 1267. Diese Zahlen sind ihm wichtig. Und auch das Kennzeichen: *SL-LE 1267*. SL steht eigentlich für die Kleinstadt Schleswig in Schleswig-Holstein. Bei Familie Reimer gibt das Kürzel aber Auskunft über sehr viel mehr: «Silkes Limited Last Edition 1267», sagt Peter und strahlt. Silke ist seine Frau. Längst werden auch Mützen und Handtücher mit diesen vier Ziffern bestickt. Und selbst die hartgekochten Frühstückseier bekommen nach dem Abschrecken einen VW-Stempel aufgedrückt. «Das muss alles stimmen», sagt Peter, der seit 30 Jahren Bulli fährt. Das Ehepaar kann sich allerdings nicht einigen, wann es genau war, als ihr mobiles Leben in Gang gekommen ist – ob vor der Geburt des dritten Kindes oder danach. Silke erinnert aber, dass eines der ersten Dinge, die ihre Kinder in jungen Jahren bereits lernen mussten, ebenso kurz wie einprägsam war: «Weg vom Lack!»

Ein Stückchen weiter neben den Reimers sitzt Emre aus Istanbul. Er hat es sich in einem Klappstuhl vor seinem orangefarbenen

Kleinbus gemütlich gemacht. Er ist zum ersten Mal nach England gekommen. Neun Tage hat er gebraucht. Emre und sein Bulli sind Baujahr 1973. Emre sagt: «In meinem Auto ist der Weg das Ziel.» Er klopft gegen die Front seines durstigen Gefährten, der selten schneller als neunzig fährt. «Bei diesem Tempo wirst du ruhiger», sagt er, «du hast mehr Zeit.» In seinem Bulli taucht er in einen Zeitraum ein, der vielen anderen vorbeizischenden Autofahrern verschlossen bleibt. Ich frage ihn, ob er schon mal von dem Buch gehört hat, das ich gerade lese: *Momo*. Emre kennt die Geschichte von Michael Ende nicht, aber er hört aufmerksam zu, als ich erzähle, wie die grauen Männer von der Zeitbank Momo auf den Fersen sind. In höchster Not aber fällt dem Mädchen etwas auf: Je langsamer sie geht, desto weiter bleiben ihre Verfolger zurück. Deren Schnelligkeit nützt ihnen nichts, da die Zeit plötzlich auf der Seite der Langsamen ist. Emre nickt, er kennt das Gefühl, langsamer und trotzdem schneller als die anderen zu sein. Dieses Gefühl kennt hier jeder. Das Vanfest ist ein Treffen der Langsamen. «Das ist eine schöne Geschichte», sagt Emre, «sie ist so wahr.» Dann zeigt der Türke mir seine mobile Einzimmerwohnung, und es will mich nicht wirklich wundern, dass er einen gigantischen Flachbildfernseher eingebaut hat. «Ohne Bus geht es nicht mehr», sagt Emre. Und auch Peter glaubt an die ewige Treue zu seinem Sondermodell: «Den werden wir fahren, solange wir leben – nicht wahr, Silke!?» Seine Frau lächelt und nimmt seine Hand.

24

WALES Eine Prise Wales

In einem Topf in seiner Küche fing alles an. David Lea-Wilson ging die wenigen Meter zum Strand und schöpfte etwas Wasser aus dem Meer. Er kochte es, nur einige Salzkristalle blieben übrig. Heute hat er eine Fabrik und auch Barack Obama mag sein Salz.

Die Bäume und Büsche sehen aus, als wollten sie flüchten. Der kräftige Westwind hat sie in Richtung Osten frisiert. Es ist ein milchiger Morgen auf Anglesey, der größten walisischen Insel vor der Nordwestküste. Ein dichter Nebel ist über die Irische See getrieben und hat sich als trübe Suppe über das flache Wasser der Menai Strait gelegt, der geschwungenen, nur wenige hundert Meter breiten Meerenge, die Anglesey vom Festland trennt. David Lea-Wilson kann aus dem Fenster seines Büros direkt auf die Nebelwand gucken wie durch eine Milchglasscheibe. Er sagt: «Wenn es jetzt nicht so neblig wäre, könnten wir das Schloss von Prince Charles sehen.» Caernarfon Castle liegt gleich gegenüber am anderen Ufer, genauso die schneebedeckten Gipfel des Snowdonia-Nationalparks. «Das ist ein toller Ausblick», sagt David noch einmal, «wenn man denn etwas sehen könnte.»

Vor ihm auf dem Tisch liegt die *Daily Post*. Mit skeptischem Blick mustert er die Titelseite. Es ist, als schaue er in einen Spiegel. Sein Foto ist das größte auf Seite eins. Es zeigt ihn mit etwas windverwehten Haaren. Mit seiner Brille, dem weißen Hemd und dem sandfarbenen Jackett, das farblich zu seinem leicht ergrauten Krauselbart und den rotblonden Haaren passt, wirkt er wie ein Lehrer. Sein Blick aber ist etwas zerstreut, ähnlich wie die verrückten

Professoren in Filmen manchmal gucken, weil sie nicht aufhören können zu denken, da sie pausenlos neue Sachen erfinden. Neben dem Foto steht: *Wie dieser Mann ein Imperium aufgebaut hat.* David schmunzelt. «Schön wär's.»

David ist Unternehmer. Er produziert Meersalz. Ohne künstliche Zusätze und Rieselhilfen. Es würde eh nichts rieseln, es sind ja keine Körner, sondern große, fast durchsichtige Flocken, die wie Edelsteine glitzern. Er hat es *Halen Môn* genannt, was Walisisch ist und *Salz aus Anglesey* bedeutet. Ein Kilo kostet 20 Euro. «Kein Produkt für die Masse.» David beliefert Gourmetläden und die besten Restaurants der Welt, wo Sterneköche mit den wie kleine Pyramiden gewachsenen Salzkristallen ihre Menüs veredeln. Der Vorteil: Sie schmelzen nicht auf heißem Essen, sie behalten ihre Struktur und sind eher sanft im Geschmack. Er hat auch über Buchenholz geräuchertes Salz und welches mit Vanille aus Tahiti oder Selleriesamen aus Ägypten im Angebot. Eine Delikatesse. Manche Kunden sind daher etwas überrascht, wenn sie David in seiner Fabrik an der Südküste der Insel besuchen. Sie erwarten Produktionshallen mit langen Fließbändern, Kolonnen von Lastwagen und große Salzberge, wie man sie von den Salinenfeldern Südeuropas kennt. Davids Fabrik aber ist winzig. 16 Leute arbeiten hier. Eine kleine graue Halle. Zwei Tanks. Sieben graue Bürocontainer mit flachem Dach. Der einzige Farbtupfer ist eine alte britische Telefonzelle. David hat sie restauriert und in einem frischen Rot gestrichen. Sie wird als Gewächshaus genutzt. Zurzeit wachsen fleischige Tomaten darin.

In einem der Container gibt es einen kleinen Besucherraum. Eine große blaue Schüssel mit Salz steht auf dem Tisch. «Zum Probieren», sagt David und langt selber zu. Auf einen Schrank hat er die vielen Preise gestellt, die sein Salz in den letzten Jahren gewonnen hat. An den Wänden hängen Fotos in goldenen Rahmen. David schüttelt die Hand von Prince William. Davids Frau Alison schüttelt die Hand der Queen. David schüttelt die Hand des früheren britischen Premierministers John Major. «Beeindruckend, nicht wahr?» Er meint nicht die Bilder und Pokale, er deutet durch das große Fenster des kleinen Containers in Richtung Meer. Der Nebel hat sich verzogen. Das Wasser, die Berge und das Schloss sind jetzt zu sehen.

Auf Anglesey gibt es viel Landwirtschaft und wenig Industrie. Der Tourismus ist die treibende Kraft, wenn auch nur im Sommer. *Wer nach Wales will, muss England verlassen,* sagen die Waliser. *Wer nach Anglesey will, muss die Zivilisation verlassen,* behaupten böse Zungen. Es ist die hinterste Ecke des Landes, wo neun von zehn Menschen *Welsh* als Muttersprache gelernt haben. Es gibt Orte mit Namen, die selbst für Einheimische nicht unfallfrei auszusprechen sind: Llangadwaladr, Pwllheli, Llanfair-Mathafarn-Eithaf oder Llanfairpwllgwyngyllgogerychwyrndrobwllllantysiliogogogoch. Die uralte, keltische Sprache steckt voller geheimnisvoller Schnarchlaute, die düster aus dem Kehlkopf gurgeln und aus den Tiefen der Wangen hervorgluckern. Und obwohl David nur ein paar Brocken Walisisch spricht, hat er sich auf Anglesey vom ersten Moment an heimisch gefühlt. In den frühen Achtzigern war er gemeinsam mit seiner Frau auf die Insel gekommen. Er sagt: «Heimat ist ein Gefühl, und dieses Gefühl haben wir hier sofort gefunden.» Es ist ihm nicht anzusehen, dass sein Leben ganz woanders begonnen hat.

David wird 1955 in Ugandas Hauptstadt Kampala geboren. Er wächst 70 Kilometer südwestlich auf der Teeplantage seiner Eltern auf. Sein Großvater war als Missionar in die britische Kolonie gegangen und begann Tee zu pflanzen. Als David 13 ist, schicken ihn seine Eltern auf eine Schule nach England. Er pendelt zwischen Europa und Ostafrika. 1971 aber kommt einer der grausamsten Despoten in der afrikanischen Geschichte an die Macht. Die brutale Gewaltherrschaft des Idi Amin beginnt. Er führt Uganda in den Untergang. Mindestens 300 000 Menschen sterben. Ausländische

Geschäftsleute werden enteignet. Alle, die nicht schwarz sind, müssen binnen 90 Tagen das Land verlassen. 1973 werden auch David und seine Eltern ausgewiesen. Ein paar Koffer mit Fotoalben und Kleidung sind alles, was sie mitnehmen dürfen. «Wir haben alles verloren, aber das Leben behalten», blickt David zurück, «wir mussten in England von vorne anfangen.» 1999 ist er noch einmal zurückgekehrt nach Uganda, um seinen beiden Söhnen und seiner Tochter sein Geburtsland zu zeigen. Die Teeplantage gibt es heute noch.

David hat vieles ausprobiert im Leben. Als Müllmann fing er an. Er hatte eine Kunstgalerie und einen Weinladen. Mit einem Lkw fuhr er Fisch quer durch Großbritannien. Er studierte und machte zwei Abschlüsse, einen in Geographie, einen in Wirtschaftslehre. Er beschloss, Austern zu züchten, später Fische, dann Hummer in großen Mengen. Als manche Kunden sich wunderten, dass lebende, ungekochte Hummer gar nicht rot sind, sondern einen dunkelblauen bis schwarzen Körper haben, fiel ihm das erste Mal auf, wie wenig die meisten über das Meer und seine Tierwelt wussten. «So kamen wir auf die Idee mit dem Zoo.» Ein Meereszoo mit Fischen, Seepferdchen und Krebsen. Nur mit einheimischen Tieren aus der Irischen See. Etwas Vergleichbares hatte es in Wales damals noch nicht gegeben. Für die Aquarien brauchte er täglich frisches Meerwasser. Eine 400 Meter lange Pipeline wurde bis in die Mitte des Sunds verlegt. 1983 eröffneten David und Alison den *Anglesey Sea Zoo*.

Das Geschäft lief, viele Besucher kamen – allerdings nur im Sommer. Im Winter kam keiner. «Das Geld, das wir im Sommer verdienten, verloren wir im Winter. Und irgendwann brauchten wir ein zweites Standbein. Wir hatten etwa 50 Ideen – fünf oder sechs waren gut.» Die Vorschläge reichten von Hühnersuppekochen bis Sandburgenbauen. Kleine Modelle der bekanntesten walisischen Schlösser sollten es sein. Es wollte aber nicht so recht gelingen, den

Sand zu binden, die Burgen fielen immer wieder in sich zusammen. An einem sonnigen Frühlingstag im April 1996 hatte David eine weitere Idee, die zunächst ähnlich absurd klang. Mit einem kleinen Kochtopf ging er an den Strand, der nur wenige Meter vor seiner Haustür lag. Er füllte ihn mit Meerwasser und erhitzte es auf dem Herd der heimischen Küche. Das Wasser verdampfte und wenige, weißgraue Salzkristalle blieben übrig. David probierte, und der Geschmack überwältigte ihn. «Ich wusste nichts über Meersalz damals. Aber diese Flocken, die waren köstlich.» David war sich sicher, einen kulinarischen Schatz gefunden zu haben.

Alison setzte ihm eine Frist. Er sollte drei Monate bekommen, die Idee mit dem Salz zu vertiefen. Dann würden sie weitersehen. David ging an die Universität von Bangor, der nächstgrößeren Stadt auf dem Festland. Er besuchte Vorlesungen über Chemie. Er sprach mit Köchen, um mehr über die Bedeutung von Salz als Zutat zu erfahren. Er analysierte fünfzig verschiedene Meersalze. Er flog nach Frankreich, Japan und Hawaii, wo er sich die Salzgewinnung in den Salinen erklären ließ. Und er setzte seine Experimente in der Küche fort, mit immer größeren Töpfen und mit Metallbadewannen, die er mit Bunsenbrennern befeuerte. Während einer dieser frühen Versuche stürzte er in einen Bottich mit kochendem Wasser und verbrühte sich zehn Prozent seiner Haut. «Lehrgeld» nennt David es heute. Denn trotz dieses Fehltritts und weiterer Rückschläge hörte er nicht auf zu tüfteln. Und irgendwann hatte er es. Irgendwann hatte er eine Methode gefunden, mit der er große Mengen Meerwasser in einem Vakuum erhitzen und schneller verdunsten lassen konnte. Die Entscheidung stand fest: «Handgemachtes Salz ist eine Marktlücke. Wir versuchen das!»

Das Produkt war jetzt da, aber noch niemand, der es kaufen wollte. Für Werbung fehlte das Geld. «Wir brauchten Geduld. Es musste sich erst herumsprechen, dass es da etwas Neues auf dem Salzmarkt gab.» David ist ein guter Erzähler. Seine Stimme summt.

Man hört ihm gerne zu. Er hat die Geschichten seines Lebens schon oft erzählt und ein bisschen Übung darin. Zum Beispiel, wie er damals seinen allerersten Kunden gefunden hat: David war auf eine internationale Lebensmittelmesse nach London gefahren. Zehn seiner selbstgebastelten Salzzylinder im Gepäck. An seinem Stand begegnete ihm John Swain, der nach London gekommen war, um etwas Neues und Exotisches für seine kleine Metzgerei zu finden. Er entdeckte das Meersalz aus dem walisischen Nordwesten – seiner Heimat. John Swain war der Metzger von Menai Bridge, einer Kleinstadt auf Anglesey. David wohnte nur zwei Orte weiter. «Die 250 Meilen nach London hätten wir uns beide sparen können», muss David heute noch lachen, «mein erster Kunde war sozusagen mein Nachbar.» Nun dauerte es allerdings noch zwei Jahre, bis es so richtig vorwärtsgehen sollte. Als im Jahr 2000 in der britischen TV-Kochshow *The Two Fat Ladies* eine der beiden Gastgeberinnen begeistert von einem neuen Salz erzählte und eine Packung *Halen Môn* in die Kamera hielt, «hob die Rakete zum ersten Mal ab», wie David es nennt, «am nächsten Tag waren wir ausverkauft.»

Mittlerweile gibt es Kunden rund um den Globus. Auf einer Weltkarte hat er mit blauen Punkten die Städte markiert, wo sein Salz zu haben ist. Hongkong, Los Angeles, Singapur, Canberra, Tel Aviv, halb Europa, Tokio, Seoul, New York. David hat auch ein blaues *Halen Môn*-Etikett auf die Karte geklebt, ein Stückchen südlich von Irland. Daneben hat er einen Pfeil gemalt, der durch den St.-Georg's-Kanal auf Anglesey zeigt. Die Insel hat er zusätzlich eingekringelt, vielleicht um den Überblick zu behalten, vielleicht auch, weil er ein bisschen stolz ist. Im Maßstab der Karte ist das Etikett seiner Firma etwa so groß wie Wales. *Ein kleines Imperium,* könnte man jetzt schreiben. «Schön wär's», würde David dann sagen. Er verkauft etwas mehr als 50 Tonnen im Jahr, was immer noch wenig ist im Salzgeschäft, wo es anderswo um Millionen geht. *Handarbeit, Qualität* und *naturbelassen* sind Worte, die er häufig benutzt. Er sagt: «Nur so haben wir eine Chance auf dem Markt.»

David hält jetzt einen kleinen Vortrag über Wasserqualität: «Der Golfstrom ist der größte und zuverlässigste Lieferservice der Welt», beginnt er, «er bringt warmes, salziges Wasser. 24 Stunden am Tag. 365 Tage im Jahr. Wir wussten immer, dass das Wasser frei von Schadstoffen ist, weil Seepferdchen darin leben, sehr sensible Kreaturen. Es gibt keine großen Städte oder Fabriken, die das Meer verschmutzen. Und bevor das Wasser durch die Pipeline zu uns in die Tanks gepumpt und gefiltert wird, läuft es durch zwei Filter, die die Natur eingerichtet hat: eine Sandbank und eine Muschelbank. Hast du gewusst, dass jede Miesmuschel fünf Liter Wasser in der Stunde filtern kann?»

Er hat nun wieder diesen etwas entrückten Blick eines Kinoprofessors. Und er möchte jetzt zeigen, wie das funktioniert mit dem Salz. David hat sich ein Haarnetz, ein zusätzliches Netz für den Bart, sterile Schutzkleidung und eine Gummischürze angezogen. Er läuft durch die mit Neonröhren beleuchteten Produktionsräume. Zwei Arbeiter schieben frisch geerntete Salzkristalle zu kleinen Häufchen zusammen. Es ist es warm und feucht. Über den mit Salzlake gefüllten Becken hängen Wärmelampen. 20 Stunden braucht es, bis sich die Kristalle an der Wasseroberfläche absetzen und per Hand abgeschöpft werden können. «Erhitzen, verdunsten, ernten, trocknen, verpacken, verkaufen – das ist alles», sagt David. Natürlich weiß er selber, dass es nicht ganz so einfach ist und dass es um viele Feinheiten geht. Details, die er besser für sich behält, wie er sagt, da man für das Verdunsten von Meerwasser kein Patent bekommt.

David sagt: «Solange kein Öltanker auf ein Riff läuft oder eine andere Katastrophe passiert, werden wir Salz ernten können, bis wir alt sind. Natürlich müssen wir der Queen dafür jedes Jahr einen Scheck schreiben.» Die Menai Strait gilt als Hoheitsgewässer.

Der britischen Königin gehören die Küste und das Meer. Und sie mag auch das Salz, das daraus gewonnen wird. Die Köche des Buckingham Palace benutzen es. Und auch bei der Hochzeit von Prince William und Kate Middleton stand *Halen Môn* auf dem Tisch. «Etwas Besseres hätte uns gar nicht passieren können», sagt David. Und auch die Sache mit Barack Obama sei natürlich ein absoluter Glücksfall gewesen. Der US-Präsident isst nämlich am liebsten die Karamellpralinen einer Schokoladenfirma aus Seattle. Verfeinert wird die Süßigkeit mit über Eichenholz geräuchertem Meersalz aus Anglesey. Und David hat auch gehört, dass die Pralinen mit der Prise Wales mittlerweile sogar als Geschenk an die Besucher des Weißen Hauses verteilt werden. «Für unsere kleine Firma eine Werbung, die nicht zu bezahlen ist», freut er sich. Die Umsätze in den USA sind seitdem deutlich gestiegen.

Als unser Besuch schon fast vorbei ist, will David noch einmal ans Meer, um die Wasserqualität zu testen. Einmal am Tag macht er das. Der Salzgehalt sollte zwischen drei und vier Prozent liegen. Er steht jetzt an dem steinigen Strand, wo damals alles angefangen hat, mit der Idee und mit dem Topf in seiner Hand. David zeigt die beiden unscheinbaren, dünnen Rohre, die unterhalb der Uferstraße in der Wand verschwinden. «Das sind die Pipelines», sagt er. Eine blau, eine schwarz. Die eine für den Zoo, die andere für die Fabrik. Wieder einer dieser Momente, wenn manche Besucher etwas enttäuscht sind und man in ihren Gesichtern lesen kann, was sie denken: *Und das ist alles? Das soll eines der Geheimnisse eines der teuersten Salze der Welt sein?* David nickt. «Das ist alles.»

Kilometer 49 624 **Einsteigen**

Im Südosten Englands, kurz vor Dover: Als ob kleine Münzen vom Himmel fallen, scheppert der Regen schwer auf das Autodach. Die Scheibenwischer hetzen hin und her. Trächtige Tropfen zerplatzen auf der Windschutzscheibe wie Wasserbomben. Und dann steht er plötzlich da, ein Mann am Straßenrand. Er winkt, zeigt den Daumen. Er will mitfahren. Wir halten. Wohin? Er sagt: «Egal, Hauptsache, raus aus dem Regen.» Er wuchtet sein nasses Gepäck in den Bus und klettert auf den Beifahrersitz.

Adam ist Mitte 20, hat wirre blonde Haare, die aussehen, als hätte sie ein Sturm gekämmt. Er kommt aus Estland, lebt und studiert auf Zypern. Nun hat er Semesterferien. Seine Route klingt beeindruckend und größenwahnsinnig zugleich: Vor drei Wochen ist er in Tallinn aufgebrochen und durch Litauen, Lettland, Polen und Deutschland bis nach Paris getrampt. Dann weiter nach London, in den Norden Schottlands, rüber nach Belfast und quer durch Irland bis hierher, kurz vor Dover. Wie ihm Deutschland gefallen hat? «Ein schönes Land, tolle Straßen.» Wo er gewesen ist? «Auf einem Autobahnrastplatz in der Nähe von Hannover.» Zwei Stunden hat er dort gewartet. Er ist schneller als die Chinesen, denke ich, die bleiben auf ihren rasanten Reisen quer durch Europa durchschnittlich zwei Tage in Deutschland, Adam nur wenige Stunden. Ich will wissen, warum er sich nicht mehr Zeit lässt. «Ich habe keine.» In einer Woche muss er zurück in Estland sein, ein guter Freund wird heiraten. Und warum nimmt er nicht den Bus oder die Bahn, um Zeit zu sparen? «Weil ich auch kein Geld habe.» Ohne Zeit und Geld im Urlaub – ich frage mich, ob es schlimmer kommen kann.

Dabei macht Adam einen recht entspannten Eindruck. Er hat eine Gitarre dabei, vielleicht ist das der Grund. 20 Minuten später steigt er am Fährterminal von Dover aus. Alles Gute, Adam.

Schnell hatte ich mich auf dieser Reise daran gewöhnt, gelegentlich Tramper mitzunehmen. Der erste Anhalter war ein vielleicht zehnjähriger Junge gewesen. Irgendwo in Tschechien hatte er an der Straße gestanden und einen Freund besuchen wollen, der keine fünf Kilometer entfernt wohnte. Autostopp sei die einzige Möglichkeit, ein Bus fahre nicht, hatte er mir mit Händen und Füßen erklärt. Ich erinnere mich auch noch an ein lettisch-belgisches Pärchen in Italien, zwei Franzosen auf El Hierro, einen Tschechen in Portugal und vier betrunkene Mädchen in Litauen, die zu einem Rockkonzert wollten. Es mag daran liegen, dass ein alter VW-Bus bei Trampern immer höchste Aufmerksamkeit erregt. Manche erwarten geradezu, dass man sie mitnimmt, weil man ja genug Platz hat. Für die, die per Anhalter reisen, gibt es nur zwei Sorten von Autofahrern: Die, die vorbeifahren – die Bösen. Und die, die anhalten – die Guten. Ich gehöre meist zu den Bösen. Manchmal habe ich im Rückspiegel sehen können, wie sich der Daumen in einen ausgestreckten Mittelfinger verwandelt hat. Denn so interessant die Gespräche auch sein mögen, nichts ist anstrengender, als sich am Steuer mit fremden Menschen unterhalten zu müssen. Man muss sich gleichzeitig auf unbekannte Straßen und unbekannte Gesichter konzentrieren – und das geht gar nicht.

In Irland, wo es von Hitchhikern nur so wimmelt, stieg Thomas aus Quebec ein. Er war zum ersten Mal in Europa, fand alles «amazing» und liebte die vielen kleinen Länder, die sogar alle eine eigene Sprache haben. Oder dieser irre Schotte in der Nähe von Glasgow: Ich konnte zunächst nicht glauben, was auf seinem Schild stand, und musste zweimal hinsehen – er wollte nach *ROM* und lag an einer gottverlassenen Landstraße südlich von Kilmarnock im Gras. Natürlich fuhr er mit, wenn auch nicht nach Rom, sondern nur bis zum nächsten Motorway, wo er vielleicht einem italienischen Fernfahrer über den Weg gelaufen ist, der ihn mit in die Heimat genommen hat.

Einer der gewiss unvergesslichsten Anhaltermomente passierte in Nordkarelien. Dazu muss man wissen, dass man im Osten Finnlands für gewöhnlich nicht trampt, da dort kaum Menschen leben. Jeder Finne, der außerhalb Helsinkis wohnt, hat ein eigenes Auto. Es gibt unendliche Straßen, die schnurgerade durch immergrüne Nadelwälder führen. Manchmal begegnet man eine halbe Stunde oder länger keinem einzigen Fahrzeug. Wenn dann aber ein Mann mitten in der karelischen Wildnis am Waldrand steht und den Daumen rausstreckt, macht ihn das sofort verdächtig, dachte ich. Im nächsten Moment saß er aber doch bei uns im Bus. Mein Mitfahrer wohnte in einem Haus am See und wollte in die nächste Stadt, nach Ilomantsi. Alles ganz harmlos also. Als ich ihm erzählte, dass ich die finnischen Bandwurmwörter wie *Maahanmuuttovirasto* (Einwanderung) oder Sätze wie *Älä sää rääkää sitä kissaa* (Quäle diese Katze nicht) schon immer lustig gefunden hatte und dass mich seine Sprache sehr an meine Kindheit erinnerte, wenn es bei uns zu Hause Buchstabensuppe gab und ich die abstrusesten Satzgebilde auf dem Tellerrand legte, sagte er bloß: «Interessant.» Er lächelte nicht mal ein bisschen. Wir sprachen dann kein Wort mehr miteinander. Nur noch gelegentlich tauschten wir Blicke aus – fast 30 Kilometer lang. Kurz bevor er ausstieg, sagte er dann doch noch etwas: «Wir Finnen, wir schweigen nicht. Wir reden aber auch nur, wenn es nötig ist.» Einzig und allein für solche Sätze nimmt man Anhalter mit.

25

NIEDERLANDE Immer an der Grenze

Sergio Herman hat sich das Kochen selbst beigebracht. Heute zählt er zu den besten Küchenchefs der Welt. Wer in seinem Restaurant essen möchte, muss ein Jahr im Voraus reservieren. Und er ist erst zufrieden mit sich, wenn er seinen Gästen ein kleines Wort entlockt hat: Wow!

Sergio sitzt in der oberen Etage seines Restaurants und spielt nervös mit einem Bleistift. Auf den Schreibtischen des kleinen Büros stapeln sich die neuen Speisekarten und die Kochbücher, die er noch signieren muss. Er hat nicht wirklich Lust, zu später Stunde dieses Interview zu geben. Er wäre jetzt viel lieber unten in der Küche. Und in Gedanken scheint er auch dort zu sein: Manchmal vergisst er, was er im Satz zuvor gesagt hat, und braucht ein Stichwort, um weiterdenken zu können. Die Zerstreutheit mag aber auch an seiner Müdigkeit liegen. Sergio sieht erschöpft aus. Die Finger streichen über die Augen, über die tiefen, dunklen Ringe darunter, über die Stirn. Er massiert seine Schläfen. Vielleicht würde er jetzt sogar gerne schlafen. Doch das geht nicht. Denn das geht eigentlich nie. Fünf Tage die Woche ist das *Oud Sluis* gleich zweimal bis auf den letzten Platz ausgebucht. 80 Gäste – 40 am Mittag, 40 am Abend. Wer bei Sergio essen möchte, muss ein ganzes Jahr im Voraus reservieren.

«Ich schlafe zu wenig», sagt Sergio, «so wenig, dass ich meist nicht weiß, was ich träume.» Und wenn ihm doch mal ein Traum in Erinnerung bleibt, dann spielt auch der sich in der Küche ab.

«Letzte Woche gerade», erzählt er, «was für ein Albtraum!» Seine Köche und Kellner arbeiteten viel zu langsam. Das Restaurant war bis auf den letzten Platz gefüllt, alle warteten auf das Essen. «Also versuchte ich, sämtliche Entrees, Hauptgänge und Desserts ganz alleine zu kochen.» Es konnte ihm nicht gelingen, nicht mal im Traum. Alles ging schief. Er wurde immer verzweifelter. Er brüllte seine Angestellten an, dass sie ihm gefälligst helfen sollten. Doch je lauter er schrie, desto langsamer und teilnahmsloser standen sie herum, bis sich gar keiner mehr rührte. «Völliger Stillstand. Furchtbar! Die Gäste waren wütend. Ich war am Boden zerstört. Zum Glück bin ich dann aufgewacht. Ich war schweißgebadet.»

Sergio Herman – Jahrgang 1970, dunkelbraune, künstlerwirre Haare, ein weißes Küchenhemd, die Ärmel bis unter die Ellenbogen gekrempelt. Er könnte auch als Rockstar durchgehen. Er trägt bunte Lederbänder um seine Handgelenke, hat eine Tätowierung mit vielen Schnörkeln, Sternen und drei Buchstaben auf dem linken Unterarm – die Initialen seiner Kinder. Seit Tagen ist er nicht dazu gekommen, sich zu rasieren. Die in feinen Anzügen und bester Abendgarderobe gekleideten Gäste seines Restaurants begrüßt er in Jeans und Turnschuhen. In dieser Aufmachung würde man ihm in vielen anderen Edelrestaurants den Einlass verwehren. Sergio ist das egal. «Ich habe mich noch nie verstellt oder verkleidet. Und wer zu mir kommt, kann genauso anziehen, was er will. Hauptsache, man fühlt sich wohl. Auch Hunde sind bei mir erlaubt.» Das sagt einer, den viele Köche und Genussmenschen für den Topstilisten der internationalen Haute Cuisine halten.

Der *Guide Michelin* gilt neben dem *Gault Millau* als einflussreichster aller Gourmetführer. Wer es mit seinem Restaurant in die Feinschmeckerbibeln geschafft hat, kann sich steigender Umsätze gewiss sein. Wer gar Sterne, viele Punkte oder Kochmützen zugesprochen bekommt, darf sich geadelt fühlen. Sergio hat in beiden Büchern die höchste Bewertung erreicht. 1995 bekam er seinen ersten *Michelin*-Stern, 1999 den zweiten, 2005 den dritten. Mehr geht nicht. Seit 2009 hält er zwanzig von zwanzig Punkten im *Gault Millau*. Eine Auszeichnung, die eigentlich nie vergeben wird, da – so die Gründerväter des Guides – «nur der liebe Gott, aber kein Mensch kulinarische Vollkommenheit erschaffen kann». Nach dem Franzosen Marc Veyrat ist Sergio erst der zweite Koch der Welt, der die volle Punktzahl erhalten hat. «Ein *Michelin*-Stern motiviert dich», erklärt er, «also willst du den nächsten. Dann bekommst du den zweiten und willst den dritten. Und wenn du auch den hast, wird es schwierig, denn es gibt keinen vierten. Und dann ist der Druck am größten. Alle erwarten Magisches von dir. Und du willst diese Erwartungen erfüllen. Jeden Tag. Heute arbeite ich härter als jemals zuvor.»

Natürlich ist es nicht möglich, etwas so Sinnliches wie Genuss mit Punkten oder Sternen zu beschreiben. «Das nimmt dem Essen seinen Zauber», weiß auch Sergio, der sein Verhältnis zum Kochen als leidenschaftlich und diszipliniert beschreibt. «Wenn du keine Disziplin hast, kannst du es vergessen.» Er arbeitet 80 Stunden die Woche. Seine Kollegen rätseln, woher er die Energie nimmt. Familie und Freunde machen sich Sorgen um seine Gesundheit. «Wenn ich nach 16 Stunden ins Bett falle und um acht wieder aufstehe, bin ich ein Wrack. Und um neun stehe ich wieder im Restaurant. Jeden Tag startest du von vorne. Ich bin ein Besessener und muss immer an die Grenze gehen, um zufrieden sein zu können.» Sergio sagt jetzt eine Weile nichts. Dann räuspert er sich, so wie man es tut, um dem folgenden Satz eine besondere Wichtigkeit zu verleihen. «Kochen bedeutet alles für mich – verstehst du? Alles!»

Sluis hat 25 000 Einwohner, einen Fluss mit Binnenhafen und sonst nicht viel. Die kleine Stadt liegt in Zeeland, der südwestlichsten Provinz der Niederlande. Zwei Kilometer sind es bis an die belgische Grenze, 20 bis nach Brügge, zehn bis an den Strand der Nordsee. Das *Oud Sluis* findet man am Ende einer Einkaufsstraße. Supermärkte, Klamottenläden und die in Grenzgebieten allseits beliebten Sexshops. Niemand würde hier eines der besten Restaurants der Welt vermuten. Überhaupt gelten die Niederlande kulinarisch eher als vergessenes Land. «Die holländische Esskultur ist eine Katastrophe», sagt auch Sergio, «es gibt kaum ein Bewusstsein für Qualität. In Belgien ist das anders.» Gemeinsam mit seiner Frau, einer schauspielenden Fernsehmoderatorin, lebt er seit einigen Jahren auf der anderen Seite der Grenze. Dort gefällt es ihnen besser. «Dort gibt es lange Schlangen vor den alteingesessenen Bäckereien», schwärmt er, «dort hat jedes Dorf noch einen eigenen Metzger. Dort werden Pommes frites aus frischen Kartoffeln gemacht.»

Sergio ist ein Grenzfall, denn die Wurzeln seiner Kochkunst liegen in beiden Ländern. Er erzählt von seinen Eltern, wie sie ihm schon früh gezeigt haben, wie wertvoll gutes Essen ist und was Genuss bedeuten kann. Regelmäßig besuchten sie die besten Restaurants in Holland, Belgien und Frankreich. Das prägte den Geschmack seiner Kindheit. Als er mit 16 aber noch immer nicht so recht wusste, was er werden wollte, schickte sein Vater ihn auf eine renommierte Hotelfachschule in Brügge. Drei Jahre lang fuhr Sergio jeden Tag mit dem Moped nach Belgien, wo er die Grundlagen des Kochens lernte. Ein weiteres Jahr sammelte er Erfahrungen in einem kleinen Nobelrestaurant in der Nähe von Eindhoven. Kaum 20 geworden, kehrte er aber zurück ins heimische Sluis, wo schon sein Großvater ein Ausflugslokal im einstigen Bauernhaus der Familie betrieben hatte und wo seine Eltern mittlerweile ein angesehenes Restaurant für Fisch und Meerestiere führten. Sein Vater war an der Schulter erkrankt, Herman junior musste einspringen. 1993 übernahm er das Restaurant schließlich ganz. Und heute wird Sergios Küche oftmals als eigenwillig, einzigartig und ohne Bezüge zu großen Vorbildern beschrieben. «Es war mein Glück, dass ich immer nur hier in Sluis gekocht habe. So konnte ich mir nie etwas bei großen Küchenmeistern abgucken», erklärt er, «ich habe mir meinen ureigenen Stil erarbeiten müssen.»

Ein Interview mit Sergio kann überraschende Wendungen nehmen. So wie jetzt, als die Tür des Büros auffliegt und einer seiner Köche hereinstürzt. Er sucht nach Verbandszeug. Einer der Kollegen hat sich in den Finger geschnitten. Und auch der Chef rennt nun hinunter, um sich die Verletzung persönlich anzusehen. Die Wunde ist tief, aber der junge Koch wird weiterarbeiten können. Hier unten in der Küche wirkt Sergio schon gar nicht mehr so müde. Er läuft umher, schaut seinen Angestellten auf die Finger, probiert hier eine Soße, zupft da Basilikum und Zitronenmelisse auf einem der Teller zurecht. «Und?», fragt er, «spürst du sie?» – «Sergio, was meinst du?» – «Die Energie! Spürst du sie? Die Küche ist voll davon.» Er ballt die Fäuste, klatscht in die Hände und geht an die Arbeit. In der Mitte befinden sich die Kochfelder, entlang der Wände die Arbeitsflächen. Es ist hell, heiß und hektisch. Alle stehen sich ständig im Weg. Die aufwendige Zubereitung braucht eine Menge Personal. Küche, Service, Tellerwäscher – an diesem Abend besteht das Team aus 26 Leuten, kaum einer ist älter als 30. 26 Leute für 40 Gäste. Und jeder Gast erwartet das beste Essen seines Lebens. 14 Köche werkeln gleichzeitig an den Gerichten, jeder an einem anderen Detail. Einer schneidet Karotten in papierdünne Scheiben. Ein anderer formt runde Eisbomben aus Ziegenkäse. Ein dritter gart Taubenbrüste. Konzentriert wie Chirurgen fixieren die Küchenmeister Blüten und Wildkräuter. Mit Pinzetten werden Kleinigkeiten korrigiert, mit einer Pipette wird Soße tröpfchenweise neben den Seebarsch gezeichnet. Am Ende läuft alles auf minimalistisch angerichteten Tellern zu kleinen Kunstwerken zusammen. «Elf Tauben, achtmal Seebarsch. Come on guys!»

Wer Sergio in der Küche beobachtet, versteht schnell, warum er nicht nur einen oder zwei Sterne verliehen bekommen hat. Dieser Mann ist versessen darauf, perfekt zu sein. «Ich bin Koch», sagt er, «ich muss aber auch Designer, Architekt und Künstler sein.» Er versteht seine Gerichte als eine stimmige Komposition sensorischer Harmonie. Sobald er den Geschmack gefunden hat, arbeitet er an der Textur, dem visuellen Eindruck. Er achtet auf Farben, Konsistenz und Proportionen. Neun von zehn Zutaten kommen aus der Heimat, sind regionale Produkte der Saison. Die Qualität ist herausragend, die Wege sind kurz. Sie schmecken so frisch, als hätte man sie soeben aus der Erde oder dem Meer gezogen. Er kombiniert über Heu geräucherten Kaisergranat mit Champignons und Gänseleberpastete. Die lackierte Taubenbrust drapiert er mit in Karamell gedünsteten Zwiebeln, einer Praline aus Topinambur und gerösteten Nüssen. Garnelen werden mit Soja, in Limettenessig marinierten Gurken, einem Gelee aus Fischsud, Joghurt mit Kaviarhäubchen und einem Sorbet der Satsuma-Frucht angerichtet. Jede Garnele wird mit einem anderen Wildkraut und einer anderen Blüte aromatisiert. Der Teller sieht aus wie eine Blumenwiese im Meer. Und eigentlich möchte man diese Inszenierungen der kulinarischen Vielfalt gar nicht anrühren, weil sie viel zu schön sind.

Manche seiner kochenden Sternekollegen gehen noch weiter. Sie verfremden und verformen das Essen, zerlegen es in seine molekularen Einzelteile und bauen es in anderer Konsistenz wieder zusammen. Sie füllen pürierte Ente in Reagenzgläser und reichen einen Strohhalm dazu. Eiern injiziert man vor dem Kochen Kaviarpaste. Auch der Salat wird verflüssigt und in einer Spritze serviert. Der Speck wird zu Schaum. Gequirlte Essphantasien, die für den Laien nicht mehr zu erkennen und zu verstehen sind – für die man wenig Zähne, aber viel Geld benötigt. «Die Küche darf nicht zum Labor werden», sagt Sergio, «man darf seine Gäste nicht überfordern.» Vor wenigen Jahren noch legte er selber derart theatralische Auftritte hin und experimentierte wild herum. Mittlerweile ist er ruhiger geworden und versteckt seine molekularen Spielereien als kleine Überraschungen in den Gerichten. Wenn zum Beispiel die zu einer Kugel geformte und mit Hilfe von flüssigem Stickstoff gekühlte Gänseleberpastete schmilzt, sobald sie die Zunge berührt, und dabei einen intensiven, klaren Geschmack hinterlässt, glauben seine Gäste etwas Magisches erlebt zu haben.

Es ist beinahe andächtig still im hell gestalteten *Oud Sluis*. Leise läuft Loungemusik. Durch ein langes, schmales Fenster kann man den Köchen bei der Arbeit zusehen. Das Licht ist gedimmt. Die Tische sind für sich beleuchtet, sie strahlen wie kleine Bühnen. An diesem Abend gibt es sieben Vorspeisen, die in rascher Folge serviert werden. Die Kellner bringen Muschelsuppe mit Safran, Fenchel und einer Senfcreme, dazu Muschelchips mit Mandelnote. Oder eine auf einem kleinen, runden Stein angerichtete Auster mit Seeigelstaub, Zitrusgelee und Algen. Die Nordseekrabben kommen mit Quinoa, einem Gelee von geräuchertem Jasmintee und einer Kartoffelvinaigrette mit Currycreme. Die Scheibchen vom Wagyu-Rind mit Frühlingszwiebeln und einer Avocadocreme. Jeder kleine Gang hat einen anderen, sehr frischen, sehr feinen Geschmack. Sergios roter Faden ist eine milde Säure von Essig, Zitrusfrüchten oder Kräutern, die sich durch das gesamte Menü ziehen werden. «Das angenehm Saure gehört zu meinem Fingerabdruck», erklärt er, «ich spiele aber auch gerne mit Gegensätzen.» Heiß wird mit kalt kombiniert. Würze mischt sich mit fruchtiger Süße. Es folgen drei Hauptgänge: Garnelen, Kaisergranat und Taube. Das Finale bilden vier Desserts. Fünfeinhalb Stunden Genuss.

Die wenigsten können verstehen, warum man viel Geld für nur ein Abendessen ausgibt. Im *Oud Sluis* kosten 14 von Wein begleitete Gänge rund 250 Euro. Doch mit jedem Gericht gerät der Gast mehr ins Staunen. Manch einer leckt die Reste vom Teller, liest mit den Fingern auch den kleinsten Krümel und den letzten Tropfen Soße auf. Andere fotografieren jeden Gang und jede Weinflasche, machen sich Notizen in einem Büchlein oder halten ihre Eindrücke in einem Handcomputer fest. Essverrückte, Gastrokritiker und Journalisten, Prominente und Köche sitzen regelmäßig bei Sergio zu Tisch. Es kommen aber auch Menschen, die jeden Tag etwas Geld in ein Sparschwein stecken, um einmal im Jahr in ein Sternerestaurant gehen zu können. Sergio weiß, was das für ihn und sein Team bedeutet: «Wenn jemand ein ganzes Jahr auf diesen Abend wartet, muss alles stimmen. Punkt. Keine Diskussion. Wir dürfen uns nicht einen Fehler erlauben.»

Manchmal passiert es, dass Besucher jubelnd aufspringen und applaudierend in die Küche laufen, um sich bei allen Köchen persönlich zu bedanken. Andere geraten völlig aus der Fassung und beginnen mit dem Essen zu reden. Oder sie weinen, weil sie vom Genuss überwältigt sind. An diesem Abend brechen zwei Pärchen aus Belgien in hysterisches Gekicher aus und können sich minutenlang nicht beruhigen. «Essen kann zu einer ekstatischen Erfahrung werden», sagt Sergio, «das erleben wir hier oft. Manche Leute sind wie in Trance. Dann wirkt das Menü wie eine Droge.»

Ihm persönlich reicht es, wenn ein Gast einfach bloß dasitzt und genießt und vielleicht irgendwann im Laufe des Abends ein einziges kleines Wort flüstert, das im Grunde gar kein richtiges Wort ist, sondern eher ein Gefühl beschreibt: *Wow!* «Dieses Wow müssen wir uns hier jeden Tag aufs Neue erarbeiten, wir müssen es uns verdienen. Es geht hier nicht um Sterne oder Punkte, es geht einzig und allein um dieses Wow, das für uns die größte Anerkennung ist.» Sergio sagt es noch einmal und lauscht einen Moment lang dem Klang hinterher: «Wow …»

Natürlich kommt es auch vor, dass Kunden nicht zufrieden sind. Früher hat ihn diese Kritik umgebracht, «dann habe ich mich den ganzen Abend wie Scheiße gefühlt». Inzwischen geht Sergio gelassener damit um. «Ein Koch kann nicht für alle Zungen kochen», sagt er, «das ist traurig, aber damit muss ich leben. Wenn heute eine

Beschwerde kommt, liegt es sehr selten mal an der Qualität. Dann ist es eine Frage des Geschmacks, den ich nicht ändern kann. Der eine mag dies nicht, der andere mag das nicht. Mittlerweile würde ich aber wetten, dass neun von zehn Gästen bis ins letzte Detail begeistert sind. Und ich wünsche mir, dass sie sich an diesen Abend noch lange erinnern, vielleicht sogar ein Leben lang.»

Dass man den perfekten kulinarischen Moment nicht nur in einem teuren Sternerestaurant erleben kann, weiß kaum einer besser als Sergio selbst. Er hatte einige dieser Höhepunkte in den schummrigen Tapasbars von Barcelona, an mobilen Straßenständen in Bangkok oder einmal unter einer Brücke im Zentrum von Singapur. «Es war drei Uhr in der Nacht. Es gab Stachelrochen mit selbstgemachtem Sambal. Was für ein unbeschreiblicher Genuss, was für ein phantastisch guter Koch.» Natürlich wollte Sergio sofort die Zutaten für die scharfe Soße wissen. Er kochte sie in dieser Nacht sogar noch gemeinsam mit dem Mann an seinem Stand. Doch es war wie so oft: «Wenn du versuchst, es zu Hause nachzumachen, schmeckt es nicht halb so gut, weil die Atmosphäre und der Geschmack der Stadt fehlt. Auf der Straße aber finde ich dennoch regelmäßig mehr Inspiration für meine Arbeit als in den meisten anderen Edelrestaurants.»

Rund 30 neue Gerichte entwickelt Sergio jedes Jahr. Dann wird er zum Küchenforscher, erprobt neue Zutaten und Kombinationen, hantiert mit Essenzen und Aromen. Gerade arbeitet er an einem Dessert aus Zitrusfrucht, Apfel und Haselnuss. Manchmal dauert es nur wenige Stunden, bis er mit seiner Kreation zufrieden ist. Es kann aber auch anders laufen, dann braucht er viele Monate. «Karotten», seufzt er, «hätten mich mal fast in den Wahnsinn getrieben.» Ein Nachtisch war das Thema. Süße Karotten in sechs Variationen. Karotteneis. Karottenkuchen. Karottenchips mit Kreuzkümmel. Karotten als Schaum, als Creme und als Pulver. Fast ein halbes Jahr probierte er herum. Als er schon aufgeben wollte, fand er sie doch noch, die stimmige Rezeptur. Richtig lieb gewonnen hat er die störrischen Möhren in dieser Zeit, sagt Sergio. Ein Blick auf die Speisekarte, und man glaubt es ihm sofort: Er hat das Dessert *Bugs Bunny* getauft.

Kilometer 49 971 **Doel**

Wer sich dem Dorf von Süden nähert, wird es kaum verfehlen können. Es geht durch Hafengebiet. Links und rechts der Straße: Terminals und Frachtschiffe, Container und Verladekräne. Kilometerweit. Hier fahren nur noch Lkws. Auf den Straßenschildern stehen nur noch Nummern. *Haven 1-999, Haven 1810-1819, Haven 1820-1830.* Alles sieht gleich aus. Doch zwischen den Zahlenkolonnen taucht auch ein Name auf: *Doel.* Und gerade als ich denke, dass im betonierten Containermeer des Antwerpener Hafens die Natur wohl etwas zu kurz kommt, es an diesem Ort nicht mehr wirklich schön ist und es kaum schlimmer kommen kann, sind die beiden Kühltürme des Atomkraftwerkes in Sicht. Mächtige weiße Dampfsäulen wachsen wie Geschwüre in den Himmel. Dort liegt Doel.

Ganz gemächlich schieben sich die Containerriesen auf der Schelde an dem kleinen Dorf vorbei in den drittgrößten Hafen Europas, der vielen noch immer nicht groß genug ist. Er soll erweitert werden. Und Doel steht im Weg. Das Dorf soll weg. Das ist längst beschlossen. Die Terminals sind schon bis auf wenige Meter herangewachsen. Die meisten Häuser sind bereits verlassen und verfallen. Viele Eingänge und Fenster sind mit Brettern vernagelt, die Scheiben eingeschmissen. In den Dächern klaffen Löcher. Gras überwuchert Mauern und Gehwege. Und in einigen Fenstern stehen Uhren. Symbolkräftig hat man sie auf kurz vor zwölf gestellt. Doch in Doel scheint es viel später zu sein.

Eine autogroße Ratte ist auf eine rote Backsteinmauer gemalt. Ein anderes Haus hat Arme und ein Gesicht mit einem riesigen Maul. Es schreit. Aus den Augen fließen Tränen. Doel ist bunt –

Künstler und Jugendliche haben sich hier mit Malereien und Graffiti ausgetobt. *Gezocht wegens Moord op Doel* steht auf Fahndungsplakaten, darunter die Namen flämischer Politiker. Die Keller sind voll Wasser gelaufen. In den verwaisten Häusern klebt eine Schicht aus Müll, Kleidung und Zeitungen auf dem Boden. Das zerbrochene Glas knirscht unter den Schuhen. Sonst ist es still. Nur die Lautsprecherdurchsagen vom Gelände des eineinhalb Kilometer entfernten Atommeilers sind zu hören. Eine schwarz-weiße Katze huscht vorbei, sie hat bloß ein Auge. Doel wirkt wie ein totes Dorf in einer radioaktiv verseuchten Zone.

Der Himmel ist bleigrau, es beginnt zu regnen. Doch auch wenn die Sonne schiene, wäre es nicht schöner. Hier verkauft kein Bäcker mehr Brötchen, kein Metzger mehr Rippchen und kein Kiosk mehr Zigaretten. Aber die Postbotin kommt noch täglich. Jetzt hält sie in ihrem roten Kastenwagen vor einem Haus und wirft Briefe und Werbung durch den Zeitungsschlitz. Sie hat hier schon die Post gebracht, als das Dorf noch über tausend Einwohner hatte. Doch dann, erzählt sie, wurden es immer weniger. Heute braucht sie nur noch ein paar Minuten für ihre Tour. Doel stirbt. Jedes Jahr ein bisschen mehr. Es ist ein langsamer, kein schöner Tod. Am Wochenende kommen die Halbstarken aus dem 25 Kilometer entfernten Antwerpen. Sie fahren Rennen oder randalieren. An der ehemaligen Polizeiwache gibt es einen Aushang mit der Telefonnummer des zuständigen Beamten.

Heute erkennt man die bewohnten Häuser daran, dass entweder ein Auto vor der Tür oder ein Schild im Fenster steht: *Bewoond.* Marina Apers ist eine der letzten Gebliebenen. Sie lebt mit ihrem Mann und ihrer Tochter am Ortsausgang vorne am Deich. Wenn sie aus dem Fenster blickt, sieht sie das Kernkraftwerk. Dort arbeitet sie als Putzfrau. Die Apers haben viele Schilder mit großer roter Schrift im Vorgarten stehen und an die Front ihres Backsteinhauses gehängt: *Doel moet Blijven* oder *Wij Gaen Hier Niet Weg Over Ons*

Lijk. Marina – Anfang fünfzig, braune Augen, blonder Wuschelkopf – sagt: «Der Kampf geht weiter.» 1991 hatten sie das Haus gekauft. Drei Jahre später gab es erste Gerüchte, ein gigantisches Terminal sollte entstehen. Und dann wurden die Ersten mit Geld, Häusern und Wohnungen an andere Orte gelockt. Zunächst zögerten sie, dann aber nahmen mehr und mehr das Angebot an. Und Doel wurde immer einsamer. Heute sind noch 30 Menschen da. Oft schon sollten auch sie umgesiedelt oder zwangsenteignet werden. Doch der Bedarf einer Hafenerweiterung ist umstritten. Noch werden Marina und die anderen bleiben dürfen und für die nächste Verlängerung ihres Wohnrechts kämpfen. Wie es weitergehen wird, steht in den Sternen, die in Doel besonders gut zu sehen sind, da die Straßenlaternen längst nicht mehr angeschaltet werden.

Doch auch in Doel gibt es so etwas wie einen Lichtblick: Auf dem Grasdeich, der das Dorf vor den Launen der Schelde schützt, steht eine Windmühle. Es soll die älteste in Belgien sein. Eine Schulklasse ist gerade angekommen. Entlang des Deiches gibt es einen Radweg. Kurz kehrt das Leben zurück. Die Kinder schaukeln und klettern auf dem Spielplatz herum, der oben auf der Deichkrone liegt. Sie johlen und lachen. Alle tragen neongelbe Warnwesten. Im Hintergrund qualmt das AKW.

In der Mühle gibt es ein Ausflugslokal. An den Wänden hängen Schwarzweißaufnahmen aus Zeiten, als das Atomkraftwerk noch nicht gebaut war. Es ging 1975 ans Netz. Die Pächterin des Lokals sagt, dass die Grundmauern der Mühle seit 1434 stehen. Und stellt man sich einige Meter entfernt vor das historische Bauwerk mit Blick nach Norden, kann dieses Panorama vieles über den Menschen erzählen: Vorne die Mühle, deren Räder stillstehen. Dahinter das AKW mit seinen grauen Türmen, die so bedrohlich wirken, als könnten sie jeden Moment auf die Mühle stürzen. Die *Twin Towers von Doel* werden sie auch genannt.

Der Linienbus aus Antwerpen kommt. Fünfmal am Tag hält er in

Doel. Hier ist Endstation. Hier drehen alle Busse um. Die Scheiben des Wartehäuschens liegen in Tausenden Scherben auf dem Boden. Niemand wartet. Die Türen schnurren auf. Niemand steigt aus. Der Bus bleibt aber noch ein paar Minuten stehen. Es sieht so aus, als ob er Doel noch eine Chance geben will. Dann schließen sich die Türen. Der Bus fährt ab – dorthin, wo Busse gebraucht werden.

Eine Frau sitzt in einem Auto und lässt den Motor laufen. Eine halbe Stunde lang. Die Umwelt ist das Letzte, an das man hier denkt. Als Locke mitten auf den Bürgersteig kackt, frage auch ich mich, ob ich es überhaupt noch aufsammeln soll. Geht man über die menschenleere Straße und guckt aus Gewohnheit nach links und rechts oder fährt man durch das Dorf und setzt automatisch den Blinker, kommt die Frage von ganz alleine: *Was soll das?* In Doel scheinen sich die Dinge umgekehrt zu haben.

Plötzlich taucht ein Mann mit einem großen Rucksack hinter einer Häuserecke auf. Er steht einfach nur da und starrt uns an – wie ein Zombie. Dann packt er Kamera und Stativ aus und stellt beides mitten auf die Straße. Vorne beim Friedhof biegt ein Reisebus um die Ecke. Er wird den Mann gleich erreicht haben. Der geht aber nicht aus dem Weg. Er bleibt stehen und beschwert sich lautstark und gestenreich, was dem Busfahrer einfiele, hier entlangzufahren. Der Bus muss halten. Mann und Bus stehen sich nun wenige Meter gegenüber. Wie bei einem ungleichen Duell. Wie damals der Chinese vor dem Panzer auf dem Platz des Himmlischen Friedens. Schließlich räumt der Mann doch noch schimpfend das Feld. Es kehrt wieder Ruhe ein im Dorf.

Am nächsten Morgen ist das AKW verschwunden. Ein dichter Nebel ist von der Nordsee die Schelde hinaufgezogen und hat sich über Doel und den Deich gelegt. Die Windmühle steht nun alleine da. Es ist wie ein schöner Traum.

26

BELGIEN Immer der Nase nach

Das Leben des Clowns Danny Ronaldo war nicht immer lustig. Jahrzehntelang kämpfte seine Familie um die Gunst des Publikums. Heute touren die Ronaldos durch Europa und bis nach Hongkong. Geschichten über erfolgreiche Zirkusse sind rar geworden, aber es gibt sie noch.

Es gibt Menschen, die schon von Natur aus lustiger aussehen als andere. Sie brauchen keine Verkleidung. Sie müssen auch nichts Komisches sagen oder Grimassen schneiden. Danny Ronaldo ist so einer. Er hat zerstrubbelte, schulterlange Haare und dünne Arme, die bei jedem Schritt etwas unbeholfen an seinem sehnigen Körper herumschlenkern. Sein Kopf ragt etwas vor, mit leicht gekrümmtem Rücken steht er da. Auf den ersten Blick sieht man ihm nicht an, wie viel Kraft und Körperbeherrschung in ihm stecken. Er trägt große, ausgelatschte Schuhe, über die er jeden Moment stolpern könnte. Und er hat eine sehr große und lange und spitze Nase. Um ehrlich zu sein: In seinem Gesicht dreht sich alles um diese Nase. Sie ist das Epizentrum. Und je länger man sie ansieht, desto größer wirkt sie. Danny aber kann gut damit leben, dass man seine Nase witzig findet. Das gehört sozusagen zu seinem Berufsrisiko. Er ist Clown. Danny sagt: «Ich habe nichts dagegen, wenn sich ein Clown eine rote Nase aufsetzt. Eine rote Nase muss aber immer auch zum Charakter ihres Trägers passen. Oder wäre es angebracht, diese Nase» – er zeigt auf seine Nase – «zu verkleiden, um sie noch lustiger zu machen?» Er antwortet selbst: «Wohl kaum.»

Danny ist ein dezenter Clown. Bei seinen Auftritten trägt er eine hellbraune Mütze, eine zu große Jacke und ein weißes Hemd. Dazu eine graue Hose, die von Hosenträgern gehalten wird, und eine rote Fliege. Keine meterlangen Schuhe, keine bunte Schminke, keine knallig rote Perücke. Bloß ein dünner, schwarzer Kajalstrich soll seine Augen etwas mehr zur Geltung bringen. Denn Danny kann Blicke, die sonst nur Kinder hinbekommen. Er kann seine Stirn in müde, alte Falten legen. Er kann viel mehr als bloß der Clown sein. Er ist auch Schauspieler, Musiker und Akrobat, Theaterregisseur und Zirkusdirektor. Doch warum kann er das alles? «Es gibt wohl tatsächlich so etwas wie Zirkusblut in unserer Familie», vermutet er, «oder woher kommt die Leidenschaft, Menschen zum Staunen und zum Lachen bringen zu wollen?»

Für drei Tage gastiert *Circus Ronaldo* in Heist-op-den Berg, einer flämischen Kleinstadt, nicht weit weg von Mechelen. Keine Plakate kündigen das an. Es gibt auch keine Abendkasse. Die Shows sind schon lange ausverkauft. 450 Zuschauer passen in das Zelt, das die Ronaldos auf einem großen Parkplatz neben der Einkaufsstraße aufgestellt haben. Einen ganzen Tag hat der Aufbau gedauert. Mit fünf Lkws, sechs Zirkuswagen, zwei kleinen Wohnwagen und 13 Künstlern sind sie auf Tournee. Es ist kein Zirkus für Kinder. Manche Eltern, die sich vielleicht kurz wundern, dass die Vorstellung um acht am Abend beginnt, merken das erst, wenn sie mit ihren Kleinen bereits im Zelt sitzen. Vielleicht hatten sie Torten erwartet, die in Gesichter mit roten Nasen fliegen, oder eine Kaninchen-aus-dem-Hut-Nummer. Doch vieles von dem, was Zirkus einmal war, möchte *Circus Ronaldo* schon lange nicht mehr sein. Die Ronaldos haben nie Kaninchen oder anderes aus Zylindern hoppeln lassen. Dannys Vater hatte mal eine Westernnummer auf einem Pferd. Früher gab es auch mal Ziegen, die durch Reifen sprangen – irgendwann fraßen die Ziegen aber zu viel. «Tiere haben bei uns nie eine große Rolle gespielt, und heute sind Tiere im Zirkus auch nicht mehr zeitgemäß. Die Leute haben ja alles schon gesehen. Und es bringt auch nichts, mit immer noch mehr Bällen zu jonglieren oder noch mehr Saltos zu machen.» Also bieten die Ronaldos etwas anderes: durchinszenierten Theaterzirkus oder *Commedianten Theater*, wie es in roter Schnörkelschrift auf ihren alten Wagen steht. Angestaubten Nummernzirkus mit ewigem *Vorhang auf, Vorhang zu* und einem Artisten nach dem anderen gibt es bei ihnen schon länger nicht mehr. Und auch Vorstellungen für Kinder gehören der Vergangenheit an. «Es muss auch stille und ernste Augenblicke in der Show geben können», sagt Danny, «wenn mal nur die Augen oder leise Geräusche etwas erzählen. Das aber geht mit Kindern nicht. Die sind zu laut.» Es hat etwas leicht Verstörendes, wenn ein Clown so etwas sagt.

Circus Ronaldo hat zwei Eingänge. Einen vorne, einen hinten. Die eine Hälfte des Publikums betritt das Zelt durch den bunt bemalten Haupteingang und nimmt auf den Rängen vor der Manege Platz. Hier wird die magische Zirkuswelt geboten, wie man sie aus seiner Kindheit oder aus alten Filmen kennt: *Hereinspaziert, meine Damen und Herren! Der Einzigartige. Der Größte. Der Stärkste. So etwas haben Sie noch nie gesehen!* Die andere Hälfte der Zuschauer benutzt den Hintereingang. Dort spürt man wenig von dem Glanz, mit dem sich der Zirkus gerne umgibt. Dort wechseln die Artisten ihre Kostüme. Es ist düster und dreckig. Der Direktor ist genervt. Es wird geraucht und gesoffen. Das Publikum wird beschimpft. Kinder werden geschlagen. Alle Tricks werden schon vorher verraten. Sobald die Künstler aber durch den roten Samtvorhang in die Manege treten, verändern sie sich. Dort präsentieren sie eine andere Wahrheit. Hier das Chaos, dort der schöne Schein. Die Ballerina tanzt auf einem Seil, es wird mit Fackeln jongliert, große Nummern werden geboten. Doch ist der Auftritt vorbei, kehren sie auf die dunkle Seite des Zirkusses zurück und zeigen wieder ihr wahres Gesicht.

Die beiden Zuschauerhälften – die eine vor, die andere hinter dem Vorhang – können die andere Vorstellung bloß hören und erahnen, was dort gerade passiert. In der Pause wechselt das Publikum die Seite, und die Show beginnt von vorne. Doch bald schon fließen die beiden Zirkuswelten mehr und mehr ineinander. Auch in der magischen Manege geht nun vieles schief. Es brennt. Man geht mit Äxten aufeinander los. Der Direktor versucht zu retten, was zu retten ist, und schickt Akrobaten in den Ring, die gar nichts können. Bis schließlich der Vorhang fällt: Jemand stolpert und reißt den edlen Stoff zu Boden. Die Show wird das Leben und das Leben die Show. Zurück bleiben eine verwüstete Manege und der Clown mit seinem Sohn, die ein Duett auf der Ziehharmonika spielen: Der Zirkus ist tot, es lebe der Zirkus.

Es gibt Zuschauer, die enttäuscht das Zelt verlassen, weil sie einen traditionellen Zirkus erwartet haben. Manche verstehen auch den Wechsel in der Pause nicht und gehen nach Hause, weil sie glauben, die Vorstellung sei vorüber. Oder sie setzen sich nach der Unterbrechung wieder auf dieselbe Seite und wundern sich, dass sie dasselbe noch einmal sehen. Später schreiben sie dann E-Mails und beschweren sich, dass sie auch gerne hinter den Vorhang gesehen hätten. Danny liest diese Nachrichten nicht. Er hat keinen Computer.

Die Zirkusgeschichte der Ronaldos reicht bis ins Jahr 1842 zurück. Fünf Generationen vor Danny lief ein 15-jähriger Junge von zu Hause weg, um mit einer Schaustellertruppe auf Wanderschaft zu gehen. «Unser Ururgroßvater hat alles ausgelöst», erzählt Danny, «er war der Erste, der diesen merkwürdigen Herzschlag spürte und das Gewöhnliche gegen das Ungewöhnliche tauschen wollte.» Als Zirkusreiter schaffte er es bis nach Sankt Petersburg. Dann gründete er seinen eigenen Wanderzirkus, den später der Sohn übernehmen würde. 1929 aber fegte die Weltwirtschaftskrise die Ränge leer. Nach seiner letzten Vorstellung schrieb Dannys Urgroßvater im

Jahr 1933 in sein Tagebuch: *Heute waren drei Zuschauer da, morgen gehe ich in die Fabrik arbeiten. Lebet wohl, Ihr lieben Bretter, für mich ist es vorbei.* Im Zweiten Weltkrieg verlor die Familie dann endgültig das Zelt und alle Wagen. Dannys Großeltern schlugen sich als Theaterschauspieler durch. Und hätte es die *Beatles* nicht gegeben, wäre Danny heute kein Clown. Denn sein Vater mochte die neue Musik der vier Jungs aus Liverpool nicht. Ihm waren die Auftritte viel zu hysterisch. Er war Countrymusiker, ein Sänger mit Cowboyhut und Gitarre. Als *Johnny Ronaldo* tourte er durch Belgien und Holland. In den Fünfzigern war er als eine Art flämischer Johnny Cash bekannt geworden. Später spielte er Rock 'n' Roll. Als in den Sechzigern aber die *Beatles* berühmt wurden, war seine Musik nicht länger gefragt. Die Zuschauer blieben weg. Johnny überlegte und besann sich seiner Vorfahren: Er heuerte als Zirkusmusiker an.

Danny war eineinhalb, als sein Vater wieder einen eigenen Zirkus auf die Beine stellte. Die *Beatles* hatten sich gerade getrennt. Das Zelt war uralt, aus Holz und hatte viele Löcher. Bei Tag sah die Kuppel aus wie ein Sternenhimmel. Und die Konkurrenz hatte sich verändert, sie war übermächtig geworden: In den Kinos wurden jetzt Science-Fiction-Spektakel wie *Krieg der Sterne* oder wahnwitzige Verfolgungsjagden und akrobatische Stunts geboten, die die Ronaldos in ihrem Zelt nicht nachmachen konnten. Im Fernsehen sah man den chinesischen Staatszirkus und wilde Tiere aus Afrika. Ein Wanderzirkus wirkte neben *Star Wars* wie tot. Wie ein Relikt aus längst verschwundenen Zeiten. Doch Johnny Ronaldo wollte nicht aufgeben. Er wollte kämpfen. Sie spielten für Kinder, die das Staunen noch nicht verlernt hatten. Sie kehrten zur Einfachheit zurück. Alles Überflüssige wurde gestrichen. Die Ronaldos mussten sparen. Johnny, Maria, Danny und sein drei Jahre älterer Bruder David lebten in einem winzigen Wohnwagen. Mit zwei Hunden. Für viele Jahre. Und tatsächlich: Irgendwie ging es weiter.

Wenn Danny an seine Kindheit denkt, hat er den Geruch von

Kerzen, Schminke und verschwitzten Pferden in der Nase. Er hört den Wind an der Zeltplane zerren und die rostigen Federn des alten Wohnwagens quietschen. Jeden Abend begleitete ihn der Schlag einer anderen Kirchturmuhr in den Schlaf. Für Danny war es nie etwas Ungewöhnliches, dass seine Mutter mit blanken Füßen über Schwerter lief oder sein Vater mit verbundenen Augen mit Pistolen hantierte. Und da seine Eltern niemanden hatten, der sich während der Vorstellung um ihn kümmern konnte, gab es Abend für Abend den Moment, in dem Danny im Schlafanzug in die Manege gelaufen kam. «Plötzlich stand er da und wollte auch etwas aufführen», erzählt seine Mutter, «und da wir nichts dagegen tun konnten, mussten wir ihm irgendwann ein Kostüm nähen.» Er muss zwei oder drei gewesen sein, das weiß keiner mehr so genau. Von nun an hüpfte er als kleiner Clown neben seinem Vater durch den Ring. Und noch heute spürt er das Lampenfieber, wie es ihm begegnete, bevor er das erste Mal alleine mit einem Kunststück in die Manege ging – die Angst, die zusammen mit der Euphorie sogar ein Kind süchtig machen kann. Da war er neun.

Danny hat nie darüber nachgedacht, ein Zirkusmensch zu werden. Er war es einfach. Doch je älter er wurde, desto häufiger fragte er sich, was für eine Art von Künstler er sein wollte. Sie tourten durch Flandern und gastierten in den immergleichen Dörfern. Sein Vater wollte keine längeren Reisen machen. Sie waren mit Traktoren unterwegs, jeder zog drei Wagen. Mit 25 Kilometern in der Stunde zuckelten sie durch Belgien. Als sie einmal im Norden Hollands auftreten sollten, brauchten sie drei Tage für die Anreise. Wenn Angebote aus Italien oder Spanien kamen, mussten sie ablehnen: «Das schaffen wir nicht, wir sind zu langsam.» Also zogen die Ronaldos weiter durch die flämische Provinz. Kleine Städte, große Dörfer. Vielleicht mal Antwerpen, vielleicht mal Lüttich. Aber überall kannte man sie längst. «Es war Jahr für Jahr dasselbe», erinnert sich Danny, «und irgendwann hatte ich das Gefühl zu ersticken.» Und irgendwann wollte er auch nicht mehr der Clown sein, den alle erwarteten. Er wollte die nächsten Schritte machen. Das Publikum aber verstand es nicht, wenn er sich mit einem kleinen Akkordeon, mit dem man nur sehr leise spielen kann, an den Rand der Manege setzte und eine intime Nummer bot. Dafür musste es mucksmäuschenstill sein. Die Leute aber wollten laut sein und nicht auf Feinheiten achten. Sie wollten den Clown mit der roten Nase und der Torte im Gesicht. «Es fühlte sich an, als ob die Zuschauer kilometerweit weg waren. Es war eine schlimme Zeit. Ich weiß nicht, wie viele Spiegel damals kaputtgegangen sind.» Wenn Danny redet, greift er manchmal nach einem unsichtbaren Seil und hält sich einen Moment lang daran fest. Oder seine Hände tanzen durch die Luft, wenn er vom Jonglieren erzählt. Dann schmeißen und fangen sie Bälle, die gar nicht da sind. Und wenn er von Momenten aus seinem Leben erzählt, die für ihn nicht ganz so einfach zu bewältigen waren, jonglieren seine Hände umso schneller.

«Um überleben zu können, mussten wir etwas verändern.» Sie holten noch mehr Theater in ihre Show. Und sie verkauften die Traktoren, dafür wurde ein Lkw angeschafft. Eine Agentur, die europaweit Auftritte buchte, war auf die ungewöhnliche Zirkusfamilie aufmerksam geworden. Die Erfahrung der Eltern und die Euphorie und das Talent ihrer Söhne ließen den Wandel gelingen: Heute treten die Ronaldos in halb Europa auf. Von Island bis runter nach Italien. Von Finnland bis nach Spanien. Bald soll es sogar nach Neuseeland gehen. Mit einer abendfüllenden Zweimannshow haben Danny und sein Bruder mittlerweile auf Festivals in Hongkong, London und Montreal gespielt. Sie waren in Madrid, München und Paris. «Und je weiter wir gereist sind, umso mehr haben wir festgestellt, dass Menschen überall gleich sind – der Vorhang geht auf, und die Chinesen lachen über die gleichen Dinge wie Franzosen. Kultur scheint eine Frage von Nuancen zu sein.»

Sein Vater sagt: «Das erste Mal mit dem eigenen Wohnwagen

über den Brennerpass, die Aufschrift *Circus Ronaldo* vor dem Hintergrund der Alpen – das war Staunen pur. Beim ersten Mal. Mittlerweile denke ich: *Ach, schon wieder der Brenner.*» Johnny, Jahrgang 1933, hat eine sehr heisere, fast schon kratzende Stimme, einen weißen, buschigen Backenbart und die gleiche Nase wie Danny – nur etwas kleiner. Wenn er unter Leute geht, trägt er einen seiner Cowboyhüte. «Immer», keucht er. «Und solange meine Hand noch ruhig ist und ich meine Schießnummer machen kann, werde ich weiter auftreten – bis ich 80 bin.» Maria Ronaldo hat lange dunkelbraune Haare und sieht in ihrem schwarzen Abendkleid wie eine sizilianische Mamma aus. Sie ist im Alter schön geblieben. Nicht trotz der Falten, die dazugekommen sind, sondern wegen der Lebensspuren, die sich in ihr stolzes Gesicht gezeichnet haben. «Mein Mann sagt manchmal, dass er in der Manege sterben möchte», erzählt sie, «und dann sage ich: ‹Ich auch. Aber jetzt noch nicht.›»

Von Anfang April bis Ende Oktober sind die Ronaldos auf Tour. Aber auch im Winter lebt Danny in seinem Zirkuswagen. «Das Haus muss Räder haben», sagt er, «anders geht es nicht.» Einmal probierte er es und zog mit seiner damaligen Frau und seinen Söhnen in eine Wohnung. Plötzlich hatte er Nachbarn und einen Briefkasten. «Ich bin fast verrückt geworden.» Ein halbes Jahr hielt er durch. Dann konnte er das Gefühl, nicht von der Stelle zu kommen, nicht länger ertragen. Anne, seine Frau, wollte das ständige Reisen aber nicht mehr. Sie hatte das Zirkusleben satt. Sie ließen sich scheiden. Die drei Söhne blieben bei der Mutter. Doch Nanosh und Pepijn, 1995 und 1999 im Zirkuswagen geboren, hatten schon sehr früh kurze Auftritte. In der aktuellen Show spielen sie zum ersten Mal feste Rollen. Es scheint, als wolle die siebte Generation der Ronaldos das Erbe ihres Ururgroßvaters antreten. «Es ist ihre Entscheidung, und das wissen sie», sagt Danny, «die Geister unserer Ahnen wären sicher nicht böse, wenn es nicht weitergehen sollte.»

Wenn man von Beruf Clown ist, erwarten die Leute ständig lustige Sachen von einem. Man ist aber nicht 24 Stunden am Tag Clown, das müssen viele erst mal verstehen. Man bleibt es aber sein ganzes Leben, auch das müssen viele erst mal verstehen. «Der Clown», sagt Danny, «hat einen anderen Blick auf die Welt. Er zeigt dir, wie wichtig scheinbar unwichtige Dinge sein können. Er sieht blöd aus, ist in Wirklichkeit aber clever. Auch wenn ihm pausenlos komische Sachen passieren, bekommt er sein Scheitern mit Humor in den Griff. Und die Zuschauer merken das. Er sieht wie ein Verlierer aus, doch am Ende lieben alle den Clown, weil er ihnen Hoffnung gibt. Alle gucken dich mit diesen lebenden, erwartungsfrohen Augen an. Das ist die Magie des Zirkus. Und das ist der Grund, warum ich Clown sein möchte.»

Am nächsten Mittag steht Danny in der abends zuvor verwüsteten Arena. Hier eine Axt, dort ein kaputtes Fahrrad. Der Tod sitzt als Skelett auf einem Karussellpferd. In ein paar Stunden beginnt die nächste Vorstellung. *Hereinspaziert, so etwas haben Sie noch nie gesehen!* Danny beginnt mit dem Aufräumen. «Dies ist nicht das Ende», sagt er, «aber auch kein neuer Anfang. Es liegt irgendwo dazwischen. Und so ist es Vorstellung für Vorstellung. Tag für Tag. Generation für Generation. Vielleicht ist jeder Anfang aber auch einfach das Ende von dem Vorhergehenden, wer weiß das schon. Oder jeder Anfang ist einfach bloß der Anfang und das Ende einfach bloß das Ende – das kann auch sein.» So viel ist klar: Danny ist ein nachdenklicher Clown und ein lustiger Mann. Als er den schweren, roten Vorhang am Zelteingang beiseiteschiebt und nach draußen tritt, muss er die Augen zusammenkneifen. Die Sonne blendet ihn. Es ist wie mit einem Scheinwerfer. Es braucht eine Weile, bis man sich an das grelle Licht gewöhnt hat. Und jetzt verabschiedet Danny sich. Er sagt, er sei sehr gespannt auf das Buch, in dem er nun auftauchen werde. Man könne ihm ja ein Exemplar schicken. Dann läuft er los, winkt noch einmal und stolpert fast über ein Seil.

Kilometer 50 684 **Blick zurück**

Schubladen können magische Orte sein. Man weiß nie so recht, was einen erwartet, wenn man hineinguckt. Manchmal legt man Dinge rein und sieht sie viele Jahre nicht wieder. Manch einer bewahrt dort kleine Schätze auf. Erinnerungen. In anderen herrscht das Chaos. Ich habe drei Schubladen im Bus. Und dort hat sich auf dieser Reise einiges angesammelt: Ein honiggelber Bernstein. Eine vertrocknete Chilischote. Ein dünnes Plastikröhrchen mit einem Gramm Gold. Ein Autogramm von Lionel Messi auf einer Busfahrkarte. Das Eintrittsarmband vom Festival in Roskilde. Eine Anstecknadel der Olympiamannschaft von San Marino. Diverse Fährtickets. Eine sehr dicke, sehr verfilzte Locke von Locke. Die Telefonnummer des Weltmeisters im Baumstammwerfen, eines Polen, dem wir in den schottischen Highlands begegneten. Ein Lavastein von der Kanareninsel La Palma. Eine Ansichtskarte vom Ätna mit dem Autogramm von Nino Corsaro. Eine beachtliche Sammlung Kronkorken: 56 Biersorten aus 18 Ländern. Oder eine Hirtenpfeife, die ich bei der schottischen Meisterschaft der Hütehunde gekauft hatte. Ich hatte mich sehr gefreut über das seltsam geformte Ding aus Messing und mir vorgestellt, wie ich Locke mit wenigen Pfiffen herumkommandieren würde. Man braucht allerdings eine spezielle Technik mit Mund und Zunge. Bis heute habe ich nicht mehr als ein schwaches Piepsen herausgekriegt. Kein Hund der Welt würde mich hören.

Menschen, deren Geschichten in diesem Buch aus Platzgründen nicht erzählt werden konnten, gibt es viele. Zum Beispiel Pavel, ein Puppenspieler, der ohne Arbeit nach Prag kam, Marionetten schnitzte und heute drei Läden in der Altstadt hat. Oder der Mann, der auf La Gomera Schulkinder in El Silbo unterrichtet, der alten Pfeifsprache der Inselhirten. Die Frau, die Köchin im Buckingham Palace war. Der Engländer, der seit 1991 in einem Wohnwagen am Ufer des Loch Ness wohnt und täglich Ausschau nach dem Ungeheuer hält. Er formt kleine *Nessies* aus Fimo, klebt sie auf einen Stein und verkauft sie an Touristen. Der Fußballfan aus Sevilla, der die Urne mit der Asche seines Vaters zu jedem Heimspiel mit ins Stadion nimmt und bei jedem Tor schüttelt, weil sein Vater es sich so gewünscht hat. Oder das australische Pärchen, das tagelang mit Motorschaden an der Hauptstraße eines portugiesischen Dorfes stand. Sie hatten den Motor ihres VW-Busses in sämtliche Einzelteile zerlegt und saßen mit der englischsprachigen Ausgabe des Ratgebers *Jetzt helfe ich mir selbst* daneben. Er: «Wir haben überhaupt keine Ahnung von Autos, aber wir haben ja dieses Buch.» Sie: «Und wir haben Zeit.»

Ein schöner Satz, der sich gut am Schluss eines Buches liest. Und auch Marek, der kleine Wirt und große Philosoph aus Danzig, hatte mir natürlich noch ein paar Worte mit auf den Weg gegeben und dabei mit der flachen Hand auf den Tresen gehauen. Er sagte: «Ein gutes Buch ist nie zu Ende.» Ich bin mir nicht sicher, was er damit gemeint haben könnte. Dennoch danke, Marek, auch für diesen letzten Satz. Ende.

MIX
Papier aus verantwortungsvollen Quellen
FSC® C019821
www.fsc.org

Das für dieses Buch verwendete FSC®-zertifizierte Papier *Lux Cream* liefert Stora Enso, Finnland.